Conheça o
Saraiva Conecta

Uma plataforma que apoia o leitor em sua jornada de estudos e de atualização.

Estude *online* com conteúdos complementares ao livro e que ampliam a sua compreensão dos temas abordados nesta obra.

Tudo isso com a **qualidade Saraiva Educação** que você já conhece!

Veja como acessar

No seu computador

Acesse o *link*

https://somos.in/SJPPPG25

No seu celular ou tablet

Abra a câmera do seu celular ou aplicativo específico e aponte para o *QR Code* disponível no livro.

Faça seu cadastro

1. Clique em **"Novo por aqui? Criar conta"**.

2. Preencha as informações – insira um *e-mail* que você costuma usar, ok?

3. Crie sua senha e clique no botão **"CRIAR CONTA"**.

Pronto!
Agora é só aproveitar o conteúdo desta obra!*

Qualquer dúvida, entre em contato pelo *e-mail* suportedigital@saraivaconecta.com.br

---

Para consultar o conteúdo complementar, acesse:

https://somos.in/SJPPPG25

---

* Sempre que quiser, acesse todos os conteúdos exclusivos pelo *link* ou pelo QR Code indicados. O seu acesso tem validade de 24 meses, a contar da data de fechamento desta edição.

Alexandre Cebrian Araújo Reis
Victor Eduardo Rios Gonçalves

PROCESSO PENAL

25ª edição
2024

PARTE GERAL

Av. Paulista, 901, Edifício CYK, 4º andar
Bela Vista – São Paulo – SP – CEP 01310-100

SAC | sac.sets@saraivaeducacao.com.br

DADOS INTERNACIONAIS DE CATALOGAÇÃO NA PUBLICAÇÃO (CIP) DE ACORDO COM ISBD

G635s   Gonçalves, Victor Eduardo Rios
        Sinopses jurídicas – Processo Penal – Parte Geral / Victor Eduardo Rios Gonçalves, Alexandre Cebrian Araújo Reis. – 25. ed. – São Paulo : Saraiva Jur, 2024.
        200 p.
        ISBN: 978-65-5362-362-0
        1. Direito. 2. Processo Penal. 3. Parte Geral. I. Reis, Alexandre Cebrian Araújo. II. Título.

2023-2996
CDD 340
CDU 34

Índices para catálogo sistemático:
1. Direito   340
2. Direito   34

Diretoria executiva	Flávia Alves Bravin
Diretoria editorial	Ana Paula Santos Matos
Gerência de produção e projetos	Fernando Penteado
Gerência de conteúdo e aquisições	Thais Cassoli Reato Cézar
Gerência editorial	Livia Céspedes
Novos projetos	Aline Darcy Flôr de Souza
	Dalila Costa de Oliveira
Edição	Samantha Rangel Gonçalves
Design e produção	Jeferson Costa da Silva (coord.)
	Karina Lourenço Kempter
	Guilherme Salvador
	Lais Soriano
	Rosana Peroni Fazolari
	Tiago Dela Rosa
	Verônica Pivisan
Planejamento e projetos	Cintia Aparecida dos Santos
	Daniela Maria Chaves Carvalho
	Emily Larissa Ferreira da Silva
	Kelli Priscila Pinto
Diagramação	Laura Guidali Amaral
Revisão	Lílian Mendes
Capa	Lais Soriano
Produção gráfica	Marli Rampim
	Sergio Luiz Pereira Lopes
Impressão e acabamento	Gráfica Paym

Data de fechamento da edição: 14-11-23

Dúvidas? Acesse www.saraivaeducacao.com.br

Nenhuma parte desta publicação poderá ser reproduzida por qualquer meio ou forma sem a prévia autorização da Saraiva Educação. A violação dos direitos autorais é crime estabelecido na Lei n. 9.610/98 e punido pelo art. 184 do Código Penal.

CÓD. OBRA 16238   CL 608691   CAE 845310

ABREVIATURAS

art.	–	artigo
CBA	–	Código Brasileiro de Aeronáutica
CC	–	Código Civil
CDC	–	Código de Defesa do Consumidor
cf.	–	conferir ou confronte
CF	–	Constituição Federal
CLT	–	Consolidação das Leis do Trabalho
CP	–	Código Penal
CPC	–	Código de Processo Civil
CTB	–	Código de Trânsito Brasileiro
Dec.-Lei	–	Decreto-Lei
DJU	–	*Diário da Justiça da União*
ECA	–	Estatuto da Criança e do Adolescente
ed.	–	edição
ENTA (VI)	–	VI Encontro Nacional de Tribunais de Alçada
Funai	–	Fundação Nacional do Índio
j.	–	julgado
JTA	–	*Julgados do Tribunal de Alçada*
LD	–	Lei do Divórcio
LF	–	Lei de Falências
LINDB	–	Lei de Introdução às Normas do Direito Brasileiro
LRP	–	Lei dos Registros Públicos
Min.	–	Ministro
MP	–	Ministério Público
n.	–	número
OEA	–	Organização dos Estados Americanos
ONU	–	Organização das Nações Unidas
p.	–	página
p. ex.	–	por exemplo
Rel.	–	Relator
REsp	–	Recurso Especial
RSTJ	–	Revista do Superior Tribunal de Justiça
RT	–	Revista dos Tribunais
STF	–	Supremo Tribunal Federal
T.		Turma
v.	–	*vide*

ÍNDICE

Abreviaturas V

1 INTRODUÇÃO — 1
1.1. Lei processual penal no espaço 1
1.2. Lei processual penal no tempo 1
1.3. Fontes do direito processual penaL 1
1.4. Interpretação da lei 2
    1.4.1. Interpretação analógica e analogia 2

2 DO INQUÉRITO POLICIAL — 4
2.1. Conceito 4
2.2. Características 4
2.3. Formas de instauração do inquérito policial 6
2.4. Prazos para a conclusão do inquérito 7
2.5. Diligências 8
    2.5.1. O indiciamento 11
2.6. Incomunicabilidade 11
2.7. Conclusão do inquérito 11
2.8. Controle judicial da investigação 12
    2.8.1. Juiz das garantias 12

3 DA AÇÃO PENAL — 18
3.1. Classificação 18
3.2. Condições gerais da ação penal 19
3.3. Princípios gerais da ação penal 19
3.4. Princípios específicos da ação pública e da ação privada 23
    3.4.1. Princípios atinentes à ação pública 23
    3.4.2. Princípios atinentes à ação privada 24
3.5. Ação pública incondicionada 24
    3.5.1. Requisitos da denúncia 31
    3.5.2. Recebimento da denúncia 32
    3.5.3. Rejeição da denúncia 32
3.6. Ação pública condicionada à representação 33
    3.6.1. Representação. Conceito e natureza jurídica 33
    3.6.2. Aspectos formais 33
    3.6.3. Prazo 34
    3.6.4. Retratação 34
    3.6.5. Titularidade do direito de representar 34
3.7. Ação pública condicionada à requisição do Ministro da Justiça 35

3.8. Ação penal privada	36
3.8.1. Introdução	36
3.8.2. Prazo	37
3.8.3. Atuação do Ministério Público	37
3.9. Decadência	37
3.10. Perempção	38
3.11. Renúncia	39
3.12. Perdão do ofendido	40
3.13. Ação penal privada subsidiária da pública	41
3.13.1. Atuação do Ministério Público	42
3.13.2. Litisconsórcio	42

4 AÇÃO CIVIL *EX DELICTO* — 46

4.1. Legitimidade ativa	47
4.2. Legitimidade passiva	48
4.3. Competência	48

5 JURISDIÇÃO — 49

5.1. Conceito	49
5.2. Princípios da jurisdição	49

6 COMPETÊNCIA — 51

6.1. Competência pelo lugar da infração	52
6.2. Competência pelo domicílio ou residência do réu	55
6.3. Competência pela natureza da infração	56
6.4. Justiça Militar	56
6.4.1. Composição da Justiça Militar	58
6.5. Justiça Eleitoral	58
6.6. Justiça Federal	58
6.6.1. Composição da Justiça Federal	60
6.7. Justiça Estadual	60
6.7.1. Composição da Justiça Estadual	61
6.7.2. Juizados de Violência Doméstica ou Familiar contra a Mulher	61
6.8. Juizados Especiais Criminais	61
6.9. Competência em razão da matéria em uma mesma comarca	61
6.10. Prevenção e distribuição	61
6.11. Conexão e continência	62
6.12. Hipóteses de conexão (art. 76)	62
6.12.1. Conexão intersubjetiva	62
6.12.2. Conexão objetiva	63
6.12.3. Conexão instrumental ou probatória	63
6.13. Hipóteses de continência (art. 77)	63
6.14. Foro prevalente	63

6.15. Rito	64
6.16. Conexão entre a jurisdição comum e a dos Juizados especiais criminais	65
6.17. Avocação	65
6.18. Separação de processos	65
6.19. Desclassificação e competência	66
6.20. Foro por prerrogativa de função	67
6.21. Exceção da verdade	71

7 QUESTÕES E PROCESSOS INCIDENTES — 75

7.1. Questões prejudiciais	75
7.2. Exceções	76
7.3. Exceção de suspeição	77
7.4. Exceção de incompetência de juízo	78
7.5. Exceção de ilegitimidade de parte	79
7.6. Exceção de litispendência	79
7.7. Exceção de coisa julgada	80
7.8. Incompatibilidades e impedimentos	81
7.9. Conflito de jurisdição	81
7.9.1. Conceito	81
7.9.2. Espécies	82
7.9.3. Processamento do conflito de competência	82
7.9.4. Competência para julgamento	82
7.9.5. Conflito de atribuições	83
7.10. Restituição de coisas apreendidas	83
7.10.1. Restituição pela autoridade policial	84
7.10.2. Restituição pelo juiz	84
7.10.3. Coisas deterioráveis ou de difícil manutenção	84
7.10.4. Recursos	84
7.10.5. Destino dos bens	85
7.10.6. Confisco alargado (ou perda alargada)	85
7.11. Medidas assecuratórias	85
7.11.1. Sequestro	86
7.11.1.1. Sequestro de bens imóveis	86
7.11.1.1.1. Oportunidade e competência	86
7.11.1.1.2. Iniciativa	86
7.11.1.1.3. Requisitos	86
7.11.1.1.4. Procedimentos e recurso	86
7.11.1.1.5. Embargos ao sequestro	86
7.11.1.2. Sequestro de móveis	87
7.11.2. Hipoteca legal	87
7.11.2.1. Conceito e finalidade	87
7.11.2.2. Oportunidade e requisitos	87
7.11.2.3. Legitimidade	87
7.11.2.4. Processamento	88

7.11.2.5. Liquidação	88
7.11.3. Arresto	88
7.11.3.1. Objeto	88
7.11.4. Distinção	89
7.11.5. Alienação antecipada	89
7.12. Incidente de falsidade	90
7.12.1. Legitimidade	90
7.12.2. Processamento	90
7.12.3. Recurso	90
7.12.4. Efeitos	90
7.13. Incidente de insanidade mental do acusado	90
7.13.1. Oportunidade e legitimidade	91
7.13.2. Processamento	91
7.13.3. Efeitos da juntada do laudo	91

8 DA PROVA — 93

8.1. Das perícias em geral e do exame de corpo de delito	98
8.1.1. Conceito e objeto	98
8.1.2. Laudo pericial	98
8.1.3. Realização da perícia	98
8.1.4. Vinculação do juiz ao laudo	102
8.1.5. O exame de corpo de delito. Distinção entre exame de corpo de delito e corpo de delito	102
8.1.6. Identificação criminal pelo perfil genético	103
8.2. Interrogatório	104
8.2.1. Conceito e natureza	104
8.2.2. Características	104
8.2.3. Momento do interrogatório	104
8.2.4. Local da realização do interrogatório	104
8.2.5. Videoconferência	105
8.2.6. Participação do defensor	105
8.2.7. Teor das indagações dirigidas ao interrogando e intervenção das partes	105
8.2.8. Silêncio e mentira do réu	106
8.3. Confissão	107
8.3.1. Conceito	107
8.3.2. Momento e efeitos da confissão	107
8.3.3. Classificação	107
8.3.4. Características	107
8.4. Declarações do ofendido	108
8.4.1. Garantias da criança ou adolescente vítima de violência	108
8.4.1.1. Depoimento especial	109
8.4.1.2. Procedimento	110
8.5. Prova testemunhal	110
8.5.1. Conceito	110

8.5.2. Classificação das testemunhas	111
8.5.3. Características da prova testemunhal	111
8.5.4. Colheita do testemunho	112
8.6. Reconhecimento de pessoas e coisas	113
8.6.1. Reconhecimento de pessoas	114
8.6.2. Reconhecimento de coisas	115
8.7. Acareação	115
8.7.1. Conceito	115
8.7.2. Pressupostos	115
8.7.3. Sujeitos	116
8.8. Prova documental	116
8.8.1. Conceito	116
8.8.2. Requisitos para eficácia probante	116
8.8.3. Produção da prova documental	117
8.9. Indícios	117
8.9.1. Conceito	117
8.9.2. Valor	117
8.10. Da busca e apreensão	118
8.10.1. Conceito	118
8.10.2. Oportunidade	118
8.10.3. Espécies (art. 240, *caput*, do CPP)	118
8.11. Meios especiais de obtenção de prova, relacionados a infrações praticadas por integrante de organização criminosa	121

9 SUJEITOS PROCESSUAIS — 127

9.1. Juiz	127
9.1.1. Funções e poderes do juiz	129
9.1.2. Prerrogativas	129
9.1.3. Vedações	130
9.2. Ministério público	130
9.2.1. Princípios institucionais	131
9.2.2. Funções	131
9.2.3. Prerrogativas	132
9.2.4. Vedações	132
9.3. Do acusado	132
9.3.1. Conceito	132
9.3.2. Identificação do acusado	133
9.3.3. Direitos e garantias do acusado	133
9.4. Defensor	134
9.4.1. Defensor constituído	135
9.4.2. Defensor dativo	136
9.5. Curador	137
9.6. Assistente de acusação	137
9.6.1. Hipótese de intervenção	137

9.6.2. Finalidade	138
9.6.3. Oportunidade da admissão	138
9.6.4. Processamento do requerimento de habilitação	138
9.6.5. Poderes do assistente	138
9.7. Auxiliares da justiça	141

10 PRISÃO — 145

10.1. Prisão em flagrante	146
10.1.1. Hipóteses de prisão em flagrante	146
10.1.2. Sujeitos do flagrante	147
10.1.3. Crimes que admitem a prisão em flagrante	147
10.1.4. Auto de prisão em flagrante	148
10.1.5. Fases do auto de prisão	148
10.1.6. Nota de culpa	150
10.1.7. Providências que devem ser adotadas pelo juiz ao receber a cópia do auto de prisão	150
10.1.8. Audiência de custódia	152
10.2. Prisão preventiva	154
10.2.1. Requisitos	154
10.2.2. A prisão preventiva e as sentenças condenatória e de pronúncia	158
10.2.3. Duração da prisão em flagrante e preventiva	159
10.2.4. Prisão preventiva domiciliar	160
10.3. Das medidas cautelares pessoais	162
10.3.1. Introdução	162
10.3.2. Requisitos para aplicação	162
10.3.3. Cumulação, substituição e revogação	163
10.3.4. Momento e iniciativa	163
10.3.5. Processamento	163
10.3.6. Recurso	164
10.3.7. Das medidas cautelares diversas da prisão	164
10.3.8. Fiscalização	166
10.3.9. Duração	166
10.3.10. Detração	166
10.4. Prisão temporária	167
10.4.1. Conceito	167
10.4.2. Hipóteses de cabimento (art. 1º)	167
10.4.3. Características	168
10.5. Do ato da prisão	168
10.5.1. Prisão em domicílio	169
10.6. Prisão especial	169
10.7. Uso de algemas	170

11 LIBERDADE PROVISÓRIA — 176
11.1. Infrações de menor potencial ofensivo 176
11.2. Crimes inafiançáveis 176
11.3. Crimes afiançáveis 177

12 FIANÇA — 180
12.1. Conceito 180
12.2. Valor da fiança 180
12.3. Reforço da fiança 181
12.4. Objeto da fiança 181
12.5. Obrigações do afiançado 181
12.6. Quebra da fiança 181
12.7. Cassação da fiança 182
12.8. Restituição da fiança 182
12.9. Perda da fiança 182
12.10. Recurso 182

1 INTRODUÇÃO

O Estado, ente soberano que é, tem o poder genérico de punir pessoas que cometem infrações penais. Assim, no exato instante em que é cometida a infração, esse poder deixa de ser genérico e se torna concreto. Surge, portanto, um conflito de interesses: de um lado o Estado pretendendo punir o agente (pretensão punitiva), de outro o autor do ilícito exercendo o direito de defesa constitucionalmente consagrado. O Estado, então, para fazer prevalecer sua pretensão, deve procurar o Poder Judiciário (Estado-juiz), formular uma acusação e provar a autoria e a materialidade do delito. O juiz, ao final, solucionará o conflito de interesses, dizendo se procede ou não a pretensão punitiva estatal. Na hipótese afirmativa, deverá fixar uma pena a ser cumprida pelo condenado. O Processo Penal, portanto, é o **conjunto de princípios e normas que disciplinam a composição das lides penais, por meio da aplicação do Direito Penal**.

O Processo Penal é regulamentado pela Constituição Federal, pelo Código de Processo Penal (Dec.-Lei n. 3.689/41) e por leis especiais.

1.1. LEI PROCESSUAL PENAL NO ESPAÇO

De acordo com o art. 1º, o **Código de Processo Penal aplica-se em todo o território nacional, ressalvadas eventuais exceções decorrentes de tratados, convenções ou regras de direito internacional**. Em suma, aos processos penais que venham a tramitar no território nacional serão aplicadas as regras do Código de Processo Penal.

É evidente, porém, que podem ser aplicadas regras atinentes a leis especiais, como aquelas referentes à apuração de infrações de menor potencial ofensivo, que se encontram na Lei n. 9.099/95.

1.2. LEI PROCESSUAL PENAL NO TEMPO

O art. 2º do Código de Processo Penal diz que a lei processual penal aplicar-se-á desde logo, sem prejuízo dos atos realizados sob a vigência da lei anterior. Trata-se do princípio da imediata aplicação da nova lei processual. Assim, uma lei processual que entre em vigor durante o tramitar de uma ação em que se está apurando fato ocorrido no passado será aplicada de imediato, seja ou não benéfica ao acusado. Entretanto, os atos já praticados de acordo com a lei antiga serão considerados válidos.

1.3. FONTES DO DIREITO PROCESSUAL PENAL

Fontes são os locais de onde provém o direito. Dividem-se em:

a) **Fontes materiais**. O art. 22, I, da Constituição Federal estabelece que **compete privativamente à União legislar sobre direito processual**. Já em matéria de **procedimento, a competência para legislar é concorrente** entre a União, os Estados e o Distrito Federal (art. 24, XI, da CF).

b) **Fontes formais**
   – imediata: a lei;
   – mediata: os costumes, os princípios gerais do direito e as súmulas vinculantes.

Costumes constituem o conjunto de normas de comportamento a que as pessoas obedecem de maneira uniforme e constante (elemento objetivo) pela convicção de sua obrigatoriedade (elemento subjetivo).

Princípios gerais do direito, segundo Carlos Roberto Gonçalves, "são regras que se encontram na consciência dos povos e são universalmente aceitas, mesmo que não escritas. Tais regras, de caráter genérico, orientam a compreensão do sistema jurídico, em sua aplicação e integração, estejam ou não incluídas no direito positivo" (Coleção Sinopses Jurídicas, *Direito civil* – parte geral, 25. ed., São Paulo: Saraiva, 2019, p. 29).

Súmulas vinculantes, previstas no art. 103-A da Constituição Federal, são enunciados que consolidam entendimento do Supremo Tribunal Federal sobre determinadas matérias constitucionais, os quais devem ser acatados pelos demais órgãos do Poder Judiciário e pela administração pública direta e indireta, nas esferas federal, estadual e municipal.

1.4. INTERPRETAÇÃO DA LEI

Tem por finalidade buscar o exato significado da norma.

Quanto à **origem**, ou seja, **quanto ao sujeito que interpreta a lei**, ela pode ser: **autêntica, doutrinária e jurisprudencial**.

A interpretação **autêntica** é dada pela própria lei, a qual, em um dos seus dispositivos, esclarece determinado assunto. Ex.: o art. 150, §§ 4º e 5º, do Código Penal diz o que se considera e o que não se considera como "casa", no crime de violação de domicílio.

Doutrinária é a interpretação feita pelos estudiosos, professores e autores de obras de direito, por meio de seus livros, artigos, conferências, palestras etc.

Interpretação **jurisprudencial** é aquela feita pelos tribunais e juízes em seus julgamentos.

Quanto ao **modo**, a interpretação pode ser: **gramatical**, que leva em conta o sentido literal das palavras contidas na lei; **teleológica**, que busca descobrir o seu significado mediante uma análise acerca dos fins a que ela se destina; **histórica**, que avalia os debates que envolveram sua aprovação e os motivos que levaram à apresentação do projeto de lei; **sistemática**, que busca o significado da norma pela sua integração com os demais dispositivos de uma mesma lei e com o sistema jurídico como um todo.

Quanto ao **resultado**, a interpretação pode ser: **declarativa**, da qual se conclui que a letra da lei corresponde exatamente àquilo que o legislador quis dizer; **restritiva**, quando se conclui que o texto legal abrangeu mais do que queria o legislador (por isso a interpretação restringirá seu alcance); **extensiva**, quando se conclui que o texto da lei ficou aquém da intenção do legislador (por isso a interpretação ampliará sua aplicação).

1.4.1. INTERPRETAÇÃO ANALÓGICA E ANALOGIA

A **interpretação analógica** é possível quando, dentro do próprio texto legal, após uma sequência casuística, o legislador se vale de uma fórmula genérica, que deve ser interpretada de acordo com os casos anteriores: Ex.: o art. 80 do Código de Processo Penal diz que o juiz pode determinar a separação de processos quando as infrações forem cometidas em tempo e local diversos, para não prolongar a prisão de um dos acusados, pelo excessivo número de réus ou **por outro motivo relevante**.

A **analogia somente é aplicável em casos de lacuna da lei**, ou seja, quando não há qualquer norma regulando o tema. Fazer uso de analogia significa aplicar uma norma penal a um fato não abrangido por ela nem por qualquer outra lei, em razão de tratar-se de fato semelhante àquele regulamentado pela norma. **A analogia, portanto, é forma de integração da lei, e não de interpretação.**

Em matéria **penal, a analogia só pode ser aplicada em favor do réu** (analogia *in bonam partem*), e, ainda assim, se ficar constatado que houve mera omissão involuntária (esquecimento do legislador). Dessa forma, é óbvio que não pode ser utilizada quando o legislador intencionalmente deixou de tratar do tema, justamente para excluir algum benefício do acusado. É vedado o uso da analogia para incriminar condutas não abrangidas pelo texto legal, para se reconhecer qualificadoras ou quaisquer outras agravantes. A vedação da analogia *in malam partem* visa evitar que seja desrespeitado o princípio da legalidade.

Em matéria **processual penal**, o art. 3º do Código de Processo Penal diz que a lei processual penal admite o emprego da interpretação analógica e extensiva. O emprego da analogia, embora não mencionado expressamente pelo art. 3º, é admitido em matéria processual.

2 DO INQUÉRITO POLICIAL

2.1. CONCEITO

É um procedimento investigatório prévio, constituído por uma série de diligências, cuja finalidade é a obtenção de indícios para que o titular da ação possa propô-la contra o autor da infração penal.

Assim, cometido um delito, deve o Estado buscar provas iniciais acerca da autoria e da materialidade, para apresentá-las ao titular da ação penal (**Ministério Público ou vítima**), a fim de que este, avaliando-as, decida se oferece ou não a denúncia ou queixa-crime. Essa investigação inicial, composta por uma série de diligências, chama-se **inquérito policial**.

2.2. CARACTERÍSTICAS

a) O inquérito policial é inquisitivo. Durante o seu tramitar, não vigora o princípio do contraditório, que, nos termos do art. 5º, LV, da Constituição Federal, só existe após o início efetivo da ação penal, quando já formalizada uma acusação contra o autor da infração.

Apesar de o inquérito ser inquisitivo, é evidente que a autoridade que o preside deve pautar-se e agir dentro dos termos da lei, podendo, a seu critério, realizar diligência requerida pelo ofendido, ou seu representante legal, ou pelo indiciado (art. 14 do CPP).

A lei faculta, ainda, a apresentação durante a investigação, por parte de advogado do investigado, de quesitos relacionados à realização de prova pericial (art. 7º, XXI, *a*, da Lei n. 8.906/94).

De acordo com o disposto no art. 14-A do CPP, introduzido pela Lei n. 13.964/2019 (Pacote Anticrime), nos casos de inquéritos policiais e demais procedimentos extrajudiciais em que figurem como investigados servidores vinculados às forças policiais – polícia federal, polícia rodoviária federal, polícia ferroviária federal, polícias civis, polícias militares e corpos de bombeiros militares, bem como polícias penais federal, estaduais e distrital –, cujo objeto for a apuração de fatos relacionados ao uso de força letal praticados no exercício profissional, de forma consumada ou tentada, o investigado deverá ser cientificado da instauração do procedimento, podendo constituir defensor em até 48 horas.

Não havendo constituição de defensor pelo servidor no prazo legal, o delegado de polícia ou outra autoridade responsável pela investigação deverá notificar a instituição a que estava vinculado o investigado, para que, também em 48 horas, indique defensor para representá-lo, hipótese em que o encargo recairá, preferencialmente, sobre Defensoria Pública (art. 14-A, § 3º) e, somente na sua falta, sobre profissional disponibilizado e custeado pelo ente federativo a que pertencer a instituição integrada pelo servidor investigado (art. 14-A, §§ 4º e 5º).

b) O inquérito é realizado pela Polícia Judiciária (Polícia Civil ou Federal). É o que dispõem o art. 144, § 4º, da Constituição Federal, e o art. 4º do Código de Processo Penal. A presidência do inquérito fica a cargo da autoridade policial (delegado de polícia ou da Polícia Federal), que, para a realização das diligências, é auxiliado por investigadores de polícia, escrivães, agentes policiais etc. De acordo com o art. 2º, § 1º, da Lei n. 12.830/2013, "ao delegado de polícia, na qualidade de autoridade policial, cabe a condução da investigação criminal por meio de inquérito policial ou outro procedimento previsto em lei, que tem como objetivo a apuração das circunstâncias, da materialidade e da autoria das infrações penais".

O art. 2º, § 4º, da Lei n. 12.830/2013 estabelece que o inquérito policial ou outro procedimento previsto em lei em curso somente poderá ser avocado ou redistribuído por superior hierárquico, mediante despacho fundamentado, por motivo de interesse público ou nas hipóteses de inobservância dos procedimentos previstos em regulamento da corporação que prejudique a eficácia da investigação.

c) **O inquérito é sigiloso**, nos termos do art. 20 do Código de Processo Penal. O dispositivo visa evitar que a publicidade em relação às provas já colhidas e àquelas que a autoridade pretende obter prejudique a apuração do ilícito.

Essa norma, entretanto, perdeu parte substancial de sua utilidade na medida em que o art. 7º, XIV, da Lei n. 8.906/94 (EOAB), introduzido pela Lei n. 13.245/2016, estabelece o direito de o advogado "examinar, em qualquer instituição responsável por conduzir investigação, mesmo sem procuração, autos de flagrante e de investigações de qualquer natureza, findos ou em andamento, ainda que conclusos à autoridade, podendo copiar peças e tomar apontamentos, em meio físico ou digital".

Essa disposição introduz no plano legal prerrogativa que já era reconhecida pela Súmula Vinculante 14 do Supremo Tribunal Federal, segundo a qual "é direito do defensor, no interesse do representado, ter acesso amplo aos elementos de prova que, já documentados em procedimento investigatório realizado por órgão com competência de polícia judiciária, digam respeito ao exercício do direito de defesa".

Ressalve-se, porém, que a autoridade responsável pela investigação poderá delimitar o acesso do advogado aos elementos de prova relacionados a diligências em andamento e ainda não documentados nos autos quando houver risco de comprometimento da eficiência, da eficácia ou da finalidade das diligências (art. 7º, § 11, do EOAB).

Isso porque algumas diligências efetuadas durante a investigação pressupõem sigilo absoluto, sob pena de se frustrarem seus objetivos ou de colocarem em risco a segurança dos policiais nelas envolvidos, como ocorre nos casos de infiltração de agentes da polícia ou de inteligência em tarefas de investigação de organizações criminosas (art. 23, *caput*, da Lei n. 12.850/2013) ou de interceptação telefônica (art. 8º da Lei n. 9.296/96).

d) Nos termos do art. 9º do Código de Processo Penal, **o inquérito policial deve ser escrito**. Salienta-se, todavia, que o art. 405, § 1º, do CPP, com a redação que lhe foi dada pela Lei n. 11.719/2008, dispõe que o registro do depoimento do investigado, indiciado, ofendido e testemunhas, sempre que possível, será feito por meio de gravação magnética (inclusive audiovisual), sem a necessidade de posterior transcrição (art. 405, § 2º). Assim, embora a maior parte dos atos inquisitoriais seja escrita (art. 9º), pode-se dizer que, em razão da regra do art. 405, §§ 1º e 2º, tal procedimento não é exclusivamente escrito.

e) **O inquérito policial não é obrigatório. A ação penal poderá ser proposta com base em peças de informação** (quaisquer documentos) que demonstrem a existência de indícios de autoria e de materialidade em relação ao autor do delito. Ora, como a finalidade do inquérito é justamente essa (colher indícios), torna-se desnecessária a sua instauração quando o titular da ação já possui em mãos peças que permitam sua propositura imediato.

2.3. FORMAS DE INSTAURAÇÃO DO INQUÉRITO POLICIAL

O Código de Processo Penal estabelece as diversas formas pelas quais o inquérito pode ser iniciado.

a) De ofício (art. 5º, I). Significa que o inquérito é iniciado por ato voluntário da autoridade policial, sem que tenha havido pedido expresso de qualquer pessoa nesse sentido. A lei determina que a autoridade é obrigada a instaurar o inquérito sempre que tomar conhecimento da ocorrência de crime. Assim, quando o delegado de polícia fica sabendo da prática de um delito, deve baixar a chamada portaria, que é a peça que dá início ao procedimento inquisitorial. Na portaria, a autoridade declara instaurado o inquérito e determina as providências iniciais a serem tomadas. Essa *notitia criminis* pode chegar ao conhecimento do delegado de formas diversas, como por comunicação de outros policiais, matéria jornalística, boletim de ocorrência lavrado em sua delegacia, informação prestada por conhecidos etc. O art. 5º, § 3º, do Código de Processo Penal estabelece que qualquer pessoa pode levar ao conhecimento da autoridade policial a ocorrência de uma infração penal, hipótese conhecida como *delatio criminis*. Essa *delatio*, entretanto, é facultativa, exceto na hipótese do art. 66 da Lei das Contravenções Penais, em que funcionários públicos ou da área de saúde têm a obrigação de informar a ocorrência de crimes de ação pública incondicionada de que venham a tomar conhecimento no desempenho das funções.

Em razão das várias maneiras como o delegado pode receber a *notitia criminis*, a doutrina fez a seguinte classificação, dividindo-a em: **a)** de cognição imediata, quando a autoridade fica sabendo da infração penal em razão do desempenho de suas atividades regulares; **b)** de cognição mediata, quando toma conhecimento por intermédio de terceiros (requerimento do ofendido, requisição do juiz ou do Ministério Público, *delatio criminis* etc.); **c)** de cognição coercitiva, quando decorre de prisão em flagrante.

b) Por requisição do juiz ou do Ministério Público (art. 5º, II, 1ª parte). Requisição é sinônimo de ordem. Assim, quando o juiz ou o promotor de justiça requisitam a instauração do inquérito, o delegado está obrigado a dar início às investigações.

c) Em razão de requerimento do ofendido (art. 5º, II, 2ª parte). Conforme supramencionado, qualquer pessoa pode levar ao conhecimento da autoridade a ocorrência de um delito. Quando isso ocorre, normalmente, é lavrado um boletim de ocorrência e, com base neste, o próprio delegado dá início ao inquérito por meio de portaria. Acontece, entretanto, que a lei entendeu ser necessário dar à vítima do delito a possibilidade de endereçar uma petição à autoridade solicitando formalmente que esta inicie as investigações. Essa petição, em regra, é utilizada quando há necessidade de uma narrativa mais minuciosa acerca do fato delituoso, em razão de sua complexidade.

O art. 5º, § 2º, do Código de Processo Penal dispõe que tal requerimento pode ser indeferido pela autoridade e que, do despacho de indeferimento, cabe recurso para o chefe de polícia (para alguns, o delegado-geral e, para outros, o secretário de segurança pública).

d) Pelo auto de prisão em flagrante. Quando uma pessoa é presa em flagrante, deve ser encaminhada à Delegacia de Polícia. Nesta é lavrado o auto de prisão, que é um documento no qual constam as circunstâncias do delito e da prisão. Lavrado o auto, o inquérito está instaurado.

Observação: nos crimes de ação pública condicionada à representação, o inquérito não poderá ser iniciado sem esta (art. 5º, § 4º, do CPP), e nos crimes de ação privada, o inquérito não poderá ser instaurado sem consentimento do ofendido ou de seu representante legal (art. 5º, § 5º, do CPP).

2.4. PRAZOS PARA A CONCLUSÃO DO INQUÉRITO

Uma vez iniciado, o inquérito tem prazo para ser concluído; este depende de estar o indiciado solto ou preso.

a) **Solto – o prazo é de trinta dias.** O art. 10, § 3º, do Código de Processo Penal esclarece, entretanto, que tal prazo poderá ser prorrogado quando o fato for de difícil elucidação. O pedido de **dilação de prazo** deve ser encaminhado pela autoridade policial ao Ministério Público, pois este órgão poderá discordar do pedido de prazo e, de imediato, oferecer denúncia ou promover o arquivamento do inquérito. Contudo, se houver concordância por parte do Ministério Público, será deferido novo prazo, que será por ele próprio fixado. O pedido de dilação de prazo pode ser repetido quantas vezes se mostre necessário.

b) **Preso por prisão preventiva ou flagrante – o prazo é de dez dias.** No caso de prisão em flagrante, só deverá ser obedecido referido prazo se o juiz, ao receber a cópia do flagrante (em 24 horas a contar da prisão), convertê-la em prisão preventiva, hipótese em que se conta o prazo a partir da efetivação da prisão em flagrante. Assim, se entre a prisão em flagrante e sua conversão em preventiva passarem-se três dias, o inquérito terá apenas mais sete dias para ser finalizado. **Se, ao receber a cópia do flagrante, o juiz conceder liberdade provisória, o prazo para a conclusão do inquérito será de trinta dias.**

Se o indiciado estava solto ao ser decretada sua prisão preventiva, o prazo de dez dias conta-se da data do cumprimento do mandado, e não da decretação.

Na contagem do prazo, inclui-se o primeiro dia, ainda que a prisão tenha se dado poucos minutos antes da meia-noite.

O prazo para a conclusão de inquérito policial referente a indiciado preso era improrrogável, mas a Lei n. 13.964/2019 inseriu regra no art. 3º-B, § 2º, do CPP, estabelecendo que o juiz das garantias poderá, mediante representação da autoridade policial e ouvido o Ministério Público, prorrogar, uma única vez, a duração do inquérito por 15 dias, após o que, se a investigação ainda não estiver concluída, deverá a prisão ser relaxada.

No julgamento das ADIs 6.298, 6.299. 6.300 e 6.305, entretanto, o STF atribuiu interpretação conforme[1] ao art. 3º-B, § 2º, do Código, para assentar que (i) o juiz pode decidir de forma fundamentada, reconhecendo a necessidade de novas prorrogações do inquérito, diante de elementos concretos e da complexidade da investigação; e (ii) a inobservância do prazo previsto em lei não implica a revogação automática da prisão preventiva, devendo o juízo competente ser instado a avaliar os motivos que a ensejaram, nos termos da ADI 6.581.

Esse prazo, entretanto, encontra algumas exceções em legislações especiais. O art. 51, *caput*, da Lei n. 11.343/2006 (Lei Antidrogas), por exemplo, estipula que o prazo será de trinta dias, se o indiciado estiver preso, e de noventa dias, se estiver solto. Esses prazos, inclusive, poderão ser duplicados pelo juiz (art. 51, parágrafo único).

Nos crimes de competência da Justiça Federal, o prazo é de quinze dias, prorrogáveis por mais quinze (art. 66 da Lei n. 5.010/66). Veja-se, todavia, que o tráfico internacional de

---

[1] Interpretação conforme à Constituição é uma técnica interpretativa de controle de constitucionalidade em que o julgador deixa de reconhecer a inconstitucionalidade de um dado preceito normativo, conferindo à norma controvertida sentido que se harmoniza com a Constituição. Essa técnica hermenêutica aplica-se quando for possível conferir a determinado dispositivo mais que um significado alternativo: um sentido inconstitucional e, de outro lado, um sentido conforme à Constituição. Ao optar pela interpretação conforme com a Constituição, o julgador deixará de declarar a inconstitucionalidade da disposição normativa, condicionando, no entanto, sua validade à interpretação que esteja em concordância com o texto constitucional.

entorpecentes, apesar de competir à Justiça Federal, segue o prazo mencionado no parágrafo anterior, uma vez que a Lei de Tóxicos é lei especial e posterior.

Observação: se o indiciado está preso em virtude de prisão **temporária**, espécie de prisão provisória criada pela Lei n. 7.960/89 e que somente pode ser decretada durante o inquérito, **a duração da prisão é de cinco dias, prorrogáveis por mais cinco, em caso de extrema e comprovada necessidade.** Em se tratando, porém, de prisão temporária decretada para apurar crimes hediondos, tráfico de entorpecentes, tortura ou terrorismo, o prazo é de trinta dias, prorrogáveis por mais trinta. Tais prazos, entretanto, referem-se à duração da prisão. Assim, encerrado o prazo sem que a autoridade tenha conseguido as provas que buscava, poderá, após soltar o preso, continuar com as investigações, ao contrário do que ocorre com a prisão em flagrante e a prisão preventiva, em que o prazo de dez dias para o término do inquérito é fatal.

2.5. DILIGÊNCIAS

Após a instauração do inquérito, a autoridade deverá determinar a realização das diligências pertinentes ao esclarecimento do fato delituoso. Assim, os arts. 6º e 7º do Código de Processo Penal elencam um rol de diligências que devem ser observadas, desde que cabíveis no caso concreto.

O art. 6º dispõe que, logo que tomar conhecimento da prática da infração penal, a autoridade deverá:

I – dirigir-se ao local, providenciando para que não se alterem o estado e conservação das coisas, até a chegada dos peritos criminais;

O dispositivo trata da chamada preservação do local do crime, cuja finalidade é evitar que alterações feitas pelos autores do crime ou por populares possam prejudicar a realização da perícia.

II – apreender os objetos que tiverem relação com o fato, após liberados pelos peritos criminais;

O art. 11 do Código de Processo Penal estabelece que tais objetos deverão acompanhar o inquérito, salvo se não mais interessarem à prova, hipótese em que serão restituídos ao proprietário. Veja-se que a própria lei determina a realização de perícia nos objetos apreendidos para serem constatadas sua natureza e sua eficácia (art. 175).

III – colher todas as provas que servirem para o esclarecimento do fato e suas circunstâncias;

Trata-se de permissão genérica dada pela lei à autoridade, no sentido de admitir que esta produza qualquer prova pertinente não elencada expressamente nos demais incisos. Ex.: ouvir testemunhas, realizar a avaliação de objetos etc. É evidente, todavia, que a lei não permite a produção de provas ilícitas ou obtidas com abuso de poder.

A Lei n. 13.431/2017 estabelece normas especiais relativas à oitiva de crianças e adolescentes testemunhas de crimes praticados com emprego de violência.

IV – ouvir o ofendido;

Cuida-se de providência extremamente importante, pois, na maioria dos casos, é a vítima quem pode prestar os esclarecimentos mais importantes em relação à autoria do ilícito penal. Em se tratando de criança ou adolescente vítima de violência, a autoridade policial deve zelar pela observância das garantias previstas na Lei n. 13.431/2017.

V – ouvir o indiciado, com observância, no que for aplicável, do disposto no Capítulo III do Título VII, deste Livro, devendo o respectivo termo ser assinado por 2 (duas) testemunhas que lhe tenham ouvido a leitura;

O dispositivo refere-se ao interrogatório do indiciado (pessoa a quem se atribuiu a autoria do delito na fase do inquérito policial). Esse interrogatório feito durante o inquérito deve ser realizado nos mesmos moldes do interrogatório judicial (*vide* arts. 185 e s.), sendo, porém, desnecessária a observância de algumas regras decorrentes da instalação do contraditório após o início efetivo da ação penal, tais como a presença obrigatória de defensor e a realização de reperguntas.

Acaso, todavia, o investigado ou indiciado já tenha providenciado advogado para representá-lo, deverá ser assegurada a participação do profissional no interrogatório, sob pena de nulidade absoluta do ato e, subsequentemente, de todos os elementos investigatórios e probatórios dele decorrentes ou derivados, direta ou indiretamente (art. 7º, XXI, da Lei n. 8.906/94).

A autoridade policial deve zelar para que o termo de interrogatório seja assinado por duas testemunhas que tenham presenciado a leitura da peça para o indiciado.

O art. 5º, LXIII, da Constituição garante ao indiciado o direito de permanecer calado durante o interrogatório.

Embora o art. 260, *caput*, do CPP preveja a possibilidade de a autoridade determinar a condução coercitiva, para fins de interrogatório, do acusado que desatender a intimação, o Plenário do STF, por maioria de votos, decidiu que tal providência é incompatível com os princípios do privilégio contra a autoincriminação, da presunção de não culpabilidade e da dignidade da pessoa humana, garantidos pela Constituição Federal, razão pela qual declarou a não recepção da expressão "para o interrogatório" constante do citado dispositivo legal (ADPF 395/DF e ADPF 444/DF, j. 14-6-2018, *Informativo STF 906*).

O art. 15 do Código de Processo Penal, por sua vez, determinava que, sendo o indiciado menor, deveria ele ser interrogado na presença de um curador nomeado pela autoridade. O dispositivo referia-se evidentemente aos réus menores de 21 anos de idade, ou seja, aos menores que, pela lei civil, dependiam de assistência. Ocorre que o Código Civil (Lei n. 10.406/2002), em seu art. 5º, reduziu a maioridade civil para 18 anos, de modo que não mais é necessária a nomeação de curador ao réu menor de 21 anos (*vide* item 9.5). Além disso, a Lei n. 10.792/2003 revogou expressamente o art. 194 do Código de Processo Penal, tornando desnecessária, na fase judicial, a nomeação de curador ao interrogado menor de 21 anos. Assim, se para a efetivação do interrogatório judicial, ato de maior relevância para o deslinde da causa, não se mostra necessária a intervenção de curador, possível a conclusão de que tal medida é também dispensável quando de sua realização na fase inquisitorial.

Observação: não existe réu menor de 18 anos, uma vez que é inimputável.

VI – proceder a reconhecimento de pessoas e coisas e a acareações;

O procedimento é aquele descrito nos Capítulos VII e VIII do Título VII (*vide* arts. 226 a 230). Ao término das providências mencionadas pelo inciso, a autoridade deverá lavrar o respectivo termo.

VII – determinar, se for caso, que se proceda a exame de corpo de delito e a quaisquer outras perícias;

O exame de corpo de delito, nos termos do art. 158, é indispensável para a prova da materialidade dos delitos que deixam vestígios. A sua ausência é causa de nulidade da ação (art. 564, III, *b*).

VIII – ordenar a identificação do indiciado pelo processo datiloscópico, se possível, e fazer juntar aos autos sua folha de antecedentes;

Veja-se, entretanto, que o art. 5º, LVIII, da Constituição estabelece que a pessoa civilmente identificada não será submetida a identificação criminal, salvo nas hipóteses previstas em lei. Essa norma constitucional proíbe, portanto, a identificação datiloscópica e fotográfica na hipótese de o indiciado apresentar documentação válida que o identifique eficazmente. A própria Constituição, contudo, permite que, em hipóteses expressamente previstas em lei especial, seja utilizada tal forma de identificação.

A Lei n. 12.037/2009 regulamenta atualmente a matéria, estabelecendo quais os documentos que se prestam à identificação civil (art. 2º).

Referida lei, por outro lado, permite, em seu art. 3º, que a identificação criminal seja levada a efeito mesmo quando houver apresentação de um daqueles documentos, quando:

I – o documento apresentar rasura ou tiver indício de falsificação;

II – o documento apresentado for insuficiente para identificar cabalmente o indiciado;

III – o indiciado portar documentos de identidade distintos, com informações conflitantes entre si;

IV – a identificação criminal for essencial às investigações policiais, segundo despacho da autoridade judiciária competente, que decidirá de ofício ou mediante representação da autoridade policial, do Ministério Público ou da defesa;

V – constar de registros policiais o uso de outros nomes ou diferentes qualificações;

VI – o estado de conservação ou a distância temporal ou da localidade da expedição do documento apresentado impossibilitar a completa identificação dos caracteres essenciais.

Averbe-se que a identificação criminal inclui o processo **datiloscópico** e o **fotográfico**, cujos registros devem ser anexados aos autos da investigação.

Conclui-se, portanto, que a pessoa presa em flagrante, indiciada em inquérito ou autora de infração de menor potencialidade ofensiva, será submetida a identificação datiloscópica e fotografada somente quando não apresentar documento que a identifique ou, ainda, quando ocorrer uma das situações de que trata o art. 3o da Lei n. 12.037/2009.

Registre-se que a cópia do documento de identidade apresentado pelo identificando deverá, em qualquer hipótese, ser anexada ao procedimento investigatório.

A lei faculta ao indiciado ou réu, no caso de não oferecimento de denúncia ou de sua rejeição e, ainda, no caso de absolvição definitiva, formular requerimento de desentranhamento do registro de identificação fotográfica, desde que apresente prova suficiente de sua identificação civil (art. 7º).

IX – averiguar a vida pregressa do indiciado, sob o ponto de vista individual, familiar e social, sua condição econômica, sua atitude e estado de ânimo antes e depois do crime e durante ele, e quaisquer outros elementos que contribuírem para a apreciação do seu temperamento e caráter;

Esse dispositivo é de suma importância para que o juiz tenha dados para fixar a pena-base ao réu (em caso de condenação), uma vez que o art. 59 do Código Penal dispõe que a referida pena-base deve ser fixada de acordo com a conduta social, a personalidade, os antecedentes do agente, as circunstâncias do crime etc.

Na prática, entretanto, em razão da exiguidade de tempo para apuração das inúmeras ocorrências, as autoridades policiais limitam-se a fazer um questionário ao **próprio indiciado** acerca dos tópicos mencionados no inciso, de tal sorte que o valor das respostas dadas é praticamente nenhum.

Por fim, o art. 7º do Código de Processo Penal permite que a autoridade policial proceda à reprodução simulada dos fatos com a finalidade de verificar a possibilidade de ter a infração sido praticada de determinada forma. É a chamada reconstituição do crime, da qual o indiciado não é obrigado a tomar parte. O ato deve ser documentado por fotografia.

A reconstituição somente pode ser feita se não for ofensiva à moralidade e à ordem pública.

De acordo com o art. 13 do Código de Processo Penal, o delegado de polícia possui outras funções durante o tramitar do inquérito: I – fornecer às autoridades judiciárias as informações necessárias à instrução e julgamento dos processos; II – realizar as diligências requisitadas pelo juiz ou pelo Ministério Público; III – cumprir os mandados de prisão expedidos pelo juiz;

IV – representar acerca da prisão preventiva. Além disso, no próprio Código e em leis especiais, existem várias outras atividades que podem ser realizadas pela autoridade policial, por exemplo, arbitrar fiança nos delitos punidos com pena de até 4 anos (art. 322), representar ao juiz para a instauração de incidente de insanidade mental (art. 149, § 1º), lavrar termo circunstanciado (art. 69 da Lei n. 9.099/95), representar acerca da decretação de prisão temporária (art. 2º da Lei n. 7.960/89) ou de interceptação telefônica (art. 3º, I, da Lei n. 9.296/96) etc.

Estabelece o art. 14 do Código de Processo Penal que o ofendido ou seu representante legal, bem como o indiciado, poderão requerer à autoridade policial a realização de qualquer diligência, que será efetuada, ou não, a critério da autoridade.

X – colher informações sobre a existência de filhos, respectivas idades e se possuem alguma deficiência e o nome e o contato de eventual responsável pelos cuidados dos filhos, indicado pela pessoa presa.

Tal dispositivo foi inserido no Código pela Lei n. 13.257/2016.

Observação: em se tratando de crime praticado com violência doméstica ou familiar contra a mulher, a Lei n. 11.340/2006 listou outras medidas que devem ser adotadas, de imediato, pela autoridade policial que receber a notícia da infração (arts. 10, 11 e 12).

2.5.1. O INDICIAMENTO

O indiciamento é um ato formal eventualmente realizado durante o inquérito policial, que decorre do fato de a autoridade policial se convencer de que determinada pessoa é a autora da infração penal. Antes do formal indiciamento, a pessoa é tratada apenas como suspeita ou investigada. De acordo com o art. 2º, § 6º, da Lei n. 12.830/2013, o indiciamento, privativo do delegado de polícia, dar-se-á por ato fundamentado, mediante análise técnico-jurídica do fato, que deverá indicar a autoria, a materialidade e suas circunstâncias.

O indiciamento é um juízo de valor da autoridade policial durante o decorrer das investigações e, por isso, não vincula o Ministério Público, que poderá, posteriormente, requerer o arquivamento do inquérito.

2.6. INCOMUNICABILIDADE

O art. 21, parágrafo único, do Código de Processo Penal prevê a possibilidade de o juiz decretar a incomunicabilidade do indiciado por prazo não superior a três dias, visando com isso evitar que este prejudique o andamento das investigações. Tal dispositivo, entretanto, apesar de não ter sido revogado expressamente, tornou-se inaplicável em razão do disposto no art. 136, § 3º, IV, da Constituição Federal, que veda a incomunicabilidade, até mesmo quando decretado o estado de defesa.

2.7. CONCLUSÃO DO INQUÉRITO

A autoridade policial deve elaborar um relatório descrevendo as providências tomadas durante as investigações. Esse relatório é a peça final do inquérito, que será então remetido ao juiz.

Ao elaborar o relatório, a autoridade declara estar encerrada a fase investigatória, mas não deve manifestar-se acerca do mérito da prova colhida, uma vez que tal atitude significa invadir a área de atuação do Ministério Público, a quem incumbe formar a *opinio delicti*.

O art. 17 do Código de Processo Penal diz que a autoridade policial não poderá determinar o arquivamento do feito. Conforme se verá adiante, o arquivamento do inquérito é sempre promovido pelo Ministério Público.

Em se tratando de crime de ação privada, o art. 19 do Código de Processo Penal estabelece que os autos do inquérito serão remetidos ao juízo competente, onde aguardarão a iniciativa do ofendido ou de seu representante legal, ou serão entregues a eles, mediante traslado (cópia), se assim tiverem solicitado.

O art. 11 do Código de Processo Penal dispõe que os instrumentos do crime, bem como os objetos que interessarem à prova, acompanharão os autos do inquérito policial.

O inquérito policial acompanhará a denúncia ou queixa, sempre que servir de base para o oferecimento de qualquer delas (art. 12 do CPP). A respeito do tema, ver comentários abaixo no subitem 2.8.1 (juiz das garantias).

2.8. CONTROLE JUDICIAL DA INVESTIGAÇÃO

A matéria a seguir exposta constitui-se em inovação introduzida pelo Pacote Anticrime (Lei n. 13.964/2019), cuja eficácia foi suspensa, nesse ponto, por decisão liminar do Supremo Tribunal Federal, proferida em 22-1-2020 em medida cautelar nas Ações Diretas de Inconstitucionalidade 6.298, 6.299, 6.300 e 6.305. Com o julgamento do mérito das referidas ADIs, finalizado em 24-8-2023, estabeleceu-se o prazo de 12 meses, a contar da publicação da ata de julgamento da Corte Suprema, para que sejam adotadas as medidas legislativas e administrativas necessárias à efetiva implantação e atuação, em todos o país, do juiz das garantias. Previu-se, ainda, a possibilidade de prorrogação desse prazo, uma única vez e por no máximo 12 meses, mediante justificativa do tribunal interessado perante o Conselho Nacional de Justiça.

Assim, considerando que a ata do julgamento das referidas ações foi publicada em 25-8-2023, deverão os tribunais federais, estaduais e do Distrito Federal providenciar, a partir de 26-8-2024, a efetiva atuação do juiz das garantias, salvo se houver justos motivos para prorrogação mencionada.

2.8.1. JUIZ DAS GARANTIAS

Para conferir maior pureza à matriz acusatória que informa nosso sistema processual, a Lei n. 13.964/2019 criou a figura do juiz das garantias, com o fim de assegurar o distanciamento do juiz que julgará a causa penal – juiz da instrução e julgamento – das atividades jurisdicionais realizadas na fase investigatória, situação que favoreceria a imparcialidade do magistrado que apreciará a pretensão punitiva.

Embora o legislador, com o propósito de eliminar resquícios de natureza inquisitiva do sistema processual, tenha vedado toda e qualquer iniciativa do juiz na fase de investigação e a substituição da atuação probatória do órgão de acusação (art. 3º-A), o Supremo Tribunal Federal, ao apreciar a constitucionalidade do dispositivo legal, atribuiu-lhe interpretação conforme, para assentar que o juiz, pontualmente, e nos limites legalmente autorizados, pode determinar a realização de diligências suplementares, para o fim de dirimir dúvidas sobre questão relevante para o julgamento do mérito.

As novas regras, porque de natureza processual, aplicar-se-ão desde logo, sem prejuízo da validade dos atos já praticados (art. 2º do CPP). O STF estabeleceu regra de transição, definindo que, nas ações penais já instauradas no momento da efetiva implantação do juiz das garantias, a eficácia da lei não acarretará modificação do juízo competente.

A atividade jurisdicional, portanto, será, em regra, desdobrada em duas funções de naturezas distintas, exercidas por juízes diversos, as quais podem ser, resumidamente, assim agrupadas: a) o ==juiz das garantias==, responsável pelo controle da legalidade da investigação criminal e pela salvaguarda dos direitos individuais cuja franquia tenha sido reservada à autorização prévia do Poder Judiciário (art. 3º-B), atuará, sempre que necessário, na ==fase pré-processual==, supervisionando a investigação, cessando sua competência com o **oferecimento** da denúncia ou queixa. É importante ressaltar que, embora o Código de Processo Penal disponha, em seus arts. 3º-B, XIV, e 3º-C, *caput*, que a competência do juiz das garantias compreenderia o recebimento da inicial acusatória, o Supremo Tribunal Federal conferiu interpretação conforme a tais dispositivos, para estabelecer o **oferecimento** da denúncia como ato processual a partir do qual se inaugura a competência do juiz da instrução e julgamento, que não poderá ser o mesmo magistrado que desempenhou a função de juiz das garantias; b) o **juiz da instrução e julgamento** será incumbido de decidir sobre o recebimento ou rejeição da denúncia ou queixa, bem como exercer a jurisdição nos ulteriores termos da ação penal.

Salienta-se que, até que haja efetiva implantação do juiz das garantias no prazo fixado pela Corte Suprema, as competências atribuídas por lei a este e ao juiz da instrução e julgamento continuarão sendo exercidas por um único magistrado.

De acordo com o art. 3º-C, *caput*, a competência do juiz das garantias abrange todas as infrações penais, exceto as de menor potencial ofensivo. O STF, contudo, conferiu interpretação conforme à Constituição, para ampliar o elenco de infrações cuja apuração não se submete às regras atinentes ao juiz de garantias.

Assim, de acordo com a Corte Suprema, as normas relativas ao juiz das garantias **não se aplicam** a:
a) processos de competência originária dos tribunais, que são regidos pela Lei n. 8.038/90. De fato, o Código não prevê a aplicação das regras atinentes ao juiz de garantia no âmbito dos tribunais, quer no que se refere à competência recursal ou originária, razão pela qual se entende que se aplicam apenas em primeiro grau de jurisdição;
Lembremos que a investigação criminal nas ações penais de competência originária dos tribunais está disciplinada nos arts. 1º a 5º da Lei n. 8.038/90, que não prevê a figura do juiz das garantias, o que permite concluir pela prevalência da regra específica sobre a norma geral prevista no CPP. Em face da inexistência de previsão de regra de impedimento de julgadores ou de órgãos colegiados que conhecerem, em matéria recursal, de questões atinentes à investigação, não se entrevê a necessidade de que ulteriores questões relativas à ação penal sejam apreciadas por outros julgadores;
b) processos de competência do tribunal do júri. A estruturação bifásica do júri e a circunstância de que os responsáveis pelo julgamento da pretensão punitiva – os jurados – não atuam na fase investigativa autorizam concluir pela desnecessidade da figura do juiz de garantias em tais processos.
c) casos de violência doméstica e familiar (Lei n. 11.340/2006 e Lei n. 14.344/2022);
d) infrações penais de menor potencial ofensivo.

Há no art. 3º-B do Código rol **não taxativo** das competências do juiz das garantias:

I – receber a comunicação imediata da prisão, nos termos do inciso LXII do *caput* do art. 5º da Constituição Federal – a autoridade policial deverá dirigir a comunicação prevista no art. 306, *caput*, do CPP ao juízo de garantias;

II – receber o auto da prisão em flagrante para o controle da legalidade da prisão, decidindo pelo relaxamento da prisão ilegal, por eventual conversão do flagrante em prisão preventiva ou pela concessão de liberdade provisória;

III – zelar pela observância dos direitos do preso, podendo determinar que este seja conduzido à sua presença, a qualquer tempo – para a salvaguarda dos direitos do investigado preso, o juiz das garantias poderá requisitar informações, expedir recomendações, realizar inspeções e, sempre que necessário, determinar a apresentação do preso em juízo;

IV – ser informado sobre a instauração de qualquer investigação criminal – constata-se que a lei criou a obrigação, que recai sobre todos os órgãos incumbidos da persecução penal, de comunicar a instauração de inquérito ou de procedimento da mesma natureza ao juízo das garantias. O STF estabeleceu o prazo de 90 dias, contados da publicação da ata de julgamento das ADIs 6.298, 6.299, 6.300 e 6.305, para que os representantes do Ministério Público encaminhem, sob pena de **nulidade**, todos os procedimentos investigatórios ao juiz competente, a fim de que se possibilite o efetivo controle judicial também das investigações realizadas diretamente pelos órgãos ministeriais;

V – decidir sobre o requerimento de prisão provisória ou outra medida cautelar – ao juízo das garantias compete julgar requerimentos de prisão ou de medidas cautelares de natureza diversa formulados na fase pré-processual, uma vez que, no curso da ação penal, tal competência será exercida pelo juiz da instrução e julgamento;

VI – prorrogar a prisão provisória ou outra medida cautelar, bem como substituí-las ou revogá-las, assegurado, no primeiro caso, o exercício do contraditório em audiência pública e oral, na forma do disposto neste Código ou em legislação especial pertinente – havendo necessidade de prorrogação da prisão provisória, o juiz das garantias deverá designar audiência para, assegurado o contraditório, decidir sobre a prorrogação da custódia; a revogação ou substituição de prisão ou de outra medida cautelar também será objeto de decisão pelo juízo das garantias, desde que não se tenha instaurado a ação penal;

VII – decidir sobre o requerimento de produção antecipada de provas consideradas urgentes e não repetíveis, assegurados o contraditório e a ampla defesa em audiência pública e oral – havendo fundado motivo para a colheita de prova de forma antecipada, o juízo das garantias poderá, mediante requerimento do interessado, determinar sua realização, promovendo oportuna citação da parte adversa, sem que haja necessidade de repetição da prova perante o juiz da instrução e julgamento;

VIII – prorrogar o prazo de duração do inquérito, estando o investigado preso, em vista das razões apresentadas pela autoridade policial e observado o disposto no § 2º deste artigo – A legislação processual estabelece prazos distintos para a conclusão do inquérito policial nas hipóteses de investigado solto e preso (*vide* item 2.4).

Em se tratando de investigação à qual se vincule a prisão de alguém, revela-se necessário, a fim de tutelar o direito à liberdade do indivíduo, efetivo e rigoroso controle judicial sobre a duração das diligências, para evitar que a prisão se prolongue indevidamente.

Assim é que, escoado o prazo de duração inicial do inquérito, incumbirá ao juiz de garantias, ouvido o Ministério Público, decidir sobre a possibilidade de manutenção da prisão do investigado e de prorrogação das investigações, por mais 15 dias.

Apesar de a literalidade do art. 3º-B, § 2º, do Código proibir que a prorrogação se dê por mais de uma vez e prever que, em caso de não conclusão da investigação, a prisão será imediatamente relaxada, no julgamento das ADIs 6.298, 6.299, 6.300 e 6.305, o STF atribuiu interpretação conforme ao referido dispositivo, para assentar que (i) o juiz pode decidir de forma fundamentada, reconhecendo a necessidade de novas prorrogações do inquérito, diante de elementos concretos e da complexidade da investigação; e (ii) a inobservância do prazo previsto em lei não implica a revogação automática da prisão preventiva, devendo o juízo competente ser instado a avaliar os motivos que a ensejaram, nos termos da ADI 6.581.

As investigações realizadas diretamente pelo Ministério Público também se sujeitam, estando o investigado preso, ao controle previsto neste dispositivo;

IX – determinar o trancamento do inquérito policial quando não houver fundamento razoável para sua instauração ou prosseguimento – o trancamento de investigação é providência que se situa no campo da **excepcionalidade**, daí por que só deve ter lugar quando houver comprovação, de plano, da atipicidade da conduta e da incidência de causa de extinção da punibilidade. Essa decisão judicial equivale à concessão de *habeas corpus*, razão pela qual pode ser atacada via recurso em sentido estrito, nos termos do art. 581, X, do CPP. O juiz deve, outrossim, recorrer de ofício de sua decisão, conforme determina o art. 574, I, do CPP;

X – requisitar documentos, laudos e informações ao delegado de polícia sobre o andamento da investigação;

XI – decidir sobre os requerimentos de:
a) **interceptação telefônica, do fluxo de comunicações em sistemas de informática e telemática ou de outras formas de comunicação;**
b) **afastamento dos sigilos fiscal, bancário, de dados e telefônico;**
c) **busca e apreensão domiciliar;**
d) **acesso a informações sigilosas;**
e) **outros meios de obtenção da prova que restrinjam direitos fundamentais do investigado;**

XII – julgar o *habeas corpus* impetrado antes do oferecimento da denúncia – o juiz de garantias é competente para analisar pedido de ordem de *habeas corpus* impetrado na fase pré-processual. Se a autoridade coatora for integrante do Ministério Público, porém, a competência para apreciação do *writ* será do Tribunal de segundo grau: "Esta Corte Superior de Justiça firmou o entendimento de que o Tribunal de Justiça é competente para julgar *habeas corpus* impetrado contra ato de Promotor de Justiça" (STJ, RHC 32.253/SP – 5ª Turma – Rel. Min. Jorge Mussi – DJe 23-8-2013);

XIII – determinar a instauração de incidente de insanidade mental – se antes do oferecimento da denúncia houver dúvida fundada sobre a integridade mental do acusado, o juiz das garantias ordenará sua submissão a exame médico-legal para avaliar sua capacidade (art. 149, *caput* e § 1º, do CPP);

XIV – decidir sobre o recebimento da denúncia ou queixa, nos termos do art. 399 deste Código – O STF declarou a inconstitucionalidade desse inciso, atribuindo interpretação conforme para assentar que a competência do juiz das garantias cessa com o oferecimento da denúncia ou queixa, razão pela qual a decisão sobre o recebimento da inicial acusatória será do juiz da instrução e julgamento;

XV – assegurar prontamente, quando se fizer necessário, o direito outorgado ao investigado e ao seu defensor de acesso a todos os elementos informativos e provas produzidos no âmbito da investigação criminal, salvo no que concerne, estritamente, às diligências em andamento – o juiz das garantias deve zelar pelo direito à ampla defesa (art. 5º, LV, da CF) e pela observância da prerrogativa do defensor de acesso aos autos de investigação, salvo no que diz respeito aos elementos de prova relacionados a diligências em andamento e ainda não documentados nos autos (art. 7º, XIV e § 11, da Lei n. 8.906/94), nos termos da Súmula Vinculante 14: "É direito do defensor, no interesse do representado, ter acesso amplo aos elementos de prova que, já documentados em procedimento investigatório realizado por órgão com competência de polícia judiciária, digam respeito ao exercício do direito de defesa";

XVI – deferir pedido de admissão de assistente técnico para acompanhar a produção da perícia – se, durante a investigação, o Ministério Público, o assistente de acusação, o ofendido, o querelante ou o acusado indicarem assistente técnico para fins de acompanhamento da elaboração da prova pericial, o juiz das garantias apreciará o pleito de admissão (art. 159, § 3º, do CPP);

XVII – decidir sobre a homologação de acordo de não persecução penal ou os de colaboração premiada, quando formalizados durante a investigação – a homologação de acordo de não persecução penal será de competência do juiz das garantias, pois tal pacto, em regra, só pode ser celebrado antes do oferecimento da denúncia; em se tratando de acordo de colaboração premiada, o juiz de garantias será competente se o pedido de homologação for apresentado antes do oferecimento da denúncia;

XVIII – outras matérias inerentes às atribuições definidas no *caput* deste artigo – a lei atribuiu competência residual ao juiz de garantias para decidir sobre outras matérias relacionadas à supervisão da investigação criminal, em especial o cumprimento das regras para o tratamento dos presos, impedindo o acordo ou ajuste de qualquer autoridade com órgãos da imprensa para explorar a imagem da pessoa submetida à prisão (art. 3º-F do CPP).

O art. 3º-B, § 1º, do CPP insere, ainda, no rol de competências do juiz de garantias a realização de audiência de apresentação (ou audiência de custódia) da pessoa presa em flagrante ou por força de mandado de prisão provisória, ato a ser realizado no prazo de 24 horas a contar do momento da prisão, salvo impossibilidade fática, com a presença do Ministério Público e de defensor.

Conquanto o dispositivo legal em questão vede o emprego de videoconferência para realização da audiência de apresentação ou custódia, o STF, no exercício do controle concentrado de constitucionalidade da Lei n. 13.964/2019, estabeleceu a possibilidade de uso excepcional de videoconferência, mediante decisão da autoridade judiciária e desde que o meio seja apto à verificação da integridade do preso e à garantia de seus direitos.

JUIZ DAS GARANTIAS X JUIZ DA INSTRUÇÃO E JULGAMENTO – REPARTIÇÃO DA COMPETÊNCIA E INTERAÇÃO

Malgrado dois órgãos jurisdicionais sejam incumbidos de, em um mesmo grau de jurisdição, apreciar o fato criminoso, não há superposição entre suas competências, pois a atuação se dará de forma sucessiva, uma vez que a competência do juiz da instrução e julgamento origina-se apenas quando esgotada a do juiz das garantias, o que se dá, de acordo com o decidido pelo STF nas ADIs 6.298, 6.299, 6.300 e 6.305, com o oferecimento da denúncia.

Registra-se que, conquanto o art. 3º-C do Código estabeleça que "a competência do juiz das garantias abrange todas as infrações penais, exceto as de menor potencial ofensivo, e cessa com o recebimento da denúncia ou queixa na forma do art. 399 deste Código", a Suprema Corte declarou a inconstitucionalidade da expressão "recebimento da denúncia ou queixa na forma do art. 399 deste Código", contida no referido dispositivo, e atribuiu interpretação conforme para assentar que a competência do juiz das garantias cessa com o oferecimento da denúncia.

Esse é, portanto, o marco a partir do qual todas as questões pendentes devem ser decididas pelo juiz da instrução e julgamento (art. 3º-C, § 1º).

Oferecida a denúncia ou queixa, os autos que compõem as matérias do juiz das garantias serão encaminhados, na integra, ao juízo da instrução e julgamento, uma vez que julgadas inconstitucionais as previsões legais de que, com exceção das provas irrepetíveis e das medidas de obtenção ou de antecipação de provas, as demais provas e informações permaneceriam acauteladas na secretaria daquele juízo, à disposição do Ministério Público e da defesa, sem que fossem remetidas ao juiz da instrução e julgamento (art. 3º-C, § 3º).

Com efeito, antes mesmo da declaração de inconstitucionalidade, pelo STF, do art. 3º-C, § 3º, do CPP, já defendíamos que a previsão de que o juiz da instrução e julgamento não poderia ter conhecimento de toda a prova colhida na investigação não se harmonizava: a) com o postulado constitucional da efetividade da tutela jurisdicional (art. 5º, XXXV, da CF) e com o princípio da proporcionalidade, na vertente da proibição da proteção deficiente (art. 5º, *caput*, da CF), pelos obstáculos intransponíveis à proteção dos direitos fundamentais da sociedade; b) com a garantia da ampla defesa (art. 5º, LV, da CF), uma vez que também elementos obtidos na investigação que beneficiassem o acusado seriam subtraídos ao conhecimento do juiz da instrução e julgamento.

O juiz da instrução e julgamento não estará vinculado às decisões proferidas pelo juiz das garantias, devendo, necessariamente, reexaminar a necessidade de eventuais medidas cautelares em curso, no prazo máximo de 10 dias (art. 3º-C, § 2º).

De acordo com a redação do art. 3º-D, *caput*, do Código, o magistrado que requisitasse a instauração de inquérito policial ficaria impedido de funcionar na ação penal. Esse dispositivo, porém, foi declarado inconstitucional pelo STF (ADIs 6.298, 6.299, 6.300 e 6.305), razão pela qual não há proibição de que o juiz responsável pela requisição de que trata o art. 5º, II, do CPP venha a atuar no processo.

Em razão do disposto no art. 2º do CPP, nas ações penais já instauradas no momento da efetiva implementação do juiz das garantias pelos tribunais, a eficácia da lei não acarretará qualquer modificação do juízo competente.

Quadro sinótico – Do inquérito policial

Conceito	É realizado pela Polícia Judiciária (ou Polícia Civil) e corporificado por uma sucessão de diligências investigatórias, tendo por finalidade a obtenção de elementos de prova para o titular da ação penal. Trata-se de procedimento administrativo prévio, de natureza inquisitiva, destinado à apuração de um fato que se afigura criminoso.
Principais características	a) natureza inquisitiva; b) oficialidade; c) caráter sigiloso de sua tramitação; d) forma escrita; e) não obrigatoriedade.
Formas de instauração	a) de ofício pela autoridade policial, por meio de portaria; b) por requerimento do ofendido; c) pela lavratura de auto de prisão em flagrante; d) por requisição de juiz; e) por requisição do Ministério Público.
Prazo para conclusão	a) indiciado solto: trinta dias, prorrogáveis, a critério do Ministério Público, quando o fato for de difícil elucidação. b) indiciado preso em decorrência de flagrante ou preventivamente: dez dias (prorrogáveis, a critério do juiz das garantias, por 15 dias). Na Lei Antidrogas, o prazo é de trinta dias se o indiciado estiver preso e noventa se estiver solto, sendo certo, ainda, que tal Lei permite que o juiz duplique tais prazos. Nos crimes de competência da Justiça Federal, o prazo é de quinze dias, prorrogáveis por mais quinze (art. 66 da Lei n. 5.010/66).
Conclusão do inquérito	O relatório elaborado pela autoridade, descrevendo as diligências realizadas, é a peça final do inquérito. Após sua elaboração, a autoridade deve remeter os autos e os objetos apreendidos ao juiz. Em seguida, o inquérito será remetido ao Ministério Público, que poderá oferecer denúncia ou requerer o arquivamento. O art. 17 do Código de Processo Penal diz que a autoridade policial não pode determinar o arquivamento do inquérito policial; somente o Ministério Público pode promovê-lo.

3 DA AÇÃO PENAL

3.1. CLASSIFICAÇÃO

O art. 100 do Código Penal traça as regras básicas em torno da classificação da ação penal. Esse dispositivo declara que a ação penal pode ser pública ou privada.

A ação pública, nos termos do art. 129, I, da Constituição, é de iniciativa exclusiva do Ministério Público (órgão do Estado, composto de promotores e procuradores de justiça no âmbito estadual, e procuradores da República, no federal). Na ação pública vigora o princípio da obrigatoriedade, ou seja, havendo indícios suficientes, surge para o Ministério Público, salvo em relação às infrações suscetíveis de transação penal ou de acordo de não persecução penal, o dever de propor a ação. A peça processual que dá início à ação pública é a denúncia.

A ação pública pode ser:

a) Incondicionada – é a regra no direito penal. O oferecimento da denúncia independe de qualquer condição específica. Sempre que a lei não dispuser de modo diverso, o crime será de ação pública incondicionada (art. 100, *caput*, do CP).

b) Condicionada – quando o oferecimento da denúncia depende da prévia existência de alguma condição específica. A ação pública pode ser condicionada à representação da vítima ou à requisição do Ministro da Justiça. A titularidade da ação continua a ser do Ministério Público, mas este somente poderá oferecer a denúncia se estiver presente a representação ou a requisição, que constituem, em verdade, autorização para o início da ação. Em face disso, representação e requisição do Ministro da Justiça têm natureza jurídica de condição de procedibilidade.

Para se saber quando um crime é de ação pública condicionada, basta verificar o tipo penal, pois a lei expressamente menciona as expressões "somente se procede mediante representação" ou "somente se procede mediante requisição do Ministro da Justiça".

A ação penal privada é de iniciativa do ofendido ou, quando este é menor ou incapaz, de seu representante legal. O legislador, atento ao fato de que determinados ilícitos atingem a intimidade das vítimas, deixa a critério delas o início da ação penal. Na ação privada, portanto, vigora o princípio da oportunidade ou conveniência, ou seja, ainda que existam provas cabais de autoria e de materialidade, pode a vítima optar por não ingressar com a ação penal, para evitar que aspectos de sua intimidade sejam discutidos em juízo. A peça inicial da ação privada é a queixa-crime.

A ação penal privada, por sua vez, subdivide-se em:

a) Exclusiva (art. 100, § 2º, do CP) – a iniciativa incumbe à vítima ou a seu representante legal.

Em caso de morte do ofendido antes do início da ação, esta poderá ser intentada, desde que dentro do prazo decadencial de seis meses, por seu cônjuge, ascendente, descendente ou irmão (art. 100, § 4º, do CP). Se a morte ocorrer após o início da ação penal, poderá também haver tal substituição, mas dentro do prazo de sessenta dias, fixado no art. 60, II, do Código de Processo Penal.

Processo Penal – Parte Geral

Nos crimes de ação privada exclusiva, o legislador, na própria parte especial do Código Penal, expressamente declara que, na apuração de tal infração, "somente se procede mediante queixa".

b) **Personalíssima** – a ação só pode ser intentada pela vítima e, em caso de falecimento antes ou depois do início da ação, não poderá haver substituição para a sua propositura ou seu prosseguimento. É o caso, por exemplo, do crime de induzimento a erro essencial ou ocultação de impedimento para casamento, em que o art. 236, parágrafo único, do Código Penal estabelece que a ação penal só pode ser iniciada por queixa do contraente enganado. Dessa forma, a morte do ofendido implica extinção da punibilidade dos autores do crime, uma vez que não será possível a substituição no polo ativo. O crime de adultério também era de ação privada personalíssima, mas tal delito foi revogado pela Lei n. 11.106/2005.

c) **Subsidiária da pública** – o Ministério Público, ao receber o inquérito policial que apura crime de ação pública (condicionada ou incondicionada), possui prazo para oferecer a denúncia. Entretanto, findo esse prazo, sem que o Ministério Público tenha se manifestado, surge para o ofendido o direito de oferecer queixa subsidiária em substituição à denúncia não apresentada pelo titular da ação.

Observação: nos crimes de lesões corporais dolosas de natureza leve (art. 129, *caput*, do CP) e lesões corporais culposas (art. 129, § 6º, do CP), a ação penal passou a ser pública condicionada à representação, em razão do que dispõe o art. 88 da Lei n. 9.099/95. Não há, entretanto, qualquer menção expressa a esse respeito no Código Penal.

3.2. CONDIÇÕES GERAIS DA AÇÃO PENAL

São condições que devem estar presentes para a propositura de toda e qualquer ação penal. Podemos assim elencá-las:

a) **Legitimidade de parte** – se a ação for pública, deve ser proposta pelo Ministério Público, e, se for privada, pelo ofendido ou por seu representante legal.

O acusado deve ser maior de 18 anos e deve ser pessoa física, pois, salvo em raras exceções, pessoa jurídica não pode figurar no polo passivo de uma ação penal, uma vez que não pode ser autora de crime.

b) **Interesse de agir** – a ação só pode ser admitida quando houver indícios de autoria e de materialidade a ensejar sua propositura, e desde que não esteja extinta a punibilidade pela prescrição ou qualquer outra causa.

c) **Possibilidade jurídica do pedido** – que o fato descrito na denúncia ou queixa seja típico. Assim, a peça inicial deve descrever fato previsto na lei como infração penal, pois, apenas dessa forma, poderá fundamentar um pedido de condenação no final do processo.

Além dessas condições gerais, algumas espécies de ação penal exigem condições específicas, como a ação pública condicionada, que pressupõe a existência de representação ou de requisição do Ministro da Justiça.

3.3. PRINCÍPIOS GERAIS DA AÇÃO PENAL

Aqueles que se aplicam a toda e qualquer forma de ação penal (pública ou privada).

Princípio do juiz natural. De acordo com o art. 5º, LIII, da Constituição Federal, ninguém será processado nem sentenciado senão pela autoridade competente. Assim, deve haver no sistema legal regramento prévio em relação à divisão de competência entre os juízes, de tal maneira que, com a prática de uma infração penal, seja imediatamente possível saber a qual juiz incumbirá o julgamento.

O julgamento feito por juízo absolutamente incompetente gera a nulidade da ação (art. 564, I, do CPP).

São vedados, ainda, juízos e tribunais de exceção, ou seja, formados temporariamente para julgar caso ou casos específicos após o delito ter sido praticado.

Princípio da imparcialidade do juiz. Esse princípio, além de previsto no art. 8.1 da Convenção Americana sobre Direitos Humanos e no art. 14.1 do Pacto Internacional sobre Direitos Civis e Políticos – diplomas que integram o ordenamento jurídico brasileiro –, decorre da própria natureza da função jurisdicional, que tem, na imparcialidade, a sua razão de existir. O texto constitucional, ademais, consagra implicitamente esse princípio, por meio de dispositivos que visam assegurar a imparcialidade do juiz, conferindo aos magistrados garantias como vitaliciedade, inamovibilidade e irredutibilidade de subsídios a fim de que possam decidir sem sofrer pressões.

Princípio da motivação das decisões judiciais. De acordo com o art. 93, IX, da Constituição Federal, todos os julgamentos dos órgãos do Poder Judiciário serão públicos, e **fundamentadas** todas as **decisões**, sob pena de nulidade. Os juízes devem expor as razões de fato e de direito que os levaram a determinada decisão, nos termos do que dispõe o art. 381, III, do Código de Processo Penal.

Considera-se desmotivada, porém, não apenas a decisão totalmente omissa na explicitação de motivos, mas também aquela que apresentar algum dos defeitos elencados no art. 489, § 1º, do CPC, ou seja, aquela que: I – se limitar à indicação, à reprodução ou à paráfrase de ato normativo, sem explicar sua relação com a causa ou a questão decidida; II – empregar conceitos jurídicos indeterminados, sem explicar o motivo concreto de sua incidência no caso; III – invocar motivos que se prestariam a justificar qualquer outra decisão; IV – não enfrentar todos os argumentos deduzidos no processo capazes de, em tese, infirmar a conclusão adotada pelo julgador; V – se limitar a invocar precedente ou enunciado de súmula, sem identificar seus fundamentos determinantes nem demonstrar que o caso sob julgamento se ajusta àqueles fundamentos; VI – deixar de seguir enunciado de súmula, jurisprudência ou precedente invocado pela parte, sem demonstrar a existência de distinção no caso em julgamento ou a superação do entendimento.

Princípio do promotor natural. Ninguém será **processado nem sentenciado** senão pela autoridade competente.

Praticada a infração penal, é necessário que já se saiba qual órgão do **Ministério Público** será o responsável pela acusação. É vedada, portanto, a designação aleatória de promotor para atuar em caso específico. Tal regra, porém, veda apenas a designação de promotor para apreciar o **mérito** de determinado delito, sendo possível à chefia da Instituição designar promotor para acompanhar as investigações, sob a condição de que, posteriormente, o inquérito seja remetido ao promotor natural, ou a ação penal seja promovida em conjunto por este e pelo designado, desde que com a anuência do primeiro.

A **prévia** criação de grupos especializados não fere o princípio em estudo, pois eles atuam de acordo com regras anteriores à prática do delito. Ademais, a atuação é genérica, isto é, voltada indistintamente aos crimes de determinada espécie (grupo de combate à sonegação fiscal, ao tráfico de drogas etc.).

Princípio da verdade real. O processo penal busca descobrir efetivamente como os fatos se passaram, não admitindo ficções e presunções processuais, diferentemente do que ocorre no processo civil. Por esse princípio, ainda que o réu seja revel, será necessário que a acusação faça prova cabal do fato imputado para que haja condenação. Assim, o juiz pode determinar, de ofício, a produção de provas que entenda necessárias para dirimir dúvidas sobre ponto relevante.

O princípio da verdade real encontra, todavia, algumas limitações:

Processo Penal – Parte Geral

a) vedação de revisão criminal *pro societate*, ou seja, se após a absolvição transitada em julgado surgirem provas fortíssimas contra o réu, mesmo assim a decisão não poderá ser revista;
b) vedação constitucional do uso de prova ilícita;
c) transação penal nas infrações de menor potencial ofensivo previstas na Lei n. 9.099/95, uma vez que, com a transação, deixará o juiz de buscar a verdade real para aplicar uma pena avençada pelas partes. O mesmo acontece no caso do acordo de não persecução penal (art. 28-A);
d) perdão do ofendido e perempção nos crimes de ação privada, que impedem o juiz de julgar o mérito da causa.

Princípio do contraditório (art. 5º, LV, da CF). As partes devem ser ouvidas e ter oportunidade de se manifestar em igualdade de condições, tendo ciência bilateral dos atos processuais, bem como oportunidade para produzir prova em sentido contrário.

Em razão desse princípio, não se admite a condenação do réu exclusivamente com base em prova produzida durante o inquérito, visto que, neste, não vigora o contraditório.

Para dar real concretude à garantia constitucional em estudo, os arts. 9º e 10 do Código de Processo Civil, que se aplicam ao Processo Penal, estabelecem o dever de o juiz propiciar às partes o contraditório prévio em relação a qualquer matéria que deva decidir, ainda que se trate de tema do qual deva conhecer de ofício.

Princípio da ampla defesa (art. 5º, LV, da CF). Aos acusados em processo penal são assegurados **todos os meios lícitos de defesa**.

É dever do Estado prestar assistência jurídica integral e gratuita aos necessitados (art. 5º, LXXIV, da CF).

Princípio da presunção de inocência (art. 5º, LVII, da CF). **Ninguém pode ser considerado culpado antes do trânsito em julgado da sentença penal condenatória**. Esse princípio afastou a aplicação da norma contida no art. 393, II, do Código de Processo Penal, que determinava a inclusão do nome do réu no rol dos culpados logo por ocasião da sentença de primeira instância. Referido art. 393 só foi revogado expressamente pela Lei n. 12.403/2011, embora não tivesse mais aplicação desde o advento da Constituição de 1988.

O princípio da presunção do estado de inocência não proíbe, entretanto, a decretação da prisão processual do réu, uma vez que a própria Constituição Federal admite a prisão antes do trânsito em julgado da condenação, desde que preenchidos certos requisitos descritos na lei.

Princípio do devido processo legal (art. 5º, LIV, da CF). **Ninguém será privado de sua liberdade sem o devido processo legal**. Assim, no instante em que um ilícito penal é cometido, já deve haver uma lei regulamentando o procedimento para a sua apuração. Além disso, por se tratar de matéria de ordem pública, não podem as partes optar por procedimento diverso daquele previsto na lei.

Princípio da vedação da prova ilícita (art. 5º, LVI, da CF e art. 157 do CPP). São inadmissíveis em processo penal as provas obtidas por meio ilícito. Tais provas deverão ser desentranhadas, sendo assim entendidas aquelas obtidas com violação a preceitos constitucionais ou legais, bem como aquelas que lhe são derivadas (*vide* Capítulo 8 – Da Prova).

Princípio do "favor rei". **Significa que, na dúvida, deve-se optar pela solução mais favorável ao acusado** (*in dubio pro reo*). Assim, havendo duas interpretações, deve-se optar pela mais benéfica; havendo dúvida quanto à autoria, deve o réu ser absolvido. Tal princípio, todavia, encontra exceção na fase da pronúncia, no rito do Júri, já que, nessa fase, estando em dúvida, deve o juiz pronunciar o acusado, mandando-o a julgamento pelo Júri. A pronúncia, porém, é um mero juízo de admissibilidade.

Princípio da iniciativa das partes. O juiz não pode dar início à ação penal.

Antes do advento da Constituição Federal de 1988, havia algumas exceções a tal regra que permitiam ao juiz, mediante portaria, dar início à ação penal para apurar contravenção penal (art. 26 do CPP) e homicídio ou lesões corporais culposas (art. 1º da Lei n. 4.611/65). Eram os chamados processos judicialiformes. Esses dispositivos, entretanto, não foram recepcionados pelo art. 129, I, da Carta Magna, que atribuiu ao Ministério Público a titularidade exclusiva da ação pública. Agiu acertadamente o legislador constituinte, uma vez que no processo judicialiforme uma mesma pessoa acusava e julgava.

Princípio da oficiosidade. Encerrada uma fase processual, o juiz, de ofício, deve determinar que se passe à fase seguinte. Assim, não é necessário que as partes requeiram o prosseguimento do feito ao término de cada fase do procedimento. É também chamado de princípio do impulso oficial.

Princípio da vedação do julgamento *extra petita* (ou princípio da correlação). Ao julgar a ação penal, o juiz deve ater-se ao fato descrito na denúncia ou na queixa. Deve haver, portanto, correlação entre o fato descrito na peça inicial e a sentença proferida pelo juiz. Quando o réu é condenado por fato diverso daquele descrito na denúncia sem que tenha havido o necessário aditamento, há afronta aos princípios do contraditório e da correlação.

Princípio da publicidade. Estabelece o art. 792 do Código de Processo Penal que as audiências, sessões e atos processuais são franqueados ao público.

A Constituição Federal, por sua vez, dispõe que o legislador somente poderá restringir a publicidade dos atos processuais se a defesa da intimidade das partes ou se o interesse social o exigirem (art. 5º, LX). Regulamentando tal dispositivo constitucional, existe o art. 792, § 1º, do Código de Processo Penal, segundo o qual o juiz, de ofício ou em razão de requerimento das partes, poderá determinar que o ato seja realizado a portas fechadas, limitando o número de pessoas presentes, sempre que a publicidade puder resultar em escândalo, inconveniente grave ou perigo de perturbação da ordem.

Além disso, a lei pode limitar a presença, em determinados atos, às próprias partes e a seus advogados, ou somente a estes, em casos nos quais a preservação do direito à intimidade do interessado no sigilo não prejudique o interesse público à informação (art. 93, IX, da CF, com redação dada pela EC n. 45/2004).

A Lei n. 12.015/2009, por sua vez, acrescentou no art. 234-B do Código Penal regra no sentido de que os crimes contra a dignidade sexual (estupro, violação sexual mediante fraude etc.) serão sempre apurados em segredo de justiça.

Princípio da razoável duração do processo. Trata-se de preceito de estatura constitucional (art. 5º, LXXVIII, da CF), que assegura às partes o direito de obter provimento jurisdicional em prazo razoável e de dispor dos meios que garantam a celeridade da tramitação do processo. Decorre da circunstância de que o processo é instrumento de aplicação do direito material, razão pela qual sua existência não se pode eternizar, sob pena de esvaziamento da finalidade a que se destina.

Como consectário desse princípio destaca-se o poder-dever de o juiz indeferir as provas irrelevantes, impertinentes ou protelatórias (art. 400, § 1º, do CPP).

Com base em tal princípio, o Supremo Tribunal Federal, reconhecendo como excessiva a demora no julgamento de pedido de ordem de *habeas corpus* impetrado perante o Superior Tribunal de Justiça, determinou que o Ministro relator apresentasse o feito em Mesa, na primeira sessão da Turma (HC 91.986/RS, 1ª Turma, Rel. Min. Cármen Lúcia, j. 11-9-2007, *DJ* 31-10-2007, p. 92).

Princípio da identidade física do juiz. Segundo o princípio em questão, o juiz que colhe a prova deve ser o mesmo a proferir a sentença (art. 399, § 2º, do CPP). Sua adoção decorre da convicção de que o juiz em cuja presença foi produzida a prova tem melhores condições de proferir uma decisão justa.

Princípio do duplo grau de jurisdição. Esse princípio não está descrito de forma expressa na Constituição, mas é facilmente percebido, visto que a Carta Magna regulamenta a **competência recursal** dos diversos órgãos do Poder Judiciário em seus arts. 102, II e III; 105, II e III; 108, II; e 125, § 1º.

Por este princípio, as partes têm direito a uma nova apreciação, total ou parcial, da causa, por órgão superior do Poder Judiciário.

Não significa, entretanto, que todas as pessoas condenadas necessariamente devem ter suas causas reapreciadas. O duplo grau de jurisdição é **direito** das partes, que, todavia, devem manifestar **interesse** na reanálise do feito por meio da interposição do recurso. Além disso, uma vez interposto, só será conhecido e julgado se presentes os requisitos exigidos para o seu cabimento na legislação processual: tempestividade, legitimidade, interesse etc.

Observe-se, todavia, que referido princípio não é absoluto, uma vez que as pessoas que gozam de foro especial, por prerrogativa de função, são julgadas em única instância pelo Tribunal, não havendo ofensa ao princípio, porque a própria Constituição prevê o julgamento em única instância por órgão colegiado do Poder Judiciário.

Princípio da intranscendência. O art. 5º, XLV, da Constituição dispõe que a pena **não pode passar da pessoa do condenado**, podendo a obrigação de reparar o dano e a decretação do perdimento de bens ser, nos termos da lei, estendidas aos sucessores e contra eles executadas até o limite do valor do patrimônio transferido (art. 5º, XLV, da Constituição Federal). Em suma, pelo princípio da intranscendência, a pena aplicada só pode ser cumprida pela pessoa condenada, não podendo ser transferida a algum dos sucessores ou coautores do delito. Assim, por lógica, a ação penal só pode ser desencadeada contra os autores, coautores e partícipes da infração, e não contra seus representantes legais ou sucessores.

Princípio do privilégio contra a autoincriminação (*nemo tenetur se detegere*). De acordo com este princípio, o Poder Público não pode **constranger o indiciado ou o acusado a cooperar na investigação penal ou a produzir provas contra si próprio**. É evidente que o indiciado ou o réu **não estão proibidos de confessar o crime** ou de apresentar provas que possam incriminá-los. Eles apenas não podem ser **obrigados** a fazê-lo e, da recusa, não podem ser extraídas consequências negativas no campo da convicção do juiz.

3.4. PRINCÍPIOS ESPECÍFICOS DA AÇÃO PÚBLICA E DA AÇÃO PRIVADA

Ao lado dos princípios gerais da ação, válidos para toda e qualquer ação penal, há princípios específicos aplicáveis somente à ação pública, e outros apenas à ação privada.

3.4.1. PRINCÍPIOS ATINENTES À AÇÃO PÚBLICA

Princípio da obrigatoriedade. Convencendo-se o promotor de justiça da existência de indícios de autoria e de materialidade em relação a um certo crime, estará ele obrigado a oferecer denúncia contra o autor da infração.

Apenas em duas situações o princípio em questão é mitigado:

a) nas infrações de menor potencial ofensivo (contravenções e crimes com pena máxima de até 2 anos), o Ministério Público pode deixar de promover a ação penal, ainda que haja provas cabais de delito de ação pública, se for cabível a transação penal, instituto reconhecido constitucionalmente (art. 98, I, da CF);

b) nas hipóteses em que a lei permite a celebração de acordo de não persecução penal (art. 28-A do CPP) – crimes com pena mínima inferior a 4 anos, cometidos sem violência ou grave ameaça.

Se houver prova cabal de que o sujeito agiu em legítima defesa ou acobertado por qualquer outra causa excludente da ilicitude, o fato não é considerado crime, e o promotor deve também promover o arquivamento do inquérito.

Princípio da indisponibilidade da ação. O Ministério Público não pode desistir da ação penal (art. 42 do CPP).

Princípio da oficialidade. O titular da ação pública é o Ministério Público, instituição oficial, pertencente ao Estado.

3.4.2. PRINCÍPIOS ATINENTES À AÇÃO PRIVADA

Princípio da oportunidade (ou conveniência). Ainda que haja provas contra os autores do crime, a vítima pode optar por não os processar. Na ação privada, o ofendido (ou seu representante legal, se a vítima for incapaz) decide, de acordo com seu livre-arbítrio, se vai ou não ingressar com a ação penal.

Princípio da disponibilidade da ação. O querelante pode desistir do prosseguimento da ação por ele intentada por meio dos institutos do perdão e da perempção.

Princípio da indivisibilidade. Este princípio está consagrado no art. 48 do Código de Processo Penal. Na ação privada, conforme já mencionado, o ofendido pode simplesmente optar por não processar os autores do crime. Todavia, caso a vítima resolva ingressar com a ação penal, deverá oferecer a queixa contra todos os autores do crime que tenham sido identificados.

E se o ofendido desrespeita o princípio da indivisibilidade e oferece a queixa apenas contra algum ou alguns dos autores da infração penal?

Há duas orientações.

Para Fernando da Costa Tourinho Filho, o Ministério Público, como fiscal do princípio da indivisibilidade, deve aditar a queixa-crime para fazer constar no polo passivo da ação privada os autores do delito que não foram mencionados.

A maioria da doutrina, entretanto, entende que, tendo havido intencional omissão em relação a um dos autores do crime, há que se concluir que o ofendido renunciou ao direito de queixa em relação a tal pessoa. A renúncia é uma causa extintiva da punibilidade que, nos termos do art. 49 do Código de Processo Penal, estende-se a todos os autores da infração. Assim, o juiz, alertado pelo Ministério Público, deve decretar a extinção da punibilidade de todos os autores do crime, rejeitando a queixa-crime.

O princípio da indivisibilidade aplica-se à ação pública?

Apesar de respeitáveis opiniões em sentido contrário, a maioria da doutrina entende que não. Com efeito, o Código de Processo Penal apenas menciona esse princípio em relação à ação privada, uma vez que tal menção só faz sentido nessa espécie de ação. Como na ação privada vigora o princípio da conveniência, com o ofendido podendo optar por iniciar ou não o processo, caso ele resolva fazê-lo, deverá oferecer a queixa contra todos os autores do ilícito para que o processo penal não sirva de instrumento para barganhas ou negociatas. Na ação pública, por outro lado, vigora o princípio da obrigatoriedade, que, por si só, já faz com que todos os autores do crime necessariamente sejam incluídos na denúncia. Por isso é totalmente dispensável o princípio da indivisibilidade na ação pública.

3.5. AÇÃO PÚBLICA INCONDICIONADA

É assim designada porque o exercício do direito de ação (oferecimento da denúncia) **dispensa a existência de qualquer condição específica.** É claro, entretanto, que as condições gerais da ação devem sempre estar presentes: legitimidade de partes, interesse de agir e possibilidade jurídica do pedido.

Assim, se em determinado tipo penal a lei não exigir expressamente a presença de alguma condição especial, a ação será incondicionada, ou seja, no silêncio da lei, a ação é pública incondicionada. Além disso, o art. 24, § 2º, do Código de Processo Penal, com a redação dada pela Lei n. 8.699/93, estabelece que, qualquer que seja o crime, a ação será pública, quando cometido em detrimento do patrimônio ou interesse da União, Estado ou Município.

O Ministério Público, titular exclusivo da ação pública, ao receber o inquérito policial, pode tomar uma das seguintes providências:

1) **Determinar novas diligências**. Caso entenda ser necessária a realização de nova diligência considerada imprescindível, o promotor de justiça deliberará pela devolução dos autos à Delegacia de Polícia para que tal diligência seja realizada (art. 16 do CP).

Veja-se, também, que, nos termos do art. 129, VIII, da Constituição Federal e do art. 13, II, do Código de Processo Penal, o promotor pode optar por requisitar à autoridade a realização da diligência sem o retorno dos autos à Delegacia.

2) **Promover o arquivamento do inquérito policial**.

Se o promotor entender que o fato é atípico, que está presente alguma excludente de ilicitude, ou que não há indícios suficientes de autoria ou de materialidade, deverá ordenar o arquivamento do inquérito.

Lembre-se de que a ação penal pública é regida pelo princípio da obrigatoriedade, que, em síntese, estabelece o dever legal de o Ministério Público oferecer a denúncia quando presentes as condições previstas em lei para a deflagração da persecução penal em juízo (justa causa). Antes da entrada em vigor da Lei n. 13.964/2019, o sistema de controle da observância do princípio da obrigatoriedade tinha a seguinte configuração: a promoção de arquivamento lançada pelo promotor era submetida ao juiz, que poderia acatá-la, determinando o arquivamento da investigação; ou, se discordasse das razões invocadas pelo Ministério Público, remeteria os autos ao procurador-geral de justiça, que insistiria no arquivamento ou ofereceria denúncia, por si ou por meio de designação de outro promotor de justiça (art. 28 do CPP em sua redação originária). Não havia previsão, no sistema revogado, de intervenção da vítima.

Entendiam vários estudiosos, porém, que essa atividade anômala que a lei atribuía ao juiz comprometia, de forma incontornável, a isenção do magistrado, pois, tendo analisado com profundidade as provas colhidas extrajudicialmente e provocado a instauração da ação penal, ficava psicologicamente vinculado à acusação. Daí por que muitos recomendavam a alteração desse sistema de fiscalização, para fins de garantia da neutralidade do julgador.

A Lei n. 13.964/2019, vigente a partir de 23-1-2020, modificou, por completo, o sistema de controle do arquivamento do inquérito policial ou de quaisquer elementos informativos da mesma natureza, excluindo a participação do juiz, com o fim de conferir maior pureza à matriz acusatória que informa o processo penal brasileiro.

De acordo com as regras trazidas pela Lei n. 13.964/2019, a homologação ou revisão das promoções de arquivamento determinadas pelo promotor de justiça ocorreria apenas no âmbito interno do Ministério Público, com possibilidade de intervenção da vítima ou de seu representante legal para fins de formação do convencimento do órgão revisor.

Segundo a nova redação do art. 28, *caput*, do Código de Processo Penal, ordenado o arquivamento do inquérito policial ou de quaisquer elementos informativos da mesma natureza, o órgão do Ministério Público comunicaria a vítima, o investigado e a autoridade policial e encaminharia, em todos os casos, os autos à instância de revisão ministerial para fins de homologação, na forma da lei.

Assim, de acordo com a literalidade do dispositivo legal, sempre que houvesse arquivamento de inquérito policial ou de elementos informativos da mesma natureza (peças de informação, procedimento investigatório criminal instaurado pelo Ministério Público etc.), deveria o órgão ministerial providenciar a remessa do procedimento à instância revisora, independentemente de provocação da vítima ou de seu representante legal, podendo esta, todavia, juntar aos autos suas razões de inconformismo quanto ao arquivamento, para análise do órgão revisor.

Ao apreciar o mérito das ADIs 6.298, 6.299, 6.300 e 6.305, porém, o STF julgou inconstitucional a previsão legal de completo alijamento do juiz do controle do momento de encerramento da investigação e da fiscalização da observância do princípio da obrigatoriedade da ação penal, razão pela qual conferiu interpretação conforme ao *caput* e § 1º do art. 28 do CPP, assentando que, ao manifestar-se pelo arquivamento da investigação, deverá o órgão ministerial adotar, cumulativamente, as seguintes providências:

1) submeter sua manifestação ao juiz competente, que poderá, caso verifique patente ilegalidade ou teratologia no ato de arquivamento, provocar a revisão da decisão pelo órgão competente no âmbito do Ministério Público. É importante observar que a atuação do juiz nesse sentido só deve ter lugar nessas hipóteses, ou seja, quando a ilegalidade for passível de constatação mediante análise superficial, entendida como aquela que prescinde de exame aprofundado e de cotejo dos elementos de informação reunidos na investigação;

2) quando a infração atingir bens de pessoas ou entes determinados, comunicar o teor da manifestação à vítima ou seu representante legal, para que, se discordar da decisão, provoque, no prazo de 30 dias, a revisão pelo procurador-geral ou outra instância de revisão ministerial prevista em lei;

3) comunicar o investigado e a autoridade policial.

Ademais, de acordo com a redação do item 20 da ata de julgamento das ADIs 6.298, 6.299, 6.300 e 6.305, é facultado ao órgão do Ministério Público que promover o arquivamento da investigação submeter, independentemente de decisão judicial e de irresignação da vítima ou de seu representante legal, sua manifestação ao crivo da instância revisora ("podendo encaminhar os autos para o procurador-geral ou para instância de revisão ministerial, quando houver, para fins de homologação, na forma da lei (...)".

De acordo com o art. 28, § 2º, do Código, em casos de crimes praticados em detrimento da União, Estados e Municípios, a comunicação do arquivamento dirigida à vítima deverá recair sobre a chefia do órgão de representação judicial desses entes federativos.

Se o órgão revisor considerar improcedentes as razões invocadas pelo promotor de justiça ou procurador da República, recusará homologação à promoção de arquivamento, hipótese em que haverá designação de outro órgão do Ministério Público para oferecer denúncia. Apesar de o texto legal não esclarecer – diversamente do que ocorria na legislação anterior –, cabe ao procurador-geral a designação, salvo se houver disposição legal em sentido contrário na legislação de cada Ministério Público. Referendada a ordem de arquivamento, o procedimento será restituído à origem.

O órgão revisor, ao fazer a reanálise do inquérito, pode entender que são necessárias novas diligências. Nesse caso, determinará que sejam realizadas, e, após o seu cumprimento, o inquérito retornará para o próprio órgão tomar uma das duas decisões mencionadas (homologar o arquivamento ou dar início à ação penal).

Tratando-se de norma de natureza processual, sua aplicação é imediata (art. 2º do CPP) e alcança também as investigações relativas a crimes praticados antes da vigência da lei.

Uma vez arquivado o inquérito, poderá a autoridade policial realizar outras investigações no sentido de obter novas provas de que tenha notícia (art. 18 do CPP). A ação penal, entretanto, somente poderá ser iniciada com base em tal inquérito se efetivamente forem obtidas essas provas, e desde que não esteja extinta a punibilidade, pois, segundo a Súmula 524 do

Supremo Tribunal Federal, "arquivado inquérito policial, por despacho do juiz, a requerimento do promotor de justiça, **não pode a ação penal ser iniciada sem novas provas**".

Da decisão que homologa o arquivamento do inquérito não cabe, em regra, recurso. Há, entretanto, uma exceção no art. 7º da Lei n. 1.521/51, que estabelece que o juiz deve recorrer de ofício sempre que determinar o arquivamento de inquérito que apure crime contra a economia popular ou contra a saúde pública. Se o Tribunal der provimento ao recurso, aplicará as regras do art. 28 do CPP, encaminhando os autos ao procurador-geral ou instância revisora para reapreciação.

Além disso, o Superior Tribunal de Justiça tem admitido, em casos excepcionais, a utilização de mandado de segurança para desafiar a decisão de homologação de arquivamento de inquérito policial, quando caracterizado o manifesto descompasso do ato judicial com o ordenamento jurídico: "1. A jurisprudência das cortes superiores consolidou-se no sentido da excepcionalidade do controle das decisões judiciais pela via do mandado de segurança, restringindo seu cabimento às hipóteses de ilegalidade patente ou teratologia manifesta. 2. A decisão de homologação de arquivamento de inquérito judicial admite controle judicial em casos excepcionais, quando proferida em desconformidade com o ordenamento jurídico vigente. 3. A comprovação da materialidade e a presença de indícios de autoria mediata e imediata caracterizam justa causa para a ação penal, não sendo de se exigir sua demonstração plena e irrefutável no encerramento da investigação criminal. 4. Estratégias de defesa ancoradas na imputação de responsabilidade aos demais investigados (uns aos outros) não podem impedir a persecução penal em prejuízo da vítima, a quem se deve garantir o acesso à Justiça e o devido processo legal. 5. Recurso ordinário a que se dá provimento para tornar sem efeito a decisão de homologação do pedido de arquivamento dos inquéritos em curso e determinar o encaminhamento dos autos ao Procurador-Geral do Ministério Público estadual para revisão do pedido de arquivamento formulado pela acusação" (RMS 66.734/SP, Rel. Min. João Otávio de Noronha, 5ª Turma, j. 22-2-2022, DJe 25-2-2022)[2].

De ver-se, contudo, que, com a efetiva entrada em vigor da nova redação do art. 28 do CPP, dada pela Lei n. 13.964/2019 – após o julgamento pelo Supremo Tribunal Federal das ADIs 6.298, 6.299. 6.300 e 6.305 –, a impetração de mandado de segurança não faz mais sentido, pois a vítima pode pleitear a revisão do arquivamento, conforme acima mencionado.

Se o promotor entender que há crime, mas que se mostra presente alguma causa extintiva da punibilidade pela prescrição ou outra causa qualquer, deve requerer a decretação da extinção da punibilidade ao juiz. Caso o pedido seja deferido, a vítima poderá apresentar recurso em sentido estrito (não contra o arquivamento, mas contra a extinção da punibilidade). A possibilidade desse recurso resta óbvia da conjugação dos arts. 581, VIII, 584, § 1º, e 598 do CPP. Se o tribunal der provimento ao recurso, revogando a extinção da punibilidade, os autos devem retornar ao promotor de justiça para manifestação de mérito (oferecimento de denúncia ou promoção de arquivamento por outra razão qualquer que não aquela causa extintiva refutada pelo tribunal).

3) **Propor a celebração de acordo de não persecução penal**. Antes previsto apenas em Resolução do Conselho Nacional do Ministério Público (n. 181/2017), o acordo de não persecução penal foi introduzido expressamente em nosso sistema legal pela Lei n. 13.964/2019 (Pacote Anticrime).

Tal instituto, mitigador do princípio da obrigatoriedade da ação penal pública, introduz, ao lado das medidas despenalizadoras previstas na Lei n. 9.099/95, mecanismo consensual de solução de determinadas lides penais, com a previsão de hipóteses em que o titular da

---

[2] No mesmo sentido: RMS 70.338/SP, Rel. Min. Laurita Vaz, 6ª Turma, j. 22-8-2023, DJe 30-8-2023.

ação e o investigado poderão entabular acordo de concessões recíprocas, por meio do qual o Ministério Público comprometer-se-á a não oferecer denúncia, e o autor da infração, a cumprir o acordo.

REQUISITOS

A celebração do acordo de não persecução penal somente será admitida se preenchidos, cumulativamente, os seguintes requisitos, elencados no art. 28-A do Código de Processo Penal:

I – não for cabível transação penal de competência dos Juizados Especiais Criminais;

II – tratar-se de infração penal praticada sem violência ou grave ameaça.

A violência a que a lei se refere é aquela empregada contra a pessoa, tal como ocorre em crimes de lesão corporal, roubo (a tentativa de roubo tem pena inferior a quatro anos) etc. Em se tratando de violência contra a coisa (furto qualificado), não está vedado o benefício;

III – não se tratar de crime praticado no âmbito de violência doméstica ou familiar;

IV – não houver sido o crime praticado contra mulher por razões da condição do sexo feminino;

V – a pena mínima cominada à infração for inferior a quatro anos, consideradas, para aferição desse vetor, as causas de aumento e diminuição aplicáveis ao caso concreto;

VI – o investigado tiver confessado, formal e circunstanciadamente, a prática da infração[3];

VII – a medida revelar-se suficiente para reprovação e prevenção do crime;

VIII – o investigado for primário e não existirem elementos que indiquem conduta criminal habitual, reiterada ou profissional, exceto se insignificantes as infrações penais pretéritas;

IX – o agente não tiver sido beneficiado, nos cinco anos anteriores ao cometimento da infração, em outro acordo de não persecução, transação penal ou suspensão condicional do processo.

Lamentavelmente, a lei não vedou, expressamente, a celebração de acordo de não persecução penal a crimes hediondos ou equiparados, razão pela qual seria possível, em tese, a adoção da medida despenalizadora a crimes dessa natureza praticados sem violência ou grave ameaça, quando a pena mínima se projetar abaixo de quatro anos, o que pode ocorrer, por exemplo, em caso de tentativa de estupro de vulnerável perpetrado sem violência ou grave ameaça, tentativa de tráfico de drogas etc. Em tais casos, todavia, a celebração de acordo de não persecução penal certamente não atenderia aos critérios de suficiência para prevenção e repressão do crime que orientam o instituto (art. 28-A, *caput*).

É também premissa do acordo que o órgão do Ministério Público se convença não se tratar de hipótese de arquivamento. Com efeito, se o promotor de justiça concluir que o fato é atípico ou que as provas são insuficientes, deve promover o arquivamento do inquérito policial.

No caso de concurso material de crimes, a análise da pena mínima deve levar em conta a soma das penas. Na hipótese de crime continuado e concurso formal, deve ser aplicado o aumento mínimo sobre a pena mínima, devendo o resultado ser inferior a quatro anos.

---

[3] As Cortes Superiores firmaram entendimento no sentido de que a ausência de confissão na fase investigatória não constitui óbice ao acordo, devendo o Ministério Público notificar o investigado e seu defensor para início das tratativas. Assim, em havendo o acordo, o Ministério Público deve colher a confissão e reduzir o acordo a termo.

CONDIÇÕES

A lei estabelece as seguintes condições, a serem cumpridas de forma cumulativa ou alternativa pelo investigado, para que não haja o oferecimento da denúncia:

I – reparação do dano ou restituição da coisa à vítima, exceto na impossibilidade de fazê-lo;

II – renúncia voluntária a bens e direitos indicados pelo Ministério Público, como instrumentos, produto ou proveito do crime;

III – prestação de serviço à comunidade ou a entidades públicas por período correspondente à pena mínima cominada ao delito, diminuída de um a dois terços, em local a ser indicado pelo juízo da execução;

IV – pagamento de prestação pecuniária a entidade pública ou de interesse social, a ser indicada pelo juízo da execução, que tenha, preferencialmente, como função proteger bens jurídicos iguais ou semelhantes aos aparentemente lesados pelo delito;

V – cumprimento, por prazo determinado, de outra condição estipulada pelo Ministério Público, desde que proporcional e compatível com a infração penal imputada.

A escolha da medida ou das medidas a serem cumpridas pelo investigado deve guardar relação de **proporcionalidade** com a natureza e com a gravidade concreta da infração imputada ao investigado. Suponha o crime de receptação qualificada (art. 180, § 1º, do CP), para o qual a pena cominada é de reclusão, de três a oito anos, e multa. Sendo o acusado primário e de bons antecedentes, normalmente seria condenado a três anos de reclusão, e multa, e a pena privativa de liberdade seria substituída por duas restritivas de direitos (prestação de serviços à comunidade e prestação pecuniária, por exemplo). Considerando tais aspectos, seria recomendável que o promotor propusesse ao menos um ano de prestação de serviços à comunidade (pena mínima em abstrato do crime diminuída de 2/3) e pagamento de prestação pecuniária.

INICIATIVA

Apenas o Ministério Público, titular exclusivo da ação penal de iniciativa pública (art. 129, I, da CF), poderá, abrindo mão da prerrogativa de ajuizá-la, optar pela celebração do acordo de não persecução penal, sem que o Poder Judiciário possa substituir o órgão acusador na avaliação da necessidade de oferecimento de denúncia.

O promotor de justiça deverá, no entanto, sempre que a natureza da infração não interditar o acordo de não persecução penal, justificar a recusa em propor sua celebração, uma vez que, nos termos do art. 28-A, § 14, do CPP, o investigado poderá requerer a remessa dos autos a órgão superior, na forma do art. 28 do Código. Em tal hipótese, o órgão revisor do Ministério Público poderá determinar a realização do acordo ou confirmar a necessidade de oferecimento de denúncia.

Conquanto seja prerrogativa do órgão ministerial a avaliação do cabimento da proposta, a falta de manifestação oportuna sobre a possibilidade do acordo ou a recusa desacompanhada de motivação idônea caracterizam nulidade (STJ, AgRg no HC 762.049/PR, Rel. Min. Laurita Vaz, 6ª Turma, j. 7-3-2023, DJe 17-3-2023).

PROCEDIMENTO

O acordo de não persecução penal deve ser formalizado por escrito e firmado pelo membro do Ministério Público, pelo investigado e por seu defensor (art. 28-A, § 3º).

Tal acordo deve ser homologado judicialmente. Para tal homologação, o juiz designará audiência, na qual deverá verificar a voluntariedade da manifestação do investigado, por meio de sua oitiva na presença do seu defensor, e a legalidade da avença e das cláusulas (art. 28-A, § 4º).

Nada impede, entretanto, que, se já suficientemente instruída a investigação, o acordo seja entabulado pelas partes na audiência de custódia, hipótese em que deverá ser reduzido a termo, seguindo-se os atos tendentes à verificação da voluntariedade e legalidade do ajuste e respectiva homologação judicial.

O juiz deverá recusar homologação à proposta de acordo que não atender aos requisitos legais (art. 28-A, § 7º), ou, se considerar inadequadas, insuficientes ou abusivas as condições dispostas no acordo de não persecução penal, devolverá os autos ao Ministério Público para que seja reformulada a proposta, com concordância do investigado e de seu defensor (art. 28-A, § 5º). Se não houver a adequação necessária, a proposta poderá ser definitivamente recusada pelo juiz (art. 28-A, § 7º).

A decisão que recusar homologação à proposta de acordo de não persecução penal expõe-se a recurso em sentido estrito (art. 581, XXV, do CPP). Caso o Tribunal dê provimento ao recurso, homologará o acordo. Caso contrário, manterá a decisão judicial.

Havendo preclusão da decisão judicial que recusou homologação (por não ter sido interposto recurso em sentido estrito ou por ter sido negado provimento àquele interposto), o juiz devolverá os autos ao Ministério Público para o oferecimento da denúncia ou, eventualmente, para a complementação das investigações, se entender necessário (art. 28-A, § 8º).

Se o acordo de não persecução for homologado, os autos serão entregues ao Ministério Público, que providenciará sua execução perante o juízo de **execução penal** (art. 28-A, § 6º), devendo a vítima ser comunicada acerca da homologação (art. 28-A, § 9º).

Se quaisquer das condições estipuladas no acordo forem descumpridas, o Ministério Público deverá comunicar ao juízo responsável pela homologação, para fins de sua rescisão, garantindo-se ao investigado o exercício da ampla defesa (art. 28-A, § 10).

Decretada a rescisão, o promotor de justiça deverá oferecer denúncia contra o investigado (art. 28-A, § 10), informando-se a vítima do descumprimento do acordo (art. 28-A, § 9º), podendo o Ministério Público invocar o inadimplemento como justificativa para o eventual não oferecimento de suspensão condicional do processo (art. 28-A, § 11). Em tal hipótese, o órgão do Ministério Público pode levar em conta a confissão do agente para o oferecimento da denúncia.

A celebração e o cumprimento do acordo de não persecução penal não constarão de certidão de antecedentes criminais, exceto para os fins de verificação da possibilidade de beneficiar-se investigado com novo acordo de não persecução penal, transação penal ou suspensão condicional do processo (art. 28-A, § 2º, III, e § 12).

Se houver integral cumprimento do acordo de não persecução penal, o juízo competente decretará a extinção de punibilidade (art. 28-A, § 13).

APLICAÇÃO AOS CRIMES PRATICADOS POR AUTORIDADES COM FORO POR PRERROGATIVA DE FUNÇÃO

A Lei n. 13.964/2019 acrescentou no art. 1º, § 3º, da Lei n. 8.038/90 regra no sentido de que, em relação às autoridades que tenham foro por prerrogativa de função, "não sendo o caso de arquivamento e tendo o investigado confessado formal e circunstanciadamente a prática de infração penal sem violência ou grave ameaça e com pena mínima inferior a 4 (quatro) anos, o Ministério Público poderá propor acordo de não persecução penal, desde que necessário e suficiente para a reprovação e prevenção do crime". As regras a serem aplicadas são as mesmas analisadas nos itens anteriores.

SUSPENSÃO DO CURSO DA PRESCRIÇÃO

O art. 116, IV, do CP estabelece que o curso da prescrição fica suspenso enquanto não cumprido ou não rescindido o acordo de não persecução penal. Assim, uma vez homologado o acordo, não corre a prescrição até o cumprimento ou eventual rescisão.

A prescrição fica suspensa desde a homologação judicial até o cumprimento do acordo ou a sua rescisão.

4) Oferecer denúncia. Se o promotor se convencer de que o fato é criminoso e de que há indícios de autoria e de materialidade, deverá oferecer a denúncia, peça inicial para a apuração dos crimes de ação pública.

O prazo para o oferecimento da denúncia é de cinco dias, se o indiciado estiver preso, e de quinze dias, se estiver solto. O descumprimento do prazo, todavia, não impede que a denúncia seja oferecida posteriormente pelo Ministério Público.

Quais, então, as consequências para o descumprimento do prazo?
a) é possível ao réu pleitear o relaxamento de sua prisão;
b) surge para a vítima o direito de ingressar com a ação privada subsidiária da pública.

Outros prazos: **a)** nos crimes eleitorais, é de dez dias (Lei n. 4.737/65); **b)** nos crimes contra a economia popular, é de dois dias (Lei n. 1.521/51); **c)** nos crimes da Lei Antidrogas, é de dez dias (art. 54, *caput*, da Lei n. 11.343/2006).

3.5.1. REQUISITOS DA DENÚNCIA

A denúncia é uma peça que exige muita técnica, pois **deve ser simples e direta, sem fazer constar em seu corpo detalhes supérfluos ou análise de provas**. A análise das provas será feita oportunamente na fase das alegações finais. Na denúncia, em verdade, o Ministério Público simplesmente atribui a alguém a responsabilidade por um fato e, portanto, deve ser sucinta.

O art. 41 do Código de Processo Penal adverte, todavia, que a denúncia deve conter a exposição do fato criminoso, com todas as suas circunstâncias. Assim, apesar de sucinta, a denúncia deve conter todos os dados para que seja possível ao leitor entender o que se passou, bem como as circunstâncias por meio das quais o delito foi cometido.

As circunstâncias que devem estar contidas na denúncia são:
a) Todas as elementares do tipo penal e a maneira como ocorreram no caso concreto. Assim, se a denúncia descreve um fato atípico ou não menciona uma das elementares do tipo, ela é inepta e deve ser rejeitada.
b) Todos os dados que puderem implicar alteração da pena (qualificadoras, causas de aumento etc.).

Nas "circunstâncias do fato criminoso", exigidas pelo art. 41 do Código de Processo Penal, também se inserem as condições de tempo, local e modo de execução.

Observações:
1) No crime tentado, o promotor deve descrever o início da execução do crime, bem como a circunstância alheia à vontade do(s) agente(s) que impediu a consumação do delito.

2) No crime culposo, o Ministério Público deve descrever minuciosamente a imprudência, negligência ou imperícia do autor do delito. Não basta dizer que o indiciado agiu com imprudência, deve-se especificar em que ela consistiu.

3) No caso de concurso de agentes, deve-se descrever a conduta de todos eles, da forma mais clara possível, para que se possa estabelecer qual a responsabilidade individual de cada um (importante para os fins do art. 29, §§ 1º e 2º, do CP). Todavia, se no caso concreto for impossível fazê-lo com minúcias, admite-se que a descrição seja genérica, como ocorre, por exemplo, em um linchamento praticado por diversas pessoas, no qual se torna difícil

estabelecer qual tipo de agressão foi perpetrada por cada um dos linchadores (há julgados do STF nesse sentido).

4) No crime de desacato, deve-se mencionar quais foram as palavras desrespeitosas dirigidas ao funcionário público. Não basta dizer que o agente ofendeu o funcionário ou que o indiciado usou palavras de baixo calão. Deve-se escrever exatamente quais foram as palavras ditas, mesmo que sejam termos extremamente grotescos.

O mesmo deve ocorrer em eventual denúncia ou queixa por crime de injúria.

3.5.2. RECEBIMENTO DA DENÚNCIA

Se preenchidos os requisitos legais, o juiz deve receber a denúncia. Os tribunais entendem que a decisão em questão não tem caráter decisório, já que traduz mero juízo de admissibilidade da acusação, não reclamando, portanto, a fundamentação de que trata o art. 93, IX, da Constituição Federal.

A partir desse instante, considera-se efetivamente iniciada a ação.

O recebimento da denúncia interrompe o prazo prescricional.

3.5.3. REJEIÇÃO DA DENÚNCIA

As hipóteses de rejeição da denúncia ou queixa, atualmente, encontram-se descritas no art. 395 do Código de Processo Penal:

I – **Inépcia manifesta** – a peça apresentada contém narrativa incompreensível dos fatos, ou não identifica suficientemente o réu, ou não observa os requisitos mínimos exigidos pelo art. 41 do Código de Processo Penal para a denúncia ou queixa etc.

II – **Falta de pressuposto processual ou de condição da ação penal** – diz respeito, por exemplo, à falta de capacidade para ser parte, falta de capacidade postulatória, ilegitimidade ativa ou passiva etc. Assim, deverá haver rejeição se for oferecida queixa-crime por advogado constituído por pessoa menor de idade ou por advogado sem procuração da vítima; se for oferecida queixa diretamente pelo ofendido sem estar representado por advogado; se for oferecida denúncia por estagiário do Ministério Público ou queixa-crime por quem não é a vítima do delito ou seu representante legal; se for oferecida denúncia ou queixa contra menor de 18 anos etc.

Dá-se também falta de condição da ação quando o promotor, por exemplo, oferece denúncia em crime de ação pública condicionada sem que exista a necessária representação do ofendido ou requisição do Ministro da Justiça.

Nas hipóteses de rejeição da denúncia ou queixa previstas nesse inciso II, a ação poderá ser reproposta, desde que o seja pela parte legítima (1ª hipótese) ou presente a condição antes ausente (2ª hipótese).

III – **Falta de justa causa para o exercício da ação penal** – existem várias situações em que se verifica ausência de justa causa, como atipicidade evidente da conduta descrita na denúncia ou queixa, falta de indícios suficientes de autoria ou materialidade em relação ao crime narrado, ocorrência de prescrição ou outra causa extintiva da punibilidade etc.

Para que haja justa causa para o oferecimento da denúncia, por outro lado, é necessário que haja um mínimo de suporte probatório a amparar a acusação, já que direito de ação não pode ser exercido de forma arbitrária. Desse modo, deve ser rejeitada a denúncia que não estiver acompanhada de elementos de convicção, ou quando a totalidade da prova colhida na fase investigativa excluir cabalmente um dos elementos da infração.

Veja-se, sobre o tema, a docência de Afrânio Silva Jardim: "Ressalte-se, entretanto, que uma coisa é constatar a existência da prova do inquérito ou peças de informação e outra coisa é valorá-la, cotejá-la. É preciso deixar claro que a justa causa pressupõe um mínimo de lastro probatório, mas não prova cabal. É necessário que haja alguma prova, ainda que leve. Agora, se esta prova é boa ou ruim, isto já é questão pertinente ao exame do mérito da pretensão do autor..." (*Direito processual penal*, 11. ed., São Paulo: Forense, 2007, p. 98).

Da decisão que rejeita a denúncia ou queixa cabe recurso em sentido estrito (art. 581, I, do CPP). Uma vez interposto tal recurso, o denunciado deve ser intimado para oferecer contrarrazões, sob pena de nulidade. Nesse sentido a Súmula 707 do Supremo Tribunal Federal, que assim dispõe: "Constitui nulidade a falta de intimação do denunciado para oferecer contrarrazões ao recurso interposto da rejeição da denúncia, não a suprindo a nomeação de defensor dativo".

Não estando presente qualquer das hipóteses de rejeição da denúncia ou queixa, o juiz deve recebê-la e adotar as providências seguintes do rito processual, que serão a seguir estudadas.

É o recebimento da denúncia ou queixa que dá início efetivo à ação penal e constitui causa interruptiva do prazo prescricional (art. 117, I, do CP).

3.6. AÇÃO PÚBLICA CONDICIONADA À REPRESENTAÇÃO

3.6.1. REPRESENTAÇÃO. CONCEITO E NATUREZA JURÍDICA

A representação é uma manifestação de vontade da vítima ou de seu representante legal no sentido de solicitar a instauração do inquérito e autorizar o Ministério Público a ingressar com a ação penal contra os autores do delito. Nessa modalidade de ação, a titularidade continua sendo exclusiva do Ministério Público, mas o promotor somente pode dar o seu início se estiver presente essa autorização da vítima. Por tal motivo, a representação tem natureza jurídica de condição de procedibilidade (condição para que o titular da ação possa exercê-la). A representação é chamada por alguns autores de *delatio criminis* postulatória.

Veja-se que a representação é uma simples autorização, motivo pelo qual não vincula o Ministério Público, que, portanto, pode pedir o arquivamento do inquérito. Além disso, deve ser genérica (para apurar o fato delituoso como um todo) e não contra determinados autores do crime. Assim, oferecida a representação, o promotor analisará o inquérito e apresentará denúncia contra todas as pessoas em relação às quais existam indícios suficientes.

Nos crimes dessa natureza, a lei expressamente usa a expressão "somente se procede mediante representação".

3.6.2. ASPECTOS FORMAIS

a) A quem deve ser endereçada a representação? Nos termos do art. 39, *caput*, do Código de Processo Penal, pode ser endereçada ao juiz, ao Ministério Público ou à autoridade policial.

b) A representação exige rigor formal? Não. Basta que a vítima ou seu representante deixem claro o interesse em ver os autores do delito punidos. Assim, é suficiente, por exemplo, que a vítima faça constar no histórico do boletim de ocorrência que deseja ver responsabilizados criminalmente os autores do delito.

c) A representação pode ser apresentada mediante declaração escrita ou oral. Na última hipótese, deverá ser reduzida a termo para constar dos autos (é oral, portanto, apenas na origem).

d) A representação pode ser ofertada pessoalmente ou por procurador com poderes especiais.

3.6.3. PRAZO

Nos termos do art. 38 do Código de Processo Penal, o direito de representação deve ser exercido no prazo de seis meses, a contar do dia em que a vítima ou seu representante legal tomaram conhecimento da autoria do crime.

O prazo é para que seja oferecida a representação. Assim, oferecida dentro do prazo, o Ministério Público pode apresentar a denúncia após esses seis meses.

Saliente-se que, segundo a lei, o prazo decadencial somente passa a correr da data em que a vítima (ou seu representante) toma conhecimento acerca da autoria. Por isso, é possível que a prescrição ocorra antes da decadência, bastando que a vítima não tome conhecimento da autoria do delito.

Conforme já mencionado, a representação destina-se à apuração do fato delituoso, e, dessa forma, é óbvio que a vítima pode oferecer a representação antes mesmo de ser descoberta a autoria do crime, justamente para que a autoridade policial possa instaurar o inquérito e, assim, apurar quem praticou o ilícito.

3.6.4. RETRATAÇÃO

O art. 25 do Código de Processo Penal dispõe **que a representação é retratável até o oferecimento da denúncia**. Assim, a vítima pode retirar a representação, de tal forma a retirar do Ministério Público a possibilidade de iniciar a ação.

Há que se salientar ainda que, dentro do prazo decadencial, é possível que a vítima novamente ofereça a representação, ou seja, que se retrate da retratação, outra vez permitindo que o Ministério Público ofereça a denúncia.

Observação: para os crimes cometidos com violência doméstica ou familiar contra a mulher, a Lei n. 11.340/2006, em seu art. 41, afastou a incidência das regras da Lei n. 9.099/95, ainda que a pena máxima não seja superior a dois anos, de modo que, para tais delitos, voltou a ser sempre necessária a instauração do inquérito policial, não bastando a lavratura de termo circunstanciado. Nos termos do art. 5º, § 4º, do Código de Processo Penal, para a instauração do inquérito nos crimes de ação pública condicionada, é necessária a prévia existência da representação por parte da vítima. Assim, caso a mulher vítima de violência doméstica, que já tenha oferecido a representação, mude de opinião, e queira retirá-la, poderá fazê-lo, mas, nesse caso, o art. 16 da Lei n. 11.340/2006 dispõe que: **a)** a mulher deverá declarar a mudança de opinião perante o juiz, em audiência especialmente designada com tal finalidade, antes do recebimento da denúncia e ouvido o Ministério Público; **b)** a retratação será tida como **renúncia** à representação, de forma que não será admitido novo oferecimento de representação pelo mesmo fato.

3.6.5. TITULARIDADE DO DIREITO DE REPRESENTAR

a) Se a vítima for menor de 18 anos, apenas o seu representante legal poderá exercer o direito. Pela legislação civil, representantes legais são os pais, tutores ou curadores. A jurisprudência, todavia, tem admitido que o direito seja exercido por outras pessoas que tenham a guarda ou a responsabilidade de fato do menor, como avós, tios etc.

Se a vítima for menor de 18 anos e não tiver representante legal, o juiz deverá nomear um curador especial para avaliar a conveniência do oferecimento da representação (art. 33 do CPP). O curador especial deve ser pessoa da confiança do magistrado e não é obrigado a oferecer a representação, incumbindo-lhe, em verdade, avaliar se o ato poderá trazer benefícios ou prejuízos ao menor.

Processo Penal – Parte Geral

O juiz igualmente nomeará curador especial, se houver colidência de interesses entre a vítima menor e seus representantes, por serem estes os autores da infração penal (art. 33). A competência para a nomeação desse curador especial é do Juízo da Infância e Juventude, nos termos do art. 148, parágrafo único, *f*, da Lei n. 8.069/90 (ECA), que, em relação aos menores, alterou a redação do art. 33 do Código de Processo Penal.

b) Se a vítima é maior de 18 anos, somente ela própria poderá apresentar a representação.

Assim, podemos chegar a algumas conclusões:

Se o menor é vítima de um crime aos 14 anos e conta a seu pai quem foi o autor da infração, o prazo se escoa totalmente para o representante legal, devendo ser decretada a extinção da punibilidade após o decurso de seis meses sem que o pai tenha oferecido representação. Assim, quando o menor completa 18 anos, não pode cogitar em oferecê-la. Por outro lado, se o menor sabe quem é o autor do crime desde os 14 anos de idade e não informa seu representante legal a esse respeito, fica claro que o prazo não fluiu em relação a este e, assim, quando a vítima completar a maioridade, o prazo começará a correr para ela. Transcorridos seis meses, cessa o prazo para o exercício do direito de representação por parte da vítima, restando extinta a punibilidade do agente, ainda que, posteriormente, o filho conte ao pai quem foi o autor do crime.

Saliente-se que o art. 5º do Código Civil, ao estabelecer a maioridade civil plena aos 18 anos, revogou o art. 34 do Código de Processo Penal. Com efeito, esse dispositivo estabelecia que, sendo o ofendido maior de 18 e menor de 21 anos, o direito poderia ser exercido por ele próprio ou por seu representante legal. Atualmente, contudo, a pessoa maior de 18 anos não mais possui representante legal, de modo que apenas ela pode exercer o direito. Por consequência, a Súmula 594 do Supremo Tribunal Federal, publicada em razão do mencionado art. 34, perdeu sua aplicabilidade. Essa súmula estabelecia que "os direitos de queixa e de representação podem ser exercidos, independentemente, pelo ofendido ou por seu representante legal".

Caso a vítima seja maior de 18 anos, mas seja também doente mental, o direito passará aos representantes legais.

Se a vítima for doente mental e não possuir representante legal, ou caso os tenha e haja conflito de interesses, o juiz deverá nomear curador especial (art. 33 do CPP).

No caso de a vítima falecer ou ser declarada ausente por decisão judicial antes do decurso do prazo decadencial, o direito de representação passará ao seu cônjuge, ascendentes, descendentes ou irmãos (art. 24, § 1º, do CPP).

Havendo duas ou mais vítimas, se apenas uma delas representar, somente em relação a ela a denúncia poderá ser oferecida. Assim, se alguém provoca lesões corporais culposas em três vítimas e apenas uma delas representa, a denúncia somente poderá ser ofertada em relação àquela que representou, desprezando-se, neste caso, o concurso de crimes.

Veremos adiante que essas mesmas regras são aplicadas quanto à titularidade do direito de queixa nos crimes de ação privada.

3.7. AÇÃO PÚBLICA CONDICIONADA À REQUISIÇÃO DO MINISTRO DA JUSTIÇA

A requisição do Ministro da Justiça é também uma condição de procedibilidade. Em determinados ilícitos penais, entendeu o legislador ser conveniente que o Ministro da Justiça avalie a conveniência política de ser iniciada a ação penal pelo Ministério Público. É o que ocorre quando um estrangeiro pratica crime contra brasileiro fora do território nacional (art. 7º, § 3º, *b*, do Código Penal), ou quando é cometido crime contra a honra do Presidente da República ou chefe de governo estrangeiro (art. 145 do Código Penal). Nesses casos, somente com a requisição é que poderá ser oferecida a denúncia. Veja-se, entretanto, que a existência da requisição não vincula o Ministério Público, que, apesar dela, pode promover o arquivamento do feito, uma vez que a Constituição Federal assegura independência funcional e livre convencimento aos membros de tal instituição, possuindo seus integrantes total autonomia na formação da *opinio delicti*.

Nos crimes dessa natureza, a lei expressamente utiliza a expressão "somente se procede mediante requisição do Ministro da Justiça".

Ao contrário do que ocorre com a representação, não existe prazo decadencial para o oferecimento da requisição por parte do Ministro da Justiça. Assim, a requisição pode ser oferecida a qualquer tempo, desde que antes da prescrição.

É possível a retratação da requisição?

Há duas orientações:

a) A requisição é irretratável, uma vez que o art. 25 do Código de Processo Penal somente admite a retratação da representação. É a opinião de José Frederico Marques, Hélio Tornaghi e Fernando da Costa Tourinho Filho.

b) A requisição é retratável. Apesar de o art. 25 só mencionar expressamente a possibilidade de retratação da representação, pode ele ser aplicado por analogia à requisição. É a opinião de Damásio E. de Jesus.

3.8. AÇÃO PENAL PRIVADA

3.8.1. INTRODUÇÃO

Na ação penal privada, **o direito de punir continua sendo do Estado, que, entretanto, transfere a iniciativa da ação penal ao ofendido ou seu representante legal**, uma vez que os delitos dessa natureza atingem aspectos da intimidade da vítima, que pode preferir não os discutir em juízo.

O sujeito ativo da ação penal privada é chamado querelante, e o passivo, querelado.

A peça inicial da ação penal é a queixa-crime. Esta possui os mesmos requisitos da denúncia.

Nos crimes dessa espécie, a lei expressamente menciona a expressão "somente se procede mediante queixa".

O procurador do ofendido, para ofertá-la, deve estar munido de procuração com poderes especiais, devendo constar do mandato o nome do querelado (e não "querelante", como consta no Código), bem como menção ao fato criminoso (art. 44 do CPP).

Se o ofendido comprovar sua pobreza, o juiz, a pedido dele, nomeará advogado para promover a ação penal (art. 32 do CPP). Considera-se pobre a pessoa que não pode prover às despesas do processo, sem privar-se dos recursos indispensáveis ao próprio sustento ou da família (§ 1º), sendo prova suficiente de pobreza atestado da autoridade policial em cuja circunscrição residir o ofendido (§ 2º).

Quem pode exercer o direito de queixa?

Conforme já mencionado, aplicam-se as mesmas regras referentes ao direito de representação na ação pública condicionada.

O art. 35 do Código de Processo Penal estabelecia que a mulher casada somente poderia exercer o direito de queixa com o consentimento do marido, salvo se ele fosse o autor do delito. Tal dispositivo já se encontrava tacitamente revogado desde o advento do Estatuto da Mulher Casada (Lei n. 4.121/62) e foi expressamente revogado pela Lei n. 9.520/97.

Em caso de morte do ofendido ou de declaração judicial de ausência, o art. 31 do Código de Processo Penal estabelece que o direito de intentar a ação privada se transmite ao cônjuge, ascendente, descendente ou irmão da vítima. Nesse momento deve-se distinguir a ação privada **propriamente dita** (também chamada de ação privada **exclusiva**) — em que existe o direito de

Processo Penal – Parte Geral

propositura da ação pelas pessoas enumeradas no art. 31, em caso de morte ou ausência do ofendido, bem como de prosseguimento no feito se o evento ocorrer após o seu início – da chamada ação privada **personalíssima**, em que são incabíveis tais providências. Nessa modalidade, a morte do ofendido ou a declaração de ausência do ofendido implicam necessariamente a extinção da punibilidade do autor do delito. Só ocorre no crime de induzimento a erro essencial ou ocultação de impedimento para casamento (art. 236, parágrafo único, do CP). O crime de adultério também se sujeitava a essa regra, porém tal delito foi expressamente revogado pela Lei n. 11.106/2005.

3.8.2. PRAZO

Nos termos do art. 38 do Código de Processo Penal, **a parte decai do direito de queixa após seis meses, a contar da data em que descobre a autoria do delito**. Esse prazo é para o oferecimento da queixa junto ao juízo.

3.8.3. ATUAÇÃO DO MINISTÉRIO PÚBLICO

Na ação privada, o promotor atua como fiscal da lei (*custos legis*), no sentido de serem observados o procedimento legal e os direitos das partes.

O art. 45 do Código de Processo Penal admite que o Ministério Público adite a queixa. A doutrina majoritária, todavia, entende que tal aditamento pode ter por finalidade apenas a correção de imperfeições formais no texto da queixa, mas não a inclusão de corréu ou de fato novo.

Como a vítima pode abrir mão do direito de queixa?
Por meio da decadência, da peremção, da renúncia e do perdão, que são causas extintivas da punibilidade.

3.9. DECADÊNCIA

Na ação penal privada, decadência é a perda do direito de ação em face do decurso do prazo sem o oferecimento da queixa. Essa perda do direito de ação atinge também o *jus puniendi*, gerando a extinção da punibilidade do autor da infração penal.

Nos crimes de ação pública condicionada à representação, a decadência decorre do não oferecimento da representação no prazo legal, fator que impede o titular da ação (Ministério Público) de oferecer a denúncia e, portanto, gera também a extinção da punibilidade.

Não existe prazo decadencial nos crimes de ação pública condicionada à requisição do Ministro da Justiça.

A decadência somente é possível antes do início da ação penal e comunica-se a todos os autores do crime.

Nos termos do art. 103 do Código Penal, salvo disposição expressa em sentido contrário, o prazo decadencial é de seis meses, a contar do dia em que a vítima ou seu representante legal tomam conhecimento da autoria do fato. Na ação privada, esse é o prazo para que a queixa-crime (peça inicial da ação) seja apresentada em juízo. Na ação pública condicionada, o prazo é para que seja oferecida a representação, que é uma condição de procedibilidade. Assim, sendo a representação oferecida no prazo, a denúncia (peça inicial da ação pública) poderá ser ofertada ainda após os seis meses.

O curso do prazo decadencial não se interrompe e não se suspende. Por isso, a instauração do inquérito policial (nos crimes de ação privada) e o pedido de explicações nos crimes contra a honra (art. 144 do CP) não obstam a sua fluência.

No crime de adultério, o prazo decadencial era de um mês, mas esse crime foi revogado pela Lei n. 11.106/2005.

No caso de crime continuado, o prazo decadencial conta-se isoladamente em relação a cada um dos crimes, ou seja, conta-se a partir da data em que se descobre a autoria de cada um dos delitos.

No crime habitual, cuja existência pressupõe uma reiteração de atos, a decadência é contada a partir do último ato conhecido praticado pelo ofendido.

Na hipótese de crime permanente, o prazo decadencial somente começa a fluir após a cessação da permanência, mesmo que a autoria seja conhecida desde data anterior. Se a vítima, entretanto, só descobrir a autoria após cessada a permanência, o prazo correrá da data da descoberta.

O prazo decadencial é matéria prevista no Código de Processo Penal (art. 38) e no Código Penal (art. 103). Trata-se, portanto, de instituto híbrido, motivo pelo qual surgiu discussão em torno da natureza de seu prazo: processual (no qual se exclui o primeiro dia da contagem) ou penal (no qual o primeiro dia é incluído no prazo). A doutrina concluiu ser o prazo penal, uma vez que pode gerar a extinção da punibilidade do agente, devendo, assim, optar-se pela solução mais benéfica ao acusado.

3.10. PEREMPÇÃO

Perempção é uma sanção aplicada ao querelante, consistente na perda do direito de prosseguir na ação penal privada, em razão de sua inércia ou negligência processual. A perempção somente é possível após o início da ação penal e, uma vez reconhecida, estende-se a todos os autores do delito. Saliente-se, também, que a perempção é instituto exclusivo da ação penal privada, sendo, portanto, inaplicável aos crimes de ação pública, bem como aos crimes de ação privada subsidiária da pública. Nestes últimos, caso o querelante demonstre-se desidioso, o Ministério Público retoma a titularidade da ação (art. 29 do CPP), não se podendo cogitar em perempção.

As hipóteses de perempção estão elencadas em um rol constante do art. 60 do Código de Processo Penal, que contém quatro incisos:

I – quando, iniciada esta, o querelante deixar de promover o andamento do processo durante 30 (trinta) dias seguidos;

Essa hipótese só se aplica quando há algum ato a ser praticado pelo querelante, uma vez que ele não é obrigado a comparecer mensalmente em juízo apenas para pleitear o prosseguimento do feito. Ademais, a perempção é inaplicável quando o fato decorre de força maior, como, por exemplo, greve dos funcionários do Poder Judiciário. Também não existe perempção quando a culpa pelo atraso é da defesa.

Decorridos os trinta dias, deverá ser declarada a perempção, e a ação não poderá ser reproposta. Não se deve confundir essa regra com as do Processo Civil, que permitem ao autor propor novamente a ação quando o juiz extingue o processo sem julgamento do mérito (pela não movimentação deste por trinta dias). Pelo Código de Processo Civil, só será decretada a perempção na terceira vez em que tal extinção repetir-se (art. 486, § 3º, do CPC).

II – quando, falecendo o querelante, ou sobrevindo sua incapacidade, não comparecer em juízo, para prosseguir no processo, dentro do prazo de 60 (sessenta) dias, qualquer das pessoas a quem couber fazê-lo, ressalvado o disposto no art. 36;

Nos termos do dispositivo, se o querelante falecer ou for declarado ausente ou, ainda, se for interditado em razão de doença mental, após o início da ação penal, esta somente poderá prosseguir se, em um prazo de sessenta dias, comparecer em juízo, para substituí-lo no polo ativo da ação, seu cônjuge, ascendente, descendente ou irmão. Assim, sob o prisma da ação penal, a substituição é uma condição de prosseguibilidade. Não satisfeita essa condição, a ação estará perempta.

Processo Penal – Parte Geral

Veja-se que, nos termos do art. 36 do Código de Processo Penal, se após a substituição houver desistência por parte do novo querelante, os outros sucessores poderão prosseguir na ação.

Nos crimes de ação privada personalíssima, não é possível tal substituição, de modo que a morte da vítima implica a extinção da punibilidade.

III – quando o querelante deixar de comparecer, sem motivo justificado, a qualquer ato do processo a que deva estar presente, ou deixar de formular o pedido de condenação nas alegações finais;

Esse dispositivo prevê duas hipóteses de perempção.

A primeira delas dá-se quando a presença física do querelante é indispensável para a realização de algum ato processual e este, sem justa causa, deixa de comparecer. Ex.: querelante intimado para prestar depoimento em juízo falta à audiência.

A maior parte da doutrina entende haver perempção quando o querelante não comparece à audiência de tentativa de reconciliação no procedimento dos crimes contra a honra, por se tratar de ato no qual ele deve estar presente. Há, todavia, entendimento em sentido contrário, uma vez que essa audiência é feita antes do recebimento da queixa, sendo, portanto, anterior ao início do processo, fato que tornaria inaplicável o instituto da perempção, que só pode ser aplicado após o início da ação.

A segunda hipótese mencionada nesse inciso é a falta do pedido de condenação nas alegações finais.

O não oferecimento das alegações finais equivale à ausência do pedido de condenação. Em se tratando de dois crimes, e havendo pedido de condenação somente em relação a um, haverá perempção em relação ao outro.

IV – quando, sendo o querelante pessoa jurídica, esta se extinguir sem deixar sucessor.

Assim, se a empresa for incorporada por outra ou for apenas alterada a razão social, poderá haver o prosseguimento da ação.

3.11. RENÚNCIA

Renúncia é um ato pelo qual o ofendido abre mão (abdica) do direito de oferecer a queixa.

Trata-se de ato unilateral, uma vez que, para produzir efeitos, independe de aceitação do autor do delito.

A renúncia só pode ocorrer antes do início da ação penal (antes do recebimento da queixa). Alguns autores, todavia, dizem que, quando o ofendido abre mão do direito, após o oferecimento da queixa e antes de seu recebimento, existe, em verdade, **desistência** do direito de ação. Trata-se, entretanto, de mera questão de nomenclatura (jogo de palavras), pois, ainda que se conceitue essa hipótese como desistência, as regras a serem seguidas serão as mesmas referentes à renúncia, uma vez que o art. 107, V, do Código Penal somente fez menção à renúncia e ao perdão como causas extintivas da punibilidade, sendo certo que este último só é cabível após o recebimento da queixa, ou seja, após a formação da relação jurídica processual.

A renúncia pode partir apenas do titular do direito de queixa.

O art. 50, parágrafo único, do Código de Processo Penal estabelecia que a renúncia do representante legal do menor que houvesse completado 18 anos não privaria este do direito de queixa, nem a renúncia do último excluiria o direito do primeiro. Essa regra se aplicava quando o ofendido tinha idade entre 18 e 21 anos, na medida em que, nessa hipótese, a ação penal poderia ser proposta por ele ou por seu representante legal. Esse dispositivo, contudo, foi derrogado, uma vez que, desde o advento do Código Civil de 2002, a pessoa maior de 18 anos não mais possui representante legal. Assim, a renúncia do ofendido que tenha mais de 18 anos gera a extinção da punibilidade.

Havendo duas vítimas, a renúncia por parte de uma não atinge o direito de a outra oferecer queixa.

A renúncia pode ser expressa ou tácita. Renúncia expressa é aquela que consta de declaração escrita e assinada pelo ofendido, por seu representante ou por procurador com poderes especiais (art. 50 do CPP). A renúncia tácita decorre da prática de ato incompatível com a intenção de exercer o direito de queixa e admite qualquer meio de prova (art. 57 do CPP). Ex.: casamento do autor do crime com a vítima.

Nos termos do art. 49 do Código de Processo Penal, a renúncia em relação a um dos autores do crime a todos se estende. Trata-se de regra decorrente do princípio da indivisibilidade da ação privada (art. 48 do CPP).

A renúncia sempre foi instituto exclusivo da ação penal privada. A Lei n. 9.099/95, entretanto, criou uma hipótese de aplicação às infrações de menor potencial ofensivo apuráveis mediante ação pública condicionada à representação. Com efeito, o art. 74, parágrafo único, da mencionada lei estabeleceu que, nos crimes de ação privada e de ação pública condicionada, a composição em relação aos danos civis, homologada pelo juiz na audiência preliminar, implica renúncia ao direito de queixa ou de representação.

Essa regra da Lei n. 9.099/95 trouxe também a possibilidade de a renúncia, excepcionalmente, não se estender a todos os autores do crime. Suponha-se que duas pessoas em concurso cometam um crime contra alguém e que apenas um dos autores do delito componha-se com a vítima em relação à parte dos prejuízos por ele provocados (metade, p. ex.). Parece-nos inegável que, nesse caso, somente aquele que se compôs com a vítima é que faz *jus* ao reconhecimento da renúncia.

O art. 104, parágrafo único, do Código Penal estipula que não implica renúncia tácita o fato de receber o ofendido a indenização devida em razão da prática delituosa. Essa regra, entretanto, não se aplica às infrações de menor potencial ofensivo, pois, conforme já mencionado, a simples composição acerca dos danos civis, realizada na audiência preliminar e homologada pelo juiz, gera a renúncia ao direito de queixa e, por consequência, a extinção da punibilidade.

Em suma, nos crimes de ação privada e de ação pública condicionada à representação de menor potencial ofensivo, a reparação do dano gera a extinção da punibilidade, enquanto nos delitos de ação privada ou pública condicionada que não sejam considerados de menor potencial ofensivo, a reparação do dano não gera a renúncia.

Quanto à renúncia à representação nos crimes cometidos com violência doméstica ou familiar contra a mulher, *vide* tópico 3.6.4.

3.12. PERDÃO DO OFENDIDO

É um ato pelo qual o querelante desiste do prosseguimento da ação penal privada, desculpando o querelado pela prática da infração penal. O perdão só é cabível após o início da ação penal e desde que não tenha havido trânsito em julgado da sentença condenatória.

Trata-se de ato bilateral, pois apenas gera a extinção da punibilidade se for aceito pelo ofendido. Veja-se que o próprio art. 107, V, do Código Penal diz que se extingue a punibilidade pelo perdão aceito.

O perdão é instituto exclusivo da ação penal privada.

Nos termos do art. 51 do Código de Processo Penal, o perdão concedido a um dos querelados a todos se estende, mas somente extingue a punibilidade daqueles que o aceitarem.

Havendo dois querelantes, o perdão oferecido por um deles não atinge a ação penal movida pelo outro.

Nos termos do art. 52 do Código de Processo Penal, se a vítima tivesse entre 18 e 21 anos, o perdão não geraria efeito se fosse concedido por ela e houvesse discordância de seu representante legal, ou vice-versa. Esse dispositivo foi revogado pelo Código Civil, na medida em que a pessoa com mais de 18 anos não mais possui representante legal, e, assim, só ela poderá conceder o perdão.

O oferecimento do perdão pode ser feito pessoalmente ou por procurador com poderes especiais.

O perdão pode ser processual ou extraprocessual. Será processual quando concedido mediante declaração expressa nos autos. Nesse caso, dispõe o art. 58 do Código de Processo Penal que o querelado será intimado a dizer, dentro de três dias, se o aceita, devendo constar do mandado de intimação que o seu silêncio importará em aceitação. Assim, para não aceitar o perdão, o querelado deve comparecer em juízo e declará-lo expressamente.

O perdão extraprocessual, por sua vez, pode ser expresso ou tácito. Expresso quando concedido por meio de declaração assinada pelo querelante ou por procurador com poderes especiais. Tácito quando o querelante praticar ato incompatível com a intenção de prosseguir na ação. O perdão tácito admite qualquer meio de prova. É claro que, embora seja extraprocessual na origem, só poderá ser reconhecido pelo magistrado se posteriormente for feita prova a seu respeito em juízo.

Nos termos do art. 59 do Código de Processo Penal, a aceitação do perdão extraprocessual deverá constar de declaração assinada pelo querelado, seu representante legal ou procurador com poderes especiais.

Está revogado o art. 54 do Código de Processo Penal, que estabelece que, sendo o querelado maior de 18 e menor de 21 anos, a aceitação deve ser feita por ele ou por seu representante legal, pois, havendo oposição de um deles, o processo prossegue. Com efeito, nos termos do art. 5º do Código Civil, não mais existe a figura do representante legal ao réu maior de 18 anos, de modo que basta este aceitar o perdão que haverá a extinção da punibilidade.

3.13. AÇÃO PENAL PRIVADA SUBSIDIÁRIA DA PÚBLICA

O Ministério Público, ao receber o inquérito policial que apura crime de ação pública (condicionada ou incondicionada), dispõe do prazo de cinco dias para oferecer denúncia, se o indiciado estiver preso, e de quinze dias, se estiver solto. **Findo esse prazo, sem que o Ministério Público tenha se manifestado, surge para o ofendido o direito de oferecer queixa subsidiária em substituição à denúncia não apresentada pelo titular da ação.** O direito de apresentar essa queixa subsidiária inicia-se com o término do prazo do Ministério Público e se estende pelos seis meses seguintes. Como o prazo do Ministério Público é impróprio, poderá o *Parquet* oferecer a denúncia dentro desses seis meses (caso a vítima não tenha ainda apresentado a queixa substitutiva) e até mesmo após tal período. Assim, após os seis meses, a vítima decai do direito de oferecer a queixa subsidiária, mas isso não implica extinção da punibilidade do agente, pois, conforme dito, o Ministério Público continua podendo oferecer a denúncia até que ocorra a prescrição.

Essa espécie de ação só é possível quando o Ministério Público não se manifesta dentro do prazo. Assim, se o Promotor de Justiça promove o arquivamento do feito ou requer o retorno do inquérito à Delegacia para novas diligências, não cabe a queixa subsidiária.

Essa espécie de ação, prevista no art. 100, § 3º, do Código Penal e no art. 29 do Código de Processo Penal, não fere o art. 129, I, da Constituição Federal, que atribui ao Ministério Público o direito exclusivo de iniciar a ação pública, uma vez que a própria Carta Magna, em seu art. 5º, LIX, dispõe que "será admitida ação privada nos crimes de ação pública, se esta não for intentada no prazo legal".

3.13.1. ATUAÇÃO DO MINISTÉRIO PÚBLICO

Também nessa espécie de ação penal atua o Ministério Público como fiscal da lei (*custos legis*). Entretanto, como se trata de crime que, na origem, é de ação pública por atingir bens cuja proteção interessa à coletividade, o promotor tem poderes diferenciados, descritos no art. 29 do Código de Processo Penal:

a) Caso a queixa oferecida não preencha os requisitos previstos na lei (queixa inviável), o Ministério Público a repudia e oferece denúncia substitutiva, hipótese em que retoma a titularidade da ação;
b) Se a queixa for viável, mas apresentar pequenas falhas, o Ministério Público poderá aditá-la, não retomando a titularidade nesta hipótese;
c) Pode recorrer em qualquer sentido, ao contrário do que ocorre na ação privada comum, em que só pode recorrer em favor do querelado;
d) Pode requerer e participar da produção de qualquer prova;
e) Em caso de negligência do querelante no desenrolar da ação, o Ministério Público deve retomar a sua titularidade. Assim, não existe perempção nessa modalidade de ação penal.

3.13.2. LITISCONSÓRCIO

Litisconsórcio é a pluralidade de partes em um dos polos da ação. Dá-se o litisconsórcio passivo quando duas ou mais pessoas são acusadas em uma mesma ação penal por terem cometido um delito em concurso ou praticado crimes conexos. O litisconsórcio ativo ocorre quando são cometidos crimes conexos (que devem ser apurados em um só processo) e não coincide com a titularidade da ação penal. Isso acontece em duas hipóteses: a) quando é cometido um crime de ação pública conexo com um de ação privada. Nesse caso, o Ministério Público oferece denúncia em relação ao crime de ação pública, e o ofendido, queixa-crime em relação ao delito de ação privada. Em virtude da conexão, os crimes são apurados conjuntamente, havendo, pois, duas partes no polo ativo; b) quando são cometidos crimes conexos, ambos de ação privada, contra vítimas diversas. Ex.: Alexandre ofende a honra de Fernando e Rodrigo. Estes ingressam, portanto, com queixa-crime contra o ofensor.

Quadro sinótico – Ação penal

Condições gerais da ação	a) legitimidade de parte; b) interesse de agir; c) possibilidade jurídica do pedido.
Princípios gerais da ação penal	Princípios gerais são aqueles que se aplicam a toda e qualquer forma de ação penal (pública ou privada). 1. Da verdade real; 2. Princípio do contraditório (art. 5º, LV, da CF); 3. Da ampla defesa (art. 5º, LV, da CF); 4. Da presunção de inocência (art. 5º, LVII, da CF); 5. Do devido processo legal (art. 5º, LIV, da CF); 6. Da vedação da prova ilícita (art. 5º, LVI, da CF e art. 157 do CPP); 7. Do *favor rei* ou *in dubio pro reo*; 8. Da iniciativa das partes; 9. Da oficiosidade; 10. Da vedação do julgamento *extra petita*; 11. Da publicidade; 12. Da razoável duração do processo (art. 5º, XVIII, da CF); 13. Da identidade física do juiz; 14. Do juiz natural; 15. Do promotor natural; 16. Da imparcialidade do juiz; 17. Do duplo grau de jurisdição; 18. Da motivação das decisões judiciais; 19. Da intranscendência; 20. Do privilégio contra a autoincriminação.

Processo Penal – Parte Geral

Quadro sinótico – Ação penal pública

Noções, princípios e espécies	É de iniciativa exclusiva do Ministério Público. A peça processual que lhe dá início é a denúncia. A ação pública pauta-se pelos princípios da obrigatoriedade (ressalvadas as exceções legais), indisponibilidade e oficialidade. Pode ser incondicionada, ou condicionada à representação ou requisição do Ministro da Justiça.
Ação pública incondicionada	A propositura da ação independe de qualquer condição específica, bastando indícios de autoria e de materialidade. É a regra no direito penal. Quando a lei nada menciona a respeito da espécie de ação, ela é considerada pública incondicionada. Além disso, sempre que o crime for praticado em detrimento de patrimônio ou interesse da União, Estados ou Municípios, será também incondicionada.
Ação pública condicionada à representação	A representação é uma manifestação de vontade da vítima ou de seu representante legal no sentido de solicitar a instauração do inquérito e autorizar o Ministério Público a ingressar com a ação. A titularidade é do Ministério Público, mas o promotor somente pode a ela dar início se estiver presente essa autorização. A representação tem natureza jurídica de condição de procedibilidade. A existência da representação não vincula o Ministério Público, que pode promover o arquivamento do inquérito se entender que não há provas suficientes. Nos crimes dessa natureza, a lei expressamente usa a expressão "somente se procede mediante representação". A representação pode ser endereçada ao juiz, ao Ministério Público, ou à autoridade policial e não exige rigor formal. Pode ser ofertada pessoalmente ou por procurador com poderes especiais. O direito de representação deve ser exercido no prazo de seis meses, a contar do dia em que a vítima ou seu representante legal descobriram quem foi o autor do crime. Esse prazo é decadencial. A representação é retratável até o oferecimento da denúncia. Dentro do prazo decadencial é ainda possível a retratação da retratação, isto é, que a vítima novamente apresente representação. Quanto à titularidade do direito de representação, existem as seguintes regras: a) se a vítima for menor de 18 anos, apenas o seu representante legal poderá exercer o direito; b) se a vítima for menor de 18 anos e não tiver representante legal, o juiz nomeará um curador especial para avaliar a conveniência do oferecimento da representação, o mesmo ocorrendo se houver colidência de interesses entre a vítima menor e seus representantes; c) se a vítima for maior de 18 anos, somente ela própria poderá apresentar a representação; d) caso a vítima seja maior de 18 anos, mas doente mental, o direito passará aos representantes legais; e) se a vítima for doente mental e não possuir representante legal, ou caso os tenha e haja conflito de interesses, o juiz deverá nomear curador especial; f) no caso de a vítima falecer ou ser declarada ausente por decisão judicial antes do decurso do prazo decadencial, o direito de representação passará ao seu cônjuge, ascendentes, descendentes ou irmãos.
Ação pública condicionada à requisição do Ministro da Justiça	Essa requisição é também uma condição de procedibilidade, porém não vincula o Ministério Público que, apesar dela, pode promover o arquivamento do feito. Esse tipo de ação penal mostra-se presente em nossa legislação quando um estrangeiro pratica crime contra brasileiro fora do território nacional (art. 7º, § 3º, b, do CP), ou quando é cometido crime contra a honra do Presidente da República ou chefe de governo estrangeiro (art. 145 do CP). Nos crimes dessa natureza, a lei expressamente utiliza a expressão "somente se procede mediante requisição do Ministro da Justiça". A requisição pode ser apresentada a qualquer tempo dentro do prazo prescricional.

Quadro sinótico – Ação penal privada

Noções, princípios e espécies	A iniciativa é do ofendido ou, se incapaz, de seu representante legal. A peça processual que lhe dá início é a queixa-crime. Pauta-se pelo princípio da conveniência (ou oportunidade), ou seja, ainda que existam provas, a vítima pode optar por não dar início à ação. Além disso, ela pode abrir mão do prosseguimento da ação já em andamento por meio dos institutos do perdão e da perempção (princípio da disponibilidade). Existe, ainda, o princípio da indivisibilidade, segundo o qual o ofendido deve apresentar queixa contra todos os autores do crime ou contra nenhum. A ação privada pode ser exclusiva, personalíssima ou subsidiária da pública.
Ação privada exclusiva	É aquela em que, em caso de morte do ofendido, a ação pode ser proposta por seu cônjuge, ascendente, descendente ou irmão, sendo também possível a substituição processual em caso de morte durante o transcorrer da ação. Quanto à titularidade do direito de queixa, aplicam-se as mesmas regras referentes ao direito de representação na ação pública condicionada.
Ação privada personalíssima	A morte da vítima gera a extinção da punibilidade do autor do crime, por ser vedada a propositura da ação ou seu prosseguimento por qualquer outra pessoa.
Ação privada subsidiária da pública	Cabível quando, em crime de ação pública, o Ministério Público não oferece qualquer manifestação dentro do prazo legal, hipótese em que o ofendido pode oferecer queixa subsidiária, no prazo de seis meses, a contar do término do prazo do Ministério Público.
Decadência	Na ação penal privada, decadência é a perda do direito de ação em face do decurso do prazo sem o oferecimento da queixa. A consequência é a extinção da punibilidade. Somente é possível antes do início da ação penal e comunica-se a todos os autores conhecidos do crime. O prazo é de seis meses a contar da descoberta da autoria do crime. Tal prazo não se interrompe e não se suspende.
Perempção	É uma sanção aplicada ao querelante, consistente na perda do direito de prosseguir na ação penal privada. Somente é possível na ação privada exclusiva e na personalíssima, após o início da ação penal, nas seguintes hipóteses (art. 60 do CPP): I – quando o querelante deixar de promover o andamento do processo durante trinta dias seguidos; II – quando, falecendo o querelante, ou sobrevindo sua incapacidade, não comparecer em juízo, para prosseguir no processo, dentro do prazo de sessenta dias, qualquer das pessoas a quem couber fazê-lo, ressalvado o disposto no art. 36; III – quando o querelante deixar de comparecer, sem motivo justificado, a qualquer ato do processo a que deva estar presente, ou deixar de formular o pedido de condenação nas alegações finais; IV – quando, sendo o querelante pessoa jurídica, esta se extinguir sem deixar sucessor.
Renúncia	Renúncia é um ato por meio do qual o ofendido abre mão do direito de oferecer a queixa. Trata-se de ato unilateral, pois independe de aceitação. A renúncia só pode ocorrer antes do início da ação penal e pode partir apenas do titular do direito de queixa. Havendo duas vítimas, a renúncia por parte de uma não atinge o direito de a outra oferecer queixa. A renúncia pode ser expressa ou tácita. Expressa é aquela que consta de declaração escrita e assinada pelo ofendido, por seu representante ou por procurador com poderes especiais. A tácita decorre da prática de ato incompatível com a intenção de exercer o direito de queixa e admite qualquer meio de prova. Ex.: casamento do autor do crime com a vítima. Nos termos do art. 49 do Código de Processo Penal, a renúncia em relação a um dos autores do crime a todos se estende.

Perdão do ofendido	É o ato pelo qual o querelante desiste do prosseguimento da ação penal privada já proposta. O perdão só é cabível após o início da ação penal e antes de seu desfecho. Trata-se de ato bilateral porque precisa ser aceito. O perdão concedido a um dos querelados a todos se estende, mas somente extingue a punibilidade daqueles que o aceitarem. O perdão pode ser processual ou extraprocessual. Será processual quando concedido mediante declaração expressa nos autos. Nesse caso, o querelado será intimado a dizer, dentro de três dias, se o aceita, devendo constar do mandado de intimação que o seu silêncio importará em aceitação. O perdão extraprocessual, por sua vez, pode ser expresso ou tácito. Expresso quando concedido pela declaração assinada. Tácito quando o querelante praticar ato incompatível com a intenção de prosseguir na ação.

4 AÇÃO CIVIL *EX DELICTO*

O ilícito penal não difere, em essência, do ilícito civil, pois ambos são atos que afrontam a ordem jurídica. A ilicitude jurídica é uma só, derivando a diversidade de tratamento de razões de oportunidade escolhidas pelo legislador, que resolve punir com maior rigor certas condutas ilícitas. A diferença refere-se, pois, ao grau (intensidade) com que a ordem jurídica é violada.

Assim, o legislador classifica certos atos somente como ilícitos civis, cominando sanções como indenização, execução forçada, anulação do ato etc. Para aqueles casos de grave violação à ordem jurídica (ataque aos valores fundamentais da sociedade), o legislador prevê, em geral ao lado da sanção civil, uma sanção de caráter penal.

No mais das vezes, o ilícito penal é também ilícito civil, na medida em que causa danos à vítima, a qual, independentemente do exercício do direito de punir por parte do Estado, pode pleitear a reparação do prejuízo suportado.

Para evitar decisões conflitantes sobre esses dois desdobramentos da conduta ilícita, o ordenamento prevê, em uma série de dispositivos, meios de promover a interação entre as duas esferas (cível e penal).

O art. 91, I, do Código Penal dispõe que a condenação penal torna certa a obrigação de indenizar o dano causado pelo crime. O art. 935 do Código Civil, por seu turno, prevê que "a responsabilidade civil é independente da criminal, não se podendo questionar mais sobre a existência do fato, ou sobre quem seja o seu autor, quando estas questões se acharem decididas no juízo criminal".

Da análise de tais regras, conclui-se que é relativa a independência entre as responsabilidades civil e criminal.

Assim, pode haver trâmite simultâneo de uma ação civil e uma ação penal referentes ao mesmo fato. Se sobrevier decisão condenatória proferida pelo juízo penal, contudo, mostrar-se-á prejudicado o julgamento da ação civil, em razão da força vinculante da sentença penal condenatória.

A lei faculta ao juiz civil suspender o curso do processo, até o julgamento definitivo da ação penal, pelo prazo máximo de um ano, a fim de evitar decisões contraditórias (art. 64, parágrafo único, do CPP e art. 313, V, *a*, e § 4º, do CPC).

A sentença penal absolutória, por outro lado, faz coisa julgada no cível quando reconhecer ter sido o ato praticado em estado de necessidade, em legítima defesa, em estrito cumprimento de dever legal ou no exercício regular de direito (art. 65 do CPP).

Daí se extrai que não se pode mais discutir no cível se agiu ou não o autor do fato acobertado por uma das excludentes de ilicitude (art. 23 do CP e art. 188, I e II, do CC).

Isso, todavia, nem sempre exime o sujeito em favor de quem foi reconhecida a excludente de arcar com indenização, pois, ao contrário do que ocorre na esfera penal, mesmo tendo agido acobertado por tais justificantes, por vezes será o autor obrigado a indenizar. Isso ocorre nas seguintes hipóteses:

a) se reconhecido o estado de necessidade, e o prejudicado não tiver sido o culpado pela situação de perigo, deve o autor indenizá-lo, sem prejuízo do direito regressivo em face do causador do perigo;

b) se reconhecida a legítima defesa putativa, a vítima ou seus herdeiros devem ser ressarcidos, uma vez que a pessoa atingida não estava agredindo o agente que, por erro, supôs estar sendo agredido;

c) se reconhecida a defesa real, mas o autor tiver, por erro de pontaria (*aberratio ictus* ou *aberratio criminis*), causado danos a terceiros, deve indenizá-lo.

Também faz coisa julgada no cível a sentença penal absolutória que reconhece, de forma categórica, a inexistência material do fato (art. 386, I, do CPP) ou a existência de prova de que o réu não concorreu para a infração penal (art. 386, IV, do CPP), nos termos do art. 66 do Código de Processo Penal e do art. 935 do Código Civil.

Não impedem a propositura nem o desenvolvimento da ação civil: **a)** promoção de arquivamento de inquérito policial; **b)** decisão que julga extinta a punibilidade do agente; **c)** sentença absolutória que reconhece não constituir o fato infração penal (art. 386, III, do CPP); **d)** sentença absolutória que reconhece haver dúvida quanto à existência do fato (art. 386, II); **e)** sentença absolutória que reconhece não existir prova de que o réu concorreu para infração penal (art. 385, V); **f)** sentença absolutória que reconhece a existência de circunstância que isente o réu de pena (art. 386, VI); e **g)** sentença absolutória que declara inexistir prova suficiente para condenação (art. 386, VII).

Apesar de ser-lhe facultado postular no juízo cível seu direito a indenização, o ofendido não necessita ingressar com ação civil de conhecimento para ver reparado o prejuízo que sofreu, pois a sentença penal condenatória constitui título executivo. Ou seja, pode o ofendido aguardar o desfecho do processo penal e, em caso de condenação, promover no cível a execução da sentença proferida pelo juiz criminal.

Tal possibilidade é expressamente prevista nos arts. 63 do Código de Processo Penal e 515, VI, do Código de Processo Civil.

Atento à necessidade de, por meio do processo criminal, resguardarem-se os interesses do ofendido, o legislador estendeu aos procedimentos de natureza penal em geral (Lei n. 11.719/2008) norma que anteriormente se aplicava apenas aos casos de infração ambiental (art. 20 da Lei n. 9.605/98).

Assim, de acordo com a regra inserta no art. 387, IV, do Código de Processo Penal, o juiz, ao proferir a sentença condenatória, deverá fixar valor mínimo para reparação dos danos causados pela infração, tendo em vista os prejuízos causados pelo ofendido, desde que haja, na denúncia ou queixa, pedido expresso de indenização.

Com o trânsito em julgado da sentença condenatória, poderá o ofendido realizar a execução do valor reparatório fixado pelo juízo criminal, sem embargo da possibilidade de liquidação no juízo cível para delimitar a real extensão do seu prejuízo financeiro, ou seja, o valor total do dano causado pela infração penal (art. 63, parágrafo único, do CPP).

Saliente-se, porém, que o ofendido pode, se desejar, ingressar com ação civil de conhecimento visando a reparação do dano, antes mesmo (e independentemente) da propositura da ação penal.

4.1. LEGITIMIDADE ATIVA

A ação civil *ex delicto* de conhecimento ou de execução pode ser ajuizada pelo ofendido, por seus herdeiros ou por seu representante legal.

Se o ofendido for pobre, a ação civil (de conhecimento ou de execução) poderá ser proposta pelo Ministério Público, que atuará como substituto processual, se assim requerer o interessado. De acordo com o entendimento do Supremo Tribunal Federal, porém, a norma legal prevista no art. 68 do Código de Processo Penal está em trânsito para a inconstitucionalidade, já que a subsistência da legitimidade do Ministério Público para ajuizar a ação *ex delicto* pressupõe a inexistência de Defensoria Pública regularmente organizada.

4.2. LEGITIMIDADE PASSIVA

A ação civil de conhecimento pode ser proposta "contra o autor do crime e, se for o caso, contra o responsável civil", nos termos do disposto no art. 64 do Código de Processo Penal.

A execução direta da sentença penal, por outro lado, só poderá ser ajuizada em face de quem foi réu no processo criminal, não gerando efeito em relação ao terceiro (responsável civil), pois somente pode ter título judicial contra si o sujeito que foi citado para a ação de conhecimento e, portanto, pôde exercer o direito ao contraditório e à ampla defesa.

4.3. COMPETÊNCIA

Nos termos do disposto nos arts. 515, § 1º, e 516, III, do Código de Processo Civil, a ação civil *ex delicto* executiva deve ser proposta no juízo cível, perante o qual deveria tramitar, também, eventual ação de conhecimento, com observância das regras de competência estabelecidas pela lei processual civil (arts. 46 a 63 do CPC).

5 JURISDIÇÃO

5.1. CONCEITO

Jurisdição é o poder de julgar (que é inerente a todos os juízes). **É a possibilidade de aplicar a lei abstrata aos casos concretos que lhe sejam apresentados, o poder de solucionar lides.**

Ocorre que um juiz não pode julgar todos os casos, de todas as espécies, sendo necessária uma delimitação de sua jurisdição. Essa delimitação é chamada de **competência**, tema que será analisado adiante.

5.2. PRINCÍPIOS DA JURISDIÇÃO

Princípio do juiz natural. Ninguém pode ser processado ou julgado senão pelo juiz competente, de acordo com normas preestabelecidas.

São vedados, da mesma forma, juízos e tribunais de exceção (art. 5º, XXXVII, da CF).

Princípio da investidura. A jurisdição só pode ser exercida por quem foi aprovado em concurso público, nomeado, empossado e que está no exercício de suas atividades.

Princípio da indeclinabilidade. O juiz não pode deixar de dar a prestação jurisdicional, tampouco uma lei pode ser feita para excluir da apreciação do Judiciário lesão ou ameaça a direito de alguém (art. 5º, XXXV, da CF).

Princípio da indelegabilidade. Nenhum juiz pode delegar sua jurisdição a outro, pois, se isso ocorrer, haverá ofensa ao princípio do juiz natural.

Princípio da improrrogabilidade. O juiz não pode invadir a área de atuação de outro, salvo nas hipóteses expressamente previstas em lei.

Princípio da inevitabilidade (ou irrecusabilidade). As partes não podem recusar o juiz, salvo nos casos de suspeição, impedimento ou incompetência.

Princípio da inércia (ou da iniciativa das partes). O juiz não pode dar início à ação penal.

O magistrado, porém, pode, de ofício, na busca da verdade real, determinar, **durante a instrução em juízo**, a produção de prova que entenda imprescindível (arts. 156, II, e 404 do CPP).

O art. 156, I, do CPP, por sua vez, prevê que o juiz também pode, de ofício, ordenar, mesmo antes do início da ação penal, a produção antecipada de provas consideradas urgentes e relevantes, observando a necessidade, adequação e proporcionalidade da medida (art. 156, I, do CPP). Tal dispositivo, entretanto, encontra-se parcialmente revogado, na medida em que o art. 3º-A[4], do CPP, com redação dada pela Lei n. 13.964/2019, veda qualquer iniciativa do juiz (ato de ofício), na fase da investigação. A determinação de produção antecipada de provas durante as investigações pressupõe requerimento das partes ou representação da autoridade policial.

A jurisdição, como poder que detém o Estado de dizer o direito por intermédio do Poder Judiciário, tem como característica a **unidade**. Apenas para fim de estudo, a doutrina faz uma divisão acerca do tema, de acordo com vários critérios. Quanto à **matéria**, a jurisdição pode ser civil, penal, trabalhista etc. Quanto ao **objeto**, pode ser contenciosa, quando existir conflito de interesses entre as partes, ou voluntária, quando inexistir litígio. Quanto à **graduação**, pode ser inferior, referindo-se à 1ª instância, ou superior, que julga a ação em grau de recurso. Quanto à **função**, pode ser comum (estadual ou federal) ou especial (militar ou eleitoral). No âmbito trabalhista, não existe julgamento de crimes.

Quadro sinótico – Jurisdição

Conceito e princípios norteadores	Jurisdição é poder de julgar (que é inerente a todos os juízes). É a possibilidade de aplicar a lei abstrata aos casos concretos que lhe sejam apresentados. Seus princípios são: a) do juiz natural; b) da investidura; c) da indeclinabilidade; d) da indelegabilidade; e) da improrrogabilidade; f) da inevitabilidade (ou irrecusabilidade); g) da inércia (ou da iniciativa das partes).

---

[4] Em 20 de janeiro de 2020, o Min. Luiz Fux, da Corte Suprema, concedeu medida liminar nas Adis 6.298 e 6.299 suspendendo a eficácia deste art. 3º-A (e outras regras relativas ao juiz das garantias). Assim, somente se for cassada tal liminar e o Plenário da Corte julgar constitucional o dispositivo, é que terá essa aplicação efetiva.

6 COMPETÊNCIA

O Título V do Código de Processo Penal trata do tema competência.

O art. 69 estabelece que a competência jurisdicional será determinada:

I – pelo lugar da infração;
II – pelo domicílio ou residência do réu;
III – pela natureza da infração;
IV – pela distribuição;
V – pela conexão ou continência;
VI – pela prevenção;
VII – por prerrogativa de função.

Observação: a Lei n. 14.155/2021 acrescentou uma nova modalidade de fixação de competência que é o foro em razão do domicílio da vítima, que, todavia, somente é aplicável ao crime de estelionato comum (art. 171, *caput*, do CP) quando a vítima efetua depósito ou transferência bancária em prol do golpista, e ao crime de fraude no pagamento por meio de cheque (art. 171, § 2º, VI, do CP), que se configura em casos de emissão de cheque sem fundos ou frustração no pagamento do cheque.

Cada um desses critérios de fixação de competência tem finalidade diversa. Com efeito, as competências pelo lugar da infração e pelo domicílio/residência do réu (também chamadas de *ratione loci*) têm por finalidade fixar a comarca competente. Uma vez fixada a comarca, o critério da natureza da infração (*ratione materiae*) serve para que se encontre a Justiça competente (Justiça Militar, Eleitoral, Comum etc.). Por fim, fixadas a comarca e a Justiça, é possível que restem vários juízes igualmente competentes. Se um deles adiantou-se aos demais na prática de algum ato relevante, ainda que antes do início da ação, estará ele prevento. Se, todavia, não há juiz prevento, deverá ser feito um sorteio (distribuição).

Dessa forma, suponha-se que um crime de roubo foi praticado na cidade de São Paulo em prejuízo de uma agência do INSS. Por ter sido consumado o roubo em São Paulo, será esta a comarca competente. O critério do domicílio do réu não é utilizado, pois, conforme veremos adiante, só é aplicado quando desconhecido totalmente o local da consumação. Como o crime foi cometido contra autarquia da União, a competência é da Justiça Federal de São Paulo (art. 109, IV, da CF). Por fim, como existem vários juízes federais criminais em São Paulo, se um deles estiver prevento, será ele o competente, caso contrário, deverá ser feita a distribuição.

A conexão e a continência, em verdade, não são formas de fixação de competência, mas de prorrogação de competência (*vide* item 6.11).

A competência por prerrogativa de função (*ratione personae*) verifica-se quando o legislador, levando em consideração a relevância do cargo ou função ocupados pelo autor da infração, designa órgãos específicos e preestabelecidos do Poder Judiciário para o julgamento. Ex.: se o Prefeito do Município de Campinas comete um crime, será julgado pelo Tribunal de Justiça de São Paulo; se o Presidente da República comete um crime, será julgado pelo Supremo Tribunal Federal.

As competências em razão da pessoa e em razão da matéria, por serem de interesse público, são absolutas. Assim, o desrespeito às regras a elas referentes gera a nulidade absoluta da ação penal. Ao contrário, a competência territorial é relativa, podendo ser prorrogada, de tal sorte que, se não alegada no momento oportuno pela parte interessada e se não provado o prejuízo, não será decretada a nulidade do processo (nulidade relativa, portanto).

6.1. COMPETÊNCIA PELO LUGAR DA INFRAÇÃO

O art. 70, *caput*, 1ª parte, do Código de Processo Penal determina que o foro (comarca) competente será firmado pelo local da consumação do crime. O art. 14, I, do Código Penal, por sua vez, diz que um crime se considera consumado quando nele se reúnem todos os elementos de sua descrição legal. Assim, quando se estudam os crimes em espécie, na Parte Especial do Código Penal, sempre se dedica um momento para a abordagem do momento consumativo. Pois bem, encontrado o instante exato da consumação, deve-se perquirir o local de sua ocorrência. Este será o foro competente para o processo e o julgamento da infração penal.

Conforme já mencionado, saber qual o momento consumativo não é tarefa árdua e é assunto tratado pela área penal. Acontece que determinadas infrações penais se revestem de algumas peculiaridades, e, por isso, o estudo do momento consumativo torna-se um pouco mais complexo, merecendo, portanto, uma abordagem específica.

a) **Crime de emissão de cheque sem fundos** (art. 171, § 2º, VI, do CP). A consumação ocorre quando o banco sacado (aquele cujo endereço consta no cheque emitido) nega-se a efetuar o pagamento. Assim, não basta a simples emissão, visto que, antes de o banco recusar-se a pagar o cheque, o agente pode arrepender-se e depositar o valor devido em sua conta. Em razão disso, as Cortes Superiores aprovaram duas súmulas afirmando que o foro competente é o do local onde se situa tal banco, por aplicação da regra do art. 70, *caput*, do CPP, segundo a qual a competência é firmada pelo local da consumação do delito.

1) Súmula 244 do Superior Tribunal de Justiça: "Compete ao foro local da recusa processar e julgar o crime de estelionato mediante cheque sem provisão de fundos".

2) Súmula 521 do Supremo Tribunal Federal: "O foro competente para o processo e julgamento dos crimes de estelionato, sob a modalidade da emissão dolosa de cheque sem provisão de fundos, é o do local onde se deu a recusa do pagamento pelo sacado".

Assim, de acordo com tais súmulas, se a conta-corrente do emitente for da cidade de Bauru, será esta a comarca competente, qualquer que tenha sido o local da compra feita com o cheque sem fundos.

Ocorre que a Lei n. 14.155, de 27 de maio de 2021, criou uma exceção à regra de competência territorial do art. 70, *caput*, do CPP, inserindo no § 4º de tal dispositivo a seguinte regra: "Nos crimes previstos no art. 171 do Decreto-lei n. 2.848, de 7 de dezembro de 1940 (Código Penal), quando praticados mediante depósito, mediante emissão de cheques sem suficiente provisão de fundos em poder do sacado ou com o pagamento frustrado ou mediante transferência de valores, a competência será definida pelo local do domicílio da vítima, e, em caso de pluralidade de vítimas, a competência firmar-se-á pela prevenção". Em razão desse novo dispositivo, as Súmulas 521 do Supremo Tribunal Federal e 244 do Superior Tribunal de Justiça perderam a validade. Atualmente, portanto, se uma pessoa com domicílio e conta bancária na cidade de Itu faz uma compra com cheques sem fundos na cidade de Atibaia e a vítima mora nesta cidade, o foro competente é o de Atibaia (embora o crime somente tenha se consumado com a recusa do banco sacado que se situa em Itu).

Em caso de pluralidade de vítimas, a competência firmar-se-á pela prevenção, ou seja, será fixada em razão do domicílio de uma das vítimas.

b) **Crime de estelionato comum, cometido mediante falsificação de cheque** (art. 171, *caput*, do CP). Nesse caso, o agente emite cheque de terceiro, fazendo-se passar pelo correntista, falsificando a assinatura deste. Como em qualquer modalidade de estelionato comum, descrita no *caput* do art. 171 do CP, a consumação se dá no momento da obtenção da vantagem ilícita, e, por isso, o foro competente é o do local em que o cheque foi passado e o agente recebeu os bens. Assim, se uma pessoa faz uma compra no Rio de Janeiro e falsifica o cheque de pessoa cuja conta-corrente é em São Paulo, o foro competente é o Rio de Janeiro, local em que o agente recebeu as mercadorias compradas. Nesse sentido, a Súmula 48 do Superior Tribunal de Justiça: "Compete ao juízo do local da obtenção da vantagem ilícita processar e julgar crime de estelionato cometido mediante falsificação de cheque".

c) **Crimes de estelionato mediante remessa bancária de valores de uma cidade para outra** (depósito ou transferência bancária). É comum que o estelionatário, por exemplo, publique anúncio de jornal ou em redes sociais e consiga enganar pessoas de cidades diversas que, mediante contato telefônico ou outro modo, são convencidas a efetuar depósito na conta do golpista como forma de sinal para concretizar um suposto bom negócio. Assim, o dinheiro sai da conta da vítima na cidade X e entra na conta-corrente do estelionatário na cidade Y. Considerando que é pacífico o entendimento doutrinário de que o estelionato se consuma no momento da obtenção da vantagem pelo agente, e não quando a vítima sofre o prejuízo, o foro competente seria o do local onde se situa o banco do criminoso, onde o dinheiro passou a estar disponível para saque, ainda que o agente só tivesse efetivamente sacado os valores em caixa eletrônico de uma terceira cidade. Esse era o entendimento do Superior Tribunal de Justiça: "Se o crime de estelionato só se consuma com a efetiva obtenção da vantagem indevida pelo agente ativo, é certo que só há falar em consumação, nas hipóteses de transferência e depósito, quando o valor efetivamente ingressa na conta bancária do beneficiário do crime" (STJ, CC 169.053/DF, Rel. Min. Sebastião Reis Júnior, 3ª Seção, j. 11-12-2019, *DJe* 19-12-2019). "Já na situação em que a vítima, induzida em erro, se dispõe a efetuar depósitos em dinheiro e/ou transferências bancárias para a conta de terceiro (estelionatário), a obtenção da vantagem ilícita por certo ocorre quando o estelionatário efetivamente se apossa do dinheiro, seja dizer, no momento em que ele é depositado em sua conta. Precedentes: CC 169.053/DF, Rel. Min. Sebastião Reis Júnior, 3ª Seção, julgado em 11-12-2019, *DJe* 19-12-2019; CC 161.881/CE, Rel. Min. Joel Ilan Paciornik, 3ª Seção, julgado em 13-3-2019, *DJe* 25-3-2019; CC 162.076/RJ, Rel. Min. Joel Ilan Paciornik, 3ª Seção, julgado em 13-3-2019, *DJe* 25-3-2019; CC 114.685/RS, Rel. Min. Marco Aurélio Bellizze, 3ª Seção, julgado em 9-4-2014, *DJe* 22.4.2014; CC 101.900/RS, Rel. Min. Jorge Mussi, 3ª Seção, julgado em 25-8-2010, *DJe* 6-9-2010; CC 96.109/RJ, Rel. Min. Arnaldo Esteves Lima, 3ª Seção, julgado em 26-8-2009, *DJe* 23-9-2009" (STJ, AgRg no CC 171.632/SC, Rel. Min. Reynaldo Soares da Fonseca, 3ª Seção, j. 10-6-2020, *DJe* 16-6-2020).

A Lei n. 14.155, de 27 de maio de 2021, modificou tal cenário. Com efeito, referida lei inseriu um § 4º no art. 70 do Código de Processo Penal, dispondo que, se o estelionato for cometido mediante depósito ou transferência bancária, o foro competente será definido pelo local do domicílio da vítima, e, em caso de pluralidade de vítimas, a competência firmar-se-á pela prevenção, ou seja, será fixada em razão do domicílio de uma das vítimas. Assim, se a vítima, ludibriada, fizer transferência bancária de sua conta-corrente para a do golpista, o crime se consumará no momento em que os valores passarem a estar à disposição do agente; contudo, se a vítima morar e tiver conta-corrente em uma comarca e o estelionatário em outra, o foro competente será o do local onde a vítima for domiciliada. Este novo mandamento – foro pelo domicílio da vítima – é exceção à regra que determina que a competência é firmada pelo local da consumação do delito. Ex.: o estelionatário convence a vítima que mora em Limeira a efetuar transferência bancária para a conta dele em Guarulhos. A vítima faz a transferência de sua agência em Limeira, e o dinheiro cai na conta do agente em Guarulhos. O estelionato consumou-se quando o dinheiro caiu na conta (Guarulhos), mas o foro competente é o do domicílio da vítima (Limeira). Referida modificação legislativa teve por finalidade facilitar a produção das provas.

d) **Crime de falso testemunho prestado em carta precatória**. O foro competente para apreciar tal delito é o da comarca deprecada, pois o crime consuma-se no local em que o depoimento é prestado. Há, entretanto, posição minoritária no sentido de que o foro competente seria o deprecante, pois nele é que serão sentidos os efeitos do falso.

e) **Crimes qualificados pelo resultado**. De acordo com a opinião de Fernando da Costa Tourinho Filho, o foro competente é o do local em que ocorre o resultado agravador, pois apenas neste é que se reúnem todos os elementos do tipo penal. Ex.: aborto cometido em Diadema, que traz complicações à saúde da gestante, culminando com a morte desta em hospital na cidade de São Paulo. Competente será a comarca de São Paulo.

f) **Crime de homicídio doloso**. Evidentemente, a consumação se dá no momento da morte da vítima.

Há uma hipótese, entretanto, em que a doutrina e a jurisprudência firmaram entendimento diverso, ou seja, naquela em que a vítima é alvejada em uma cidade, transferida para hospital de outra cidade e nesta vem a morrer. Pela regra do Código de Processo Penal, o foro competente deveria ser o do local da morte. Acontece, todavia, que essa solução poderia trazer complicações para o julgamento pelo Júri, uma vez que as testemunhas arroladas para serem ouvidas no Plenário, no dia do julgamento, não seriam obrigadas a se deslocar de uma cidade para outra, fato que poderia prejudicar o julgamento pelos jurados. Para evitar tal situação, bem como pelo fato de entenderem os doutrinadores que o julgamento pelos jurados deve ser feito no local onde o crime atingiu a sociedade, é que se firmou interpretação no sentido de que o crime deve ser apurado no local da ação (onde a vítima foi alvejada).

g) **Crime de extorsão mediante sequestro**. A consumação se dá no momento em que a vítima é sequestrada, ainda que os agentes não consigam receber o resgate que pretendiam. Assim, suponha-se que a vítima seja sequestrada em Porto Alegre e levada para o cativeiro em Caxias do Sul. É evidente que o crime se consumou em Porto Alegre. Acontece, entretanto, que se trata de crime permanente cuja consumação se alonga no tempo enquanto a vítima não for libertada. Assim, pode-se dizer que o delito já estava consumado em Porto Alegre, mas que a consumação se prolongou até Caxias do Sul. Nessas hipóteses (crime permanente praticado em território de duas ou mais comarcas), estabelece o art. 71 do Código de Processo Penal que qualquer delas é competente. Como deve haver um só processo, a competência será firmada, dentre uma delas, por prevenção.

Essa mesma regra aplica-se quando duas ou mais infrações forem cometidas em **continuação delitiva** no território de comarcas distintas. Qualquer delas é competente, firmando-se uma delas por prevenção. Veja-se, porém, que o Código Penal (art. 71) só admite continuação delitiva quando as duas ações delituosas ocorrem em mesmas circunstâncias de local (mesma comarca ou comarcas **contíguas**).

h) **Crimes falimentares**. Nos termos do art. 183 da Lei de Falências (Lei n. 11.101/2005), compete ao juiz criminal da jurisdição onde tenha sido decretada a falência, concedida a recuperação judicial ou homologado o plano de recuperação extrajudicial, conhecer da ação penal pelos crimes falimentares. Nos termos do art. 3º dessa lei, "é competente para homologar o plano de recuperação extrajudicial, deferir a recuperação judicial ou decretar a falência o juízo do local **do principal estabelecimento do devedor** ou da filial de empresa que tenha sede fora do Brasil".

i) **Crime praticado em local incerto na divisa de duas ou mais comarcas**. Nessa hipótese, não se sabe o local exato da consumação, mas se tem certeza de que o ilícito ocorreu entre o trajeto de uma para outra cidade. É o que ocorre, por exemplo, quando um furto é cometido em um ônibus que faz viagem entre duas cidades, sendo a ocorrência do delito descoberta apenas na chegada. Como não se sabe ao certo quando o delito se consumou, o art. 70, § 3º, do Código de Processo Penal determina que a competência seja fixada entre uma delas por prevenção.

j) **Crime praticado em local certo, havendo incerteza quanto a pertencer a uma ou outra comarca.** Nesse caso, discute-se sobre uma certa localidade pertencer a um ou outro município. O art. 70, § 3º, do Código de Processo Penal igualmente determina a utilização do critério da prevenção.

Há que se lembrar, por outro lado, que muitas vezes não é possível a aplicação do critério da consumação do delito, por não ter havido consumação ou por ter ele ocorrido fora do território brasileiro. Serão, então, aplicadas as seguintes regras:

a) No crime tentado, será competente o local em que foi praticado o último ato de execução (art. 70, *caput*, 2ª parte, do CPP).
b) Se a execução do delito se iniciou no território brasileiro, e a consumação ocorreu no exterior, será competente o lugar onde, no Brasil, foi praticado o último ato de execução (art. 70, § 1º, do CPP). São os chamados crimes a distância.
c) Se o último ato de execução foi praticado no exterior, será competente o juiz do lugar em que o crime, embora parcialmente, tenha produzido ou devia produzir resultado no território nacional (art. 70, § 2º, do CPP).
d) Se um crime foi cometido integralmente no exterior, normalmente não será julgado no Brasil. Ocorre, entretanto, que o art. 7º do Código Penal estabelece algumas hipóteses de extraterritorialidade da lei penal brasileira, ou seja, algumas hipóteses em que o agente será julgado no Brasil, apesar de o crime ter-se verificado fora do país. Quando isso ocorre, o art. 88 do Código de Processo Penal determina que o réu será julgado na capital do Estado onde por último tenha residido o acusado no território nacional, e, caso nunca tenha tido residência no país, será julgado na capital da República.
e) Os crimes cometidos em qualquer embarcação nas águas territoriais da República, ou nos rios e lagos fronteiriços, bem como a bordo de embarcações nacionais, em alto-mar, serão processados e julgados pela Justiça do primeiro porto brasileiro em que tocar a embarcação, após o crime, ou, quando se afastar do país, pela do último em que houver tocado (art. 89 do CPP).
f) Os crimes praticados a bordo de aeronave nacional, dentro do espaço aéreo correspondente ao território brasileiro, ou em alto-mar, ou a bordo de aeronave estrangeira, dentro do espaço aéreo correspondente ao território nacional, serão processados e julgados pela justiça da comarca em cujo território se verificar o pouso após o crime, ou pela comarca de onde houver partido a aeronave (art. 90 do CPP).

Nas hipóteses dos arts. 89 e 90 do Código de Processo Penal, a competência será da Justiça Federal, conforme se verá adiante.

6.2. COMPETÊNCIA PELO DOMICÍLIO OU RESIDÊNCIA DO RÉU

Nos termos do art. 72, *caput*, do Código de Processo Penal, **não sendo conhecido o lugar da infração, a competência será firmada pelo local do domicílio ou residência do réu**.

Esse critério também tem por finalidade apontar o foro (comarca) competente e, nos termos da lei, é subsidiário em relação ao critério do lugar da infração. Em suma, só será aplicado quando for totalmente desconhecido o lugar da infração. Ex.: objeto furtado por desconhecido em Belo Horizonte é encontrado em poder do receptador em Recife. A Polícia, entretanto, não consegue descobrir em que local o receptador comprou o objeto. Assim, como a aquisição pode ter-se dado em qualquer local do país, o foro competente para apurar a recepção será o do domicílio ou residência do réu. Não se deve confundir com a regra anteriormente estudada na qual o crime se consuma em local incerto, na divisa entre duas comarcas, hipótese em que ambas são competentes, firmando-se uma delas por prevenção (art. 70, § 3º, do CPP). A competência pelo domicílio ou residência do réu só se aplica quando for totalmente desconhecido o lugar da consumação.

Conclusão: sendo conhecido o local da infração, não se aplica o critério do domicílio/residência do réu. Há, entretanto, uma exceção expressa no art. 73 do Código de Processo Penal. Com efeito, tal dispositivo estabelece que, na ação privada exclusiva, mesmo sendo conhecido o lugar da infração, a vítima pode optar por dar início ao processo no foro do domicílio/residência do réu. Essa regra não vale para a ação privada subsidiária da pública.

De acordo com o art. 70 do Código Civil, domicílio é o local em que a pessoa mora com ânimo definitivo, e residência é o local em que a pessoa mora com ânimo transitório.

Se o réu tiver mais de uma residência, a competência será firmada entre uma delas, por prevenção (art. 72, § 1º, do CPP).

Se, por outro lado, o réu não tiver residência, ou for ignorado o local em que ele mora, será competente o juiz que primeiro tomar conhecimento (formal) do fato (art. 72, § 2º, do CPP).

6.3. COMPETÊNCIA PELA NATUREZA DA INFRAÇÃO

Com a utilização dos dois primeiros critérios, necessariamente já estará fixada a comarca competente. Dentro dessa comarca, todavia, o julgamento poderá ficar a cargo da Justiça Especial ou da Justiça Comum, dependendo da natureza (espécie) da infração penal cometida. A Justiça Especial divide-se em Justiça Militar (para apurar crimes militares) e Justiça Eleitoral (para apurar crimes eleitorais). Já a Justiça Comum subdivide-se em Federal e Estadual.

6.4. JUSTIÇA MILITAR

O art. 124 da Constituição dispõe que cabe à Justiça Militar julgar os crimes militares definidos em lei. Crimes militares são aqueles descritos no Código Penal Militar. Tais crimes se subdividem em:

a) Próprios – aqueles previstos no Código Penal Militar que não encontram descrição típica semelhante na legislação comum. Ex.: insubordinação, deserção etc. O art. 64, II, do Código Penal estabelece que a condenação por crime militar próprio não gera reincidência perante a Justiça Comum.

b) Impróprios – aqueles previstos no Código Penal Militar que encontram descrição típica semelhante na esfera comum. Ex.: estupro, roubo, furto etc.

Os crimes contra a vida de civis cometidos por policiais militares estaduais em serviço são julgados pela Justiça Comum, mais especificamente pelo Tribunal do Júri. É o que prevê o art. 125, § 4º, da Constituição Federal, com a redação que lhe foi dada pela Emenda n. 45/2004. O crime contra a vida de outro militar é de competência da Justiça Castrense (militar), salvo se ambos estiverem fora de serviço ou da função no momento do crime, hipótese em que a competência será da Justiça Comum (Tribunal do Júri).

De acordo com o art. 9º, § 2º, do Código Penal Militar, com a redação dada pela Lei n. 13.491/2017, os crimes dolosos contra a vida e cometidos por militares das Forças Armadas contra civil serão da competência da Justiça Militar da União, se praticados no contexto: I – do cumprimento de atribuições que lhes forem estabelecidas pelo Presidente da República ou pelo

Ministro de Estado da Defesa; II – de ação que envolva a segurança de instituição militar ou de missão militar, mesmo que não beligerante; ou III – de atividade de natureza militar, de operação de paz, de garantia da lei e da ordem ou de atribuição subsidiária, realizadas em conformidade com o disposto no art. 142 da Constituição Federal.

O art. 9º, II, do Código Penal Militar, com a redação dada pela Lei n. 13.491/2017, prevê que também são de competência da Justiça Militar os crimes previstos no próprio Código Militar e os previstos na legislação penal, quando praticados:

a) por militar em situação de atividade ou assemelhado, contra militar na mesma situação ou assemelhado;

b) por militar em situação de atividade ou assemelhado, em lugar sujeito à administração militar, contra militar da reserva, ou reformado, ou assemelhado, ou civil;

c) por militar em serviço ou atuando em razão da função, em comissão de natureza militar, ou em formatura, ainda que fora do lugar sujeito à administração militar contra militar da reserva, ou reformado, ou civil;

d) por militar durante o período de manobras ou exercício, contra militar da reserva, ou reformado, ou assemelhado, ou civil;

e) por militar em situação de atividade, ou assemelhado, contra o patrimônio sob a administração militar, ou a ordem administrativa militar.

As alíneas *a* e *c* são as mais importantes. A primeira trata dos crimes praticados entre militares. A segunda trata dos crimes praticados contra civil, bastando que o policial militar esteja em serviço.

Importante alteração foi feita pela Lei n. 13.491/2017. Antes da referida lei, a Justiça Militar só julgava crimes previstos no Código Penal Militar. Com a alteração, passou também a julgar crimes previstos na legislação penal comum quando cometidos por policial militar em serviço (ex.: abuso de autoridade, disparo de arma de fogo em via pública, tortura, assédio sexual etc.).

A aprovação dessa lei gerou a perda de eficácia de algumas súmulas do Superior Tribunal de Justiça: **a)** Súmula 172: "compete à Justiça Comum processar e julgar militar por crime de abuso de autoridade, ainda que praticado em serviço"; **b)** Súmula 75: "compete à Justiça Comum Estadual processar e julgar o policial militar por crime de promover ou facilitar a fuga de preso de estabelecimento penal". Tais crimes eram julgados pela Justiça Comum porque não previstos no Código Militar, contudo, conforme já mencionado, com a reforma trazida pela Lei n. 13.491/2017, a Justiça Militar passou a ter competência para julgar crimes previstos na legislação penal comum quando cometidos por policial militar em serviço.

A Súmula 6 do Superior Tribunal de Justiça determina que "compete à Justiça Comum Estadual processar e julgar delito decorrente de acidente de trânsito envolvendo viatura de Polícia Militar, salvo se autor e vítima forem policiais militares em situação de atividade". Tal súmula perdeu grande parte de sua importância, pois, atualmente, se a vítima do crime de trânsito for civil, mas o militar estiver em serviço, a competência será da Justiça Militar. Ex.: crimes de homicídio culposo e lesão corporal culposa na direção de veículo automotor (arts. 302 e 303 do CTB – Lei n. 9.503/97).

Importante salientar que a Justiça Militar não julga crimes comuns conexos (art. 79, I, do CPP). Assim, se houver conexão entre um crime cometido por um policial militar em serviço e um delito cometido por um civil, haverá separação de processos, ou seja, o primeiro será julgado pela Justiça Castrense e o último pela Justiça Comum. De acordo com a Súmula 90 do Superior Tribunal de Justiça: "Compete à Justiça Estadual Militar processar e julgar o policial militar pela prática do crime militar, e à Comum pela prática do crime comum simultâneo àquele".

No passado, o militar que cometesse crime com a arma da corporação, mesmo não estando em serviço, era julgado pela Justiça Especial. A Lei n. 9.299/96, todavia, revogou o dispositivo do Código Penal Militar que permitia tal abrangência, de modo que, atualmente, o julgamento é feito na Justiça Comum.

Quando um crime é previsto no Código Penal Militar e ao mesmo tempo na legislação comum, e a conduta é praticada por policial em serviço, além de ser a competência da Justiça Militar, o dispositivo a ser aplicado é o da lei especial, ou seja, o do Código Militar.

6.4.1. COMPOSIÇÃO DA JUSTIÇA MILITAR

A Justiça Militar subdivide-se em:

a) Federal – para julgar os membros das Forças Armadas (Marinha, Exército e Aeronáutica);
b) Estadual – para julgar os integrantes das polícias militares estaduais (incluindo os membros do Corpo de Bombeiros e Policiais Rodoviários Estaduais).

Em primeira instância, o julgamento é feito pelos juízes de direito e pelos Conselhos de Justiça. Aos juízes compete processar e julgar, singularmente, os crimes militares cometidos contra civis. Aos conselhos incumbe o processo e julgamento dos demais crimes militares. Tais conselhos são compostos por juízes militares e pelo juiz de direito (juiz concursado), a quem incumbe a presidência do colegiado.

Em segunda instância, o julgamento é feito pelo Superior Tribunal de Justiça Militar no caso de recursos provenientes da Justiça Militar Federal. Por outro lado, no caso de recursos advindos da Justiça Militar Estadual, os julgamentos serão feitos pelos Tribunais de Justiça Militares, nos Estados onde houver, ou pelo próprio Tribunal de Justiça Estadual, onde não houver tribunal especializado.

6.5. JUSTIÇA ELEITORAL

A Justiça Eleitoral julga os crimes eleitorais e os seus conexos (art. 121 da CF). Os crimes eleitorais, em regra, estão descritos no Código Eleitoral (Lei n. 4.737/65).

O julgamento em primeira instância é feito pelos juízes eleitorais, função exercida pelos próprios juízes estaduais designados para tal atividade pelo Tribunal Regional Eleitoral.

Os recursos são julgados pelos Tribunais Regionais Eleitorais, existentes na capital de cada Estado-membro.

Em última instância, o julgamento é feito pelo Tribunal Superior Eleitoral.

6.6. JUSTIÇA FEDERAL

A competência da Justiça Federal está toda elencada no art. 109 da Constituição, incumbindo-lhe processar e julgar:

a) "Os crimes políticos" (inciso IV, 1ª parte).
b) "As infrações penais praticadas em detrimento de bens, serviços ou interesse da União ou de suas entidades autárquicas ou empresas públicas, excluídas as contravenções e ressalvada a competência da Justiça Militar e da Justiça Eleitoral" (inciso IV, 2ª parte).

De acordo com o dispositivo, o processo por contravenção penal é de competência da Justiça Comum, ainda que praticada em detrimento de bens, serviços ou interesse da União ou de suas entidades (Súmula 38 do STJ).

Como o texto não se refere a crimes em detrimento de Sociedades de Economia Mista controladas pela União (Banco do Brasil, p. ex.), a competência para apurar tais ilícitos é da Justiça Estadual (Súmula 42 do STJ).

Tendo em vista que a lei se refere genericamente a crimes cometidos em detrimento de serviços da União, a competência é da Justiça Federal sempre que for praticado crime contra servidor público federal em razão de suas funções (Súmula 147 do STJ) ou por servidor público federal no desempenho de suas atividades.

Por outro lado, a Súmula 140 do Superior Tribunal de Justiça dispõe que "compete à Justiça Comum Estadual processar e julgar crime em que o indígena figure como autor ou vítima".

No caso de desvio de verbas perpetrado por Prefeitos Municipais, existem duas súmulas do Superior Tribunal de Justiça: a) "competirá à Justiça Comum Federal processar e julgar prefeito municipal por desvio de verba sujeita a prestação de conta perante o órgão federal" (Súmula 208); b) "competirá à Justiça Comum Estadual processar e julgar prefeito municipal por desvio de verba transferida e incorporada ao patrimônio municipal" (Súmula 209).

A Justiça do Trabalho não recebeu do constituinte qualquer competência em matéria penal, como reafirmado pelo Pleno do STF no julgamento da ADI 3.684/DF, quando, conferindo interpretação conforme ao art. 114, I, IV e IX, da CF, afastou qualquer interpretação que entenda competir aos juízes e tribunais do trabalho processar e julgar ações penais. Por ser, entretanto, órgão do Poder Judiciário Federal, os crimes cometidos perante a Justiça do Trabalho a fim de induzir em erro o juiz trabalhista serão julgados pela Justiça Federal. Nesse sentido podemos apontar as seguintes súmulas: a) "compete à Justiça Federal processar e julgar o crime de falso testemunho cometido na Justiça Trabalhista" (Súmula 165 do STJ); b) "compete à Justiça Federal processar e julgar o crime de falsificação ou uso de documento (falso) perante a Justiça do Trabalho" (Súmula 200 do extinto Tribunal Federal de Recursos).

c) "Os crimes previstos em tratado ou convenção internacional, quando, iniciada a execução no país, o resultado tenha ou devesse ter ocorrido no estrangeiro, ou reciprocamente" (inciso V).

Trata-se de dispositivo de fundamental importância, pois, de acordo com ele, o tráfico internacional de entorpecentes é de competência da Justiça Federal. Nas hipóteses de tráfico interno de entorpecentes, a competência é da Justiça Estadual.

Se o tráfico internacional for cometido em Município que não seja sede de Vara Federal, os agentes serão processados e julgados na Vara Federal da circunscrição respectiva (art. 70, parágrafo único, da Lei n. 11.343/2006). Assim, se o tráfico internacional for cometido em uma pequena cidade na região de Ribeirão Preto em que não exista Vara Federal, a ação deverá ser proposta em Ribeirão. Os recursos, evidentemente, são para o Tribunal Regional Federal.

No julgamento do RE 628.624, o Plenário do Supremo Tribunal Federal aprovou a seguinte tese, ao julgar o Tema 393 (repercussão geral): "Compete à Justiça Federal processar e julgar os crimes consistentes em disponibilizar ou adquirir material pornográfico envolvendo criança ou adolescente (arts. 241, 241-A e 241-B da Lei n. 8.069/1990) quando praticados por meio da rede mundial de computadores". O fundamento foi exatamente a regra do art. 109, V, da Carta Magna e o fato de o Brasil ser signatário da Convenção sobre Direitos da Criança e ter ratificado o respectivo Protocolo Facultativo, nos quais se assentou a proteção à infância e se estabeleceu o compromisso de tipificação penal das condutas relacionadas à pornografia infantil.

d) "Os casos de grave violação de direitos humanos, se houver necessidade de assegurar o cumprimento de obrigações decorrentes de tratados internacionais sobre direitos humanos dos quais o Brasil seja parte (inc. V-A). Nesse caso, o Procurador-Geral da República terá de suscitar perante o Superior Tribunal de Justiça, em qualquer fase do inquérito policial ou do processo, incidente de deslocamento de competência para a Justiça Federal, caso o procedimento se tenha iniciado na esfera estadual" (art. 109, § 5º, da CF). Esses dispositivos foram inseridos na Carta Magna pela Emenda Constitucional n. 45/2004.

e) "Os crimes contra a organização do trabalho e, nos casos determinados por lei, contra o sistema financeiro e a ordem econômico-financeira" (inciso VI).

A Justiça Federal julga os crimes contra a organização do trabalho apenas quando tenham por objeto a organização geral do trabalho ou direitos dos trabalhadores considerados coletivamente (Súmula 115 do extinto Tribunal Federal de Recursos).

O Plenário do Supremo Tribunal Federal firmou interpretação no sentido de que o crime de redução à condição análoga à de escravo (art. 149 do CP) é sempre de competência da Justiça Federal (RE 398.041/PA, Rel. Min. Joaquim Barbosa, j. 30-11-2006).

f) "Os crimes cometidos a bordo de navios ou aeronaves, ressalvada a competência da Justiça Militar" (inciso IX).

Todo crime cometido a bordo de navio ou aeronave será de competência da Justiça Federal. Conforme estudado anteriormente (arts. 89 e 90 do CPP), o foro competente será o do local da partida ou chegada, dependendo se o navio ou aeronave se afasta ou se aproxima do Brasil.

Como o dispositivo constitucional usa a palavra "navio", a competência federal não alcança crimes cometidos a bordo de pequenas embarcações como lanchas, botes etc.

g) "Os crimes de ingresso ou permanência irregular de estrangeiro" (inciso X).

Esse crime está previsto nos arts. 232-A e 338 do Código Penal.

Observação: a Lei n. 10.259/2001, regulamentando o art. 98, parágrafo único, da Constituição Federal, criou os Juizados Especiais Criminais no âmbito da Justiça Federal.

6.6.1. COMPOSIÇÃO DA JUSTIÇA FEDERAL

Em primeira instância, o julgamento é feito pelos juízes federais em atuação nas Varas Federais ou nos Juizados Especiais Criminais Federais, ou pelo Tribunal do Júri (homicídio cometido a bordo de um navio, p. ex.).

Em segunda instância, o julgamento dos recursos é feito nos Tribunais Regionais Federais. Há, ao todo, seis Tribunais Regionais Federais:

a) TRF da 1ª Região – sede em Brasília: compreende as seções judiciárias do Acre, Amapá, Amazonas, Bahia, Distrito Federal, Goiás, Maranhão, Mato Grosso, Pará, Piauí, Rondônia, Roraima e Tocantins.

b) TRF da 2ª Região – sede no Rio de Janeiro: compreende as seções judiciárias do Rio de Janeiro e Espírito Santo.

c) TRF da 3ª Região – sede em São Paulo: compreende as seções judiciárias de São Paulo e Mato Grosso do Sul.

d) TRF da 4ª Região – sede em Porto Alegre: compreende as seções judiciárias de Paraná, Santa Catarina e Rio Grande do Sul.

e) TRF da 5ª Região – sede em Recife: compreende as seções judiciárias de Alagoas, Ceará, Paraíba, Pernambuco, Rio Grande do Norte e Sergipe.

f) TRF da 6ª Região, criado pela Lei n. 14.226/2021 – sede em Belo Horizonte: compreende as seções judiciárias de Minas Gerais.

No caso das infrações de menor potencial ofensivo, o julgamento dos recursos será feito pelas Turmas Recursais.

6.7. JUSTIÇA ESTADUAL

A competência da Justiça Comum Estadual é definida por exclusão. Em suma, se o crime não for militar, nem eleitoral, e não estiver inserido na competência da Justiça Federal, será julgado pela Justiça Estadual.

Processo Penal – Parte Geral

6.7.1. COMPOSIÇÃO DA JUSTIÇA ESTADUAL

Em primeira instância, o julgamento é feito pelos juízes estaduais em atuação nas Varas Comuns ou nos Juizados Especiais Criminais, ou pelo Tribunal do Júri.

Em segunda instância, o julgamento dos recursos fica a cargo do Tribunal de Justiça. Os Tribunais de Alçada foram extintos pela Emenda Constitucional n. 45/2004.

6.7.2. JUIZADOS DE VIOLÊNCIA DOMÉSTICA OU FAMILIAR CONTRA A MULHER

A Lei n. 11.340/2006 regulamentou a criação dos Juizados de Violência Doméstica, órgãos da Justiça Comum, aos quais foi atribuída a competência para o julgamento e execução das causas criminais e cíveis, decorrentes da prática de violência doméstica ou familiar contra a mulher (art. 14), assim entendido qualquer atentado ou ofensa de natureza física, psicológica, sexual, patrimonial ou moral, quando praticados no âmbito da unidade doméstica, da família ou de qualquer relação íntima de afeto (arts. 5º e 7º).

6.8. JUIZADOS ESPECIAIS CRIMINAIS

Ainda dentro da competência pela natureza da infração, há que se salientar que o art. 98, I, da Constituição Federal, que foi regulamentado pela Lei n. 9.099/95, criou os Juizados Especiais Criminais para a apuração das chamadas infrações de menor potencial ofensivo, que, após as alterações trazidas pela Lei n. 11.313/2006, são todas as contravenções penais e os crimes que tenham pena máxima não superior a dois anos. Esses Juizados têm como traço característico a possibilidade de adoção de medidas despenalizadoras, como a composição civil de danos, gerando a extinção da punibilidade e a transação penal para aplicação imediata de multa ou de pena restritiva de direitos.

6.9. COMPETÊNCIA EM RAZÃO DA MATÉRIA EM UMA MESMA COMARCA

A Lei de Organização Judiciária pode estabelecer divisão em razão da matéria dentro de uma mesma comarca, visando com isso sistematizar o serviço por meio da especialização. É o que ocorre, por exemplo, na comarca de São Paulo, em que os crimes mais graves são julgados no foro central, enquanto as infrações mais leves são julgadas nos foros regionais.

A Lei n. 13.964/2019 acrescentou, no art. 1º-A da Lei 12.694/2019, regra segundo a qual os Tribunais de Justiça e os Tribunais Regionais Federais poderão instalar, nas comarcas sedes de Circunscrição ou Seção Judiciária, mediante resolução, Varas Criminais Colegiadas com competência para o processo e julgamento: I – de crimes de pertinência a organizações criminosas armadas ou que tenham armas à disposição; II – do crime de constituição de milícia privada (art. 288-A do Código Penal); e III – das infrações penais conexas aos crimes a que se referem os incisos I e II do *caput* deste artigo. Onde essas Varas Colegiadas forem criadas, terão competência para todos os atos jurisdicionais no decorrer da investigação, da ação penal e da execução da pena.

6.10. PREVENÇÃO E DISTRIBUIÇÃO

Com a utilização dos critérios anteriores, necessariamente já estarão fixadas a comarca e a Justiça competentes. Ocorre que é possível que restem vários juízes igualmente competentes para o caso. É o que ocorre, por exemplo, quando é cometido um roubo na cidade de São Paulo, que possui dezenas de juízes criminais (em princípio, todos eles têm competência para julgar o delito). Na hipótese, verificar-se-á a prevenção se um deles adiantar-se aos demais na prática de algum ato do processo ou de medida a este relativa, ainda que anterior ao oferecimento da denúncia ou queixa, passando este, portanto, a ser o competente. Ex.: decretação da prisão preventiva, concessão de fiança, pedido de explicações em juízo, decretação de busca e apreensão nos processos para apuração de crime contra a propriedade imaterial etc.

Se, entretanto, não houver qualquer juiz prevento, será feita a distribuição, que é um sorteio para a fixação de um determinado juiz para a causa.

Nos termos da Súmula 706 do Supremo Tribunal Federal, "é relativa a nulidade decorrente da inobservância da competência penal por prevenção".

6.11. CONEXÃO E CONTINÊNCIA

Conforme já mencionado anteriormente, a conexão e a continência não são critérios primários para a fixação, mas para a prorrogação da competência. Com efeito, quando existe algum vínculo (conexão ou continência) entre duas ou mais infrações, estabelece a lei que deve existir um só processo. Ora, quando essas infrações forem cometidas na mesma comarca e devam ser apuradas pela mesma Justiça, não haverá qualquer problema na união. Ocorre, entretanto, que, muitas vezes, os delitos conexos, de acordo com as regras anteriores, são de competência de comarcas ou Justiças distintas. Nesse caso, como deve haver uma só ação, estabelece o Código de Processo Penal algumas regras para que a competência de uma comarca ou de uma Justiça prevaleça sobre as demais, julgando a infração que seria de sua alçada e também a outra. Assim, em relação a esta infração penal, haverá prorrogação da competência.

O estudo do tema é feito em três partes: hipóteses de conexão e continência; critérios de prevalência de um foro ou de uma Justiça sobre outra; hipóteses em que, apesar da conexão ou continência, ocorre a separação dos processos.

6.12. HIPÓTESES DE CONEXÃO (ART. 76)

Para que exista conexão, deve haver um vínculo, uma ligação entre duas ou mais infrações penais. O artigo em destaque enumera essas hipóteses, devendo-se observar que somente se fala em conexão quando forem praticadas duas ou mais infrações (o que não ocorre na continência).

6.12.1. CONEXÃO INTERSUBJETIVA

Nesta, as duas ou mais infrações são praticadas por duas ou mais pessoas, e o elo entre os delitos reside justamente nisso. Dá-se pelas seguintes formas:
a) Simultaneidade (ou ocasional) – se, ocorrendo duas ou mais infrações penais, houverem sido praticadas, ao mesmo tempo, por várias pessoas reunidas. Ex.: vários torcedores invadem um campo de futebol para agredir o árbitro e seu auxiliar, causando lesões em ambos (dois crimes). Esse caso de conexão é também chamado de ocasional justamente porque não há prévia combinação entre os envolvidos.
b) Concurso – se, ocorrendo duas ou mais infrações penais, houverem sido praticadas por várias pessoas em concurso, embora diversos o tempo e o lugar. Nesse caso, há o liame subjetivo (ajuste) entre os agentes que, portanto, são coautores ou partícipes. Ex.: dois indivíduos entram em uma casa, onde praticam roubo e estupro. Essa regra aplica-se ainda que os delitos, porventura, tenham sido praticados em momento e local diversos.
c) Reciprocidade – se as infrações forem praticadas por duas ou mais pessoas, umas contra as outras. Ex.: lesões corporais recíprocas.

6.12.2. CONEXÃO OBJETIVA

São hipóteses em que o vínculo entre as infrações está na motivação de uma delas em relação à outra. Classificam-se em:

a) **Teleológica** – quando uma infração penal visa assegurar a execução de outra. Nessa hipótese, o vínculo encontra-se na motivação do primeiro delito em relação ao segundo. Ex.: matar o segurança para sequestrar o empresário.

b) **Consequencial** – quando uma infração visa assegurar a ocultação, a impunidade ou vantagem de outra. Nessas hipóteses, o vínculo encontra-se na motivação do segundo delito em relação ao primeiro. Ex.: atear fogo em uma casa, para que não se descubra o furto nela cometido (garantir a ocultação); matar testemunha ou vítima de crime anterior (garantir a impunidade); matar pessoa que ia pagar o preço do resgate de pessoa sequestrada (garantir a vantagem do crime anterior).

6.12.3. CONEXÃO INSTRUMENTAL OU PROBATÓRIA

Quando a prova de uma infração ou de qualquer de suas circunstâncias elementares influi na prova de outra infração. Ex.: a prova do crime de furto em relação à receptação. O instituto visa conferir ao julgador completa visão da realidade fático-probatória, de modo a reduzir a possibilidade de ocorrência de decisões conflitantes.

Não basta, no entanto, à caracterização da conexão instrumental a descoberta fortuita de provas de dois ou mais crimes na mesma investigação, quando não houver efetiva relação de interdependência probatória.

6.13. HIPÓTESES DE CONTINÊNCIA (ART. 77)

a) Por **cumulação subjetiva** – quando duas ou mais pessoas forem acusadas pela mesma infração. Ocorre nas hipóteses de coautoria ou participação em relação a **um só crime** (o que a diferencia da conexão, que sempre pressupõe duas ou mais infrações). Ex.: duas ou mais pessoas cometem um roubo em concurso. Serão processadas em conjunto.

b) Por **cumulação objetiva** – em todas as hipóteses de concurso formal, inclusive na *aberratio ictus* e na *aberratio criminis*, com duplo resultado. Ex.: uma pessoa, agindo com imprudência, atropela e mata outras duas.

6.14. FORO PREVALENTE

Como o art. 79 do Código de Processo Penal dispõe que nos casos de conexão e continência deve haver um só processo, tornou-se necessário estabelecer critérios para que um foro (ou justiça) prevaleça sobre os demais quando os delitos forem de competências distintas. Nessas hipóteses, o prevalente terá sua competência prorrogada, pois estará julgando um delito que, pelas regras gerais, seria de competência de outro.

Os critérios estão elencados no art. 78 do Código de Processo Penal:

1) **No concurso de jurisdições de categorias diversas (instâncias diversas) predominará a de maior graduação.**

Assim, se um prefeito e um funcionário da Prefeitura cometerem um crime, ambos serão julgados pelo Tribunal de Justiça, tendo em vista que o prefeito goza de foro por prerrogativa de função.

2) **No concurso entre a jurisdição comum e a especial, prevalecerá a especial.**

Conforme já estudado anteriormente, a Justiça Especial subdivide-se em Militar e Eleitoral. Ocorre, entretanto, que o art. 79, I, do Código de Processo Penal diz que a Justiça Militar não julga crime comum conexo, de tal forma que o dispositivo em análise só tem aplicação quando se trata de crime comum conexo com crime eleitoral, hipótese em que prevalecerá a competência da Justiça Eleitoral: "compete à Justiça Eleitoral julgar os crimes eleitorais e os comuns que lhe forem conexos – inteligência dos arts. 109, inciso IV, e 121 da Constituição Federal, 35, inciso II, do Código Eleitoral, e 78, inciso IV, do Código de Processo Penal" (STF, Inq 4435 AgR-quarto, Tribunal Pleno, Rel. Min. Marco Aurélio, j. 14-3-2019, DJe-182, 21-8-2019).

3) No concurso entre a competência do Júri e a de outro órgão da jurisdição comum, prevalecerá a competência do Júri.

Assim, se for cometido um homicídio em Santos conexo com um estupro em São Paulo, prevalecerá a competência do Tribunal do Júri (da Comarca de Santos).

E se houver crime eleitoral conexo com crime de competência do Júri?

Há dois entendimentos. Uma primeira corrente diz que deve prevalecer a competência da Justiça Eleitoral, uma vez que o Código de Processo Penal diz que o Júri tem prevalência apenas quando conexo com outro crime comum. A segunda, que é majoritária na jurisprudência, entende ser necessária a separação de processos e julgamentos, uma vez que tanto a competência da Justiça Eleitoral quanto a do Tribunal do Júri constam da Constituição Federal, não podendo uma prevalecer sobre a outra com base em dispositivos infraconstitucionais.

4) No concurso de jurisdições da mesma categoria:

a) **Preponderará a do lugar da infração à qual for cominada a pena mais grave.**

Entende-se por mais grave a maior pena máxima em abstrato. Assim, se um furto simples (um a quatro anos) for conexo com um estelionato (um a cinco anos), prevalece a competência do local em que foi cometido o estelionato.

Essa regra não se aplica quando há conexão entre um crime da esfera federal e um da estadual. Quando essa forma de conexão ocorre, prevalece a competência da Justiça Federal para ambos os crimes, ainda que o da esfera federal tenha pena menor, uma vez que a competência da Justiça Federal é determinada pela Constituição e não pode ser afastada por regra do Código de Processo Penal. Existe nesse sentido a Súmula 122 do Superior Tribunal de Justiça.

Observação: se for cometido um crime de aborto com consentimento da gestante (um a quatro anos) em Nova Friburgo, conexo com um roubo (quatro a dez anos) no Rio de Janeiro, prevalece a competência de Nova Friburgo, pois, apesar de a pena do aborto ser menor, cuida-se de crime de competência do Júri (que prevalece quando há conexão com crime comum).

b) **Prevalecerá a do lugar em que houver ocorrido o maior número de infrações, se as respectivas penas forem de igual gravidade.**

Assim, se o agente entra em uma loja em São Paulo e furta três televisores, vendendo-os em seguida a três receptadores diversos no município de Ribeirão Preto, pode-se concluir ter havido um único furto em São Paulo e três crimes de receptação em Ribeirão Preto. Prevalece, portanto, a competência desta comarca, uma vez que a pena do furto é igual à da receptação.

c) **Se as penas forem idênticas e em igual número, firmar-se-á a competência por prevenção.**

É o que ocorre quando há conexão entre um único furto e uma única receptação.

6.15. RITO

Nos casos de conexão entre crimes que tenham ritos processuais diversos, deverá ser seguido o rito mais amplo, ou seja, aquele que assegure maiores oportunidades de defesa ao réu.

6.16. CONEXÃO ENTRE A JURISDIÇÃO COMUM E A DOS JUIZADOS ESPECIAIS CRIMINAIS

Se houver conexão ou continência entre infração de menor potencial ofensivo e outra mais grave, prevalecerá a competência desta última, para julgar ambas as infrações penais, inclusive em relação ao rito processual. É o que diz o art. 60 da Lei n. 9.099/95, com a redação dada pela Lei n. 11.313/2006.

6.17. AVOCAÇÃO

É possível que, apesar da conexão ou continência, tenham sido instaurados processos diferentes, em razão de algum equívoco. Nesse caso, estabelece o art. 82 do Código de Processo Penal que a autoridade de jurisdição prevalente deverá avocar os processos que corram perante outros juízes. Avocar significa chamar para si. Assim, o juiz prevalente oficia aos demais solicitando a remessa dos autos, para a sua reunião. É claro que os outros juízes podem discordar, hipótese em que deverão suscitar o conflito de jurisdição.

A avocação somente será possível se nenhum dos processos estiver com sentença definitiva (sentença de 1ª instância, cf. art. 593, I). Nesse sentido também a Súmula 235 do Superior Tribunal de Justiça: "A conexão não determina a reunião dos processos, se um deles já foi julgado".

6.18. SEPARAÇÃO DE PROCESSOS

Apesar da existência de conexão ou continência, a lei estabelece algumas hipóteses em que deverá ocorrer a separação de processos. Essa separação pode ser obrigatória ou facultativa.

1) Obrigatória (art. 79 do CPP):
I – no concurso entre a jurisdição comum e a militar;
II – no concurso entre a jurisdição comum e a do juízo de menores.

Nessas duas hipóteses, a separação dá-se desde o início, ou seja, são iniciadas duas ações autônomas. Já nas hipóteses seguintes (§§ 1º e 2º), o processo inicia-se uno, havendo posterior desmembramento.

§ 1º Cessará, em qualquer caso, a unidade do processo, se, em relação a algum corréu, sobrevier o caso previsto no art. 152.

Assim, havendo dois ou mais réus, se sobrevier doença mental a qualquer deles durante o tramitar da ação, ficará esta suspensa em relação ao doente, prosseguindo em relação aos demais.

§ 2º A unidade do processo não importará a do julgamento:
a) Se houver corréu foragido que não possa ser julgado à revelia.

Se o acusado for citado por edital e não comparecer em juízo para oferecer resposta escrita, nem nomear defensor, o processo ficará suspenso em relação a ele, nos termos do art. 366 do Código de Processo Penal. O processo, porém, prosseguirá em relação aos demais que tenham comparecido.

b) Quando ocorrer a hipótese do art. 461. Após a reforma da Lei n. 11.689/2008, que alterou todo o procedimento do júri, a regra do antigo art. 461 foi substituída por aquelas do art. 469, § 1º. No rito do júri, havendo dois ou mais réus com defensores diversos, caso não coincida a escolha dos jurados, e não seja obtido o número mínimo de sete deles para formar o Conselho de Sentença, tornar-se-á impossível o julgamento de todos na mesma data. Assim, o processo será desmembrado, julgando-se apenas um deles de acordo com a ordem estabelecida no art. 469, § 2º.

Observação: ocorre também separação obrigatória do processo quando há dois ou mais réus e é aplicada a suspensão condicional do processo em relação a um deles, hipótese em que a instrução continua quanto aos demais (art. 89 da Lei n. 9.099/95).

2) Facultativa (art. 80 do CPP):
a) Quando as infrações tiverem sido praticadas em circunstâncias de tempo ou de lugar diferentes.
Desde que tal fato possa prejudicar o tramitar da ação.
b) Em razão do número excessivo de réus.
c) Para não prolongar a prisão provisória de qualquer dos réus.
d) Por qualquer outro motivo relevante.

Em todas as hipóteses, o juiz decidirá a respeito da separação, levando em conta a sua conveniência para o bom andamento da ação penal.

6.19. DESCLASSIFICAÇÃO E COMPETÊNCIA

Se iniciado o processo, perante um juiz, houver desclassificação para infração de competência de outro, vários caminhos poderão ser seguidos, dependendo da hipótese concreta, uma vez que o Código de Processo Penal traça várias regras distintas a respeito:

a) Em se tratando de um só crime apurado na ação penal, com a desclassificação, o juiz deverá remeter o processo ao juízo competente para o julgamento (art. 74, § 2º, do CPP).
b) Se a desclassificação ocorrer na fase da pronúncia, o art. 419 do Código de Processo Penal estabelece que o processo será remetido ao juízo competente. Em tal hipótese, reza o art. 74, § 3º, do mesmo diploma que deverá ser observado o disposto no art. 410. Este último dispositivo foi alterado pela Lei n. 11.689/2008, passando a dispor que o juiz deverá determinar a inquirição das testemunhas e a realização de eventuais diligências requeridas pelas partes. É evidente, também, que deverá interrogar o réu. Em suma, a instrução deverá ser refeita, até mesmo em face da nova redação do art. 399, § 2º, do Código de Processo Penal, que diz que a sentença deve ser prolatada por juiz que tenha presidido a audiência.

Importante salientar que a desclassificação tanto pode se dar para crime menos grave (de tentativa de homicídio para lesão corporal grave, p. ex.), como para delito mais grave (de homicídio para latrocínio). O que importa é que o juiz, ao entender que não se trata de crime de competência do júri, determina a remessa dos autos ao juízo competente.

c) É possível que o júri não condene o réu pela prática de crime doloso contra a vida e também não o absolva dessa imputação, desclassificando a infração para outra de competência do juízo singular, hipótese em que o juiz suspenderá a votação e proferirá ele próprio a sentença (art. 492, § 1º, do CPP). Ex.: desclassificação de tentativa de homicídio para lesão corporal grave. Contudo, se a desclassificação for para infração de menor potencial ofensivo (p. ex., tentativa de homicídio para lesões leves), o juiz não deve proferir a sentença de imediato, devendo, antes disso, aplicar as regras da Lei n. 9.099/95, como a composição civil, a coleta da representação, a transação penal e, somente se estas normas despenalizadoras não forem aplicadas com sucesso, é que deverá prolatar a sentença de mérito, condenando ou absolvendo o réu.

Há, por outro lado, regras específicas para as hipóteses de conexão ou continência quando ocorre desclassificação ou absolvição em relação ao crime que havia dado competência ao juiz:

a) No rito comum, mesmo tendo havido tal desclassificação ou absolvição, o juiz continua competente para julgar a outra infração penal ou o corréu. Ex.: cabendo ao Tribunal de Justiça julgar crime praticado pelo prefeito em coautoria com outra pessoa em razão de o primeiro gozar de prerrogativa de foro, caso venha o Tribunal a absolvê-lo, continuará competente para julgar a outra pessoa. Da mesma forma, se um crime de roubo cometido em São Paulo é conexo com um furto qualificado cometido em Campinas e ambos estão sendo apurados em São Paulo, porque a pena do roubo é mais alta, continuará o juiz de São Paulo a julgar o furto qualificado ainda que tenha absolvido o réu pelo roubo (ou que tenha desclassificado tal crime para outro menos grave que o furto qualificado, como, por exemplo, para furto simples). A essa hipótese dá-se o nome de *perpetuatio jurisdictionis* (art. 81, *caput*, do CPP).

b) Se a pessoa estava sendo processada por um crime doloso contra a vida e por crime comum conexo, caso o juiz, na fase da pronúncia, desclassifique o crime doloso contra a vida para delito não abrangido pela competência do júri, deverá remeter os autos ao juízo competente, para apreciar ambos os delitos. Recebendo o processo, o juiz deverá observar o rito do art. 410 do Código de Processo Penal, com as alterações da Lei n. 11.689/2008.

c) Se o réu estiver sendo julgado por crime doloso contra a vida e por crime comum conexo e houver absolvição em relação ao primeiro, caberá aos jurados apreciar a responsabilidade do acusado em relação ao outro, uma vez que, ao julgarem o mérito da infração de competência do júri, entenderam-se competentes para a análise das demais.

Em caso de desclassificação do crime doloso contra a vida, porém, o crime conexo de natureza diversa será julgado pelo juiz presidente (art. 492, § 2º).

6.20. FORO POR PRERROGATIVA DE FUNÇÃO

Em face da relevância do cargo ou da função exercida por determinadas pessoas, são elas julgadas originariamente por órgãos superiores da jurisdição, e não pelos órgãos comuns. Em razão disso, sendo o delito cometido por uma dessas pessoas, e desde que cometido durante o exercício do cargo e relacionado às funções desempenhadas, não se aplicam os critérios estudados anteriormente, porque a Constituição Federal preestabeleceu o julgamento por Tribunais Superiores. Assim, se o Presidente da República cometer um crime em Florianópolis, será julgado pelo Supremo Tribunal Federal, e não por um dos juízes criminais de Florianópolis.

Apesar de parte dos estudiosos denominar a hipótese de foro privilegiado, a verdade é que não se trata de privilégio, uma vez que a norma não se aplica em benefício da pessoa, mas do cargo ou função por ela exercido. Trata-se, inclusive, de garantia à sociedade e à Justiça, no sentido de se evitar que o detentor de cargo ou função relevante exerça pressão sobre os juízes das comarcas.

As hipóteses previstas na Constituição são as seguintes (no que se refere à prática de ilícitos penais):

1) Supremo Tribunal Federal. Julga o Presidente da República, o Vice-Presidente, os Deputados Federais e Senadores, os próprios Ministros do Supremo Tribunal Federal, o Procurador-Geral da República, os Ministros de Estado, os Comandantes da Marinha, do Exército e da Aeronáutica, os membros dos Tribunais Superiores (Superior Tribunal de Justiça, Tribunal Superior Eleitoral, Tribunal Superior do Trabalho e Superior Tribunal Militar), os membros dos Tribunais de Contas da União e os chefes de missão diplomática de caráter permanente.

2) Superior Tribunal de Justiça. Julga originariamente os Governadores dos Estados e do Distrito Federal, os Desembargadores e membros dos Tribunais de Contas dos Estados e Distrito Federal, dos Tribunais Regionais Federais, Tribunais Regionais Eleitorais, Tribunais Regionais do Trabalho, os membros dos Tribunais de Contas dos Municípios e os membros do Ministério Público da União que oficiem perante Tribunais.

3) Tribunais Regionais Federais. Julgam os Juízes Federais, incluídos os da Justiça Militar Federal e da Justiça do Trabalho, e os membros do Ministério Público da União que oficiem junto à primeira instância.

4) Tribunais de Justiça Estaduais. Julgam os Prefeitos, os Juízes Estaduais (abrangendo os integrantes do Tribunal de Justiça Militar, os Juízes de primeira instância e os auditores da Justiça Militar) e os membros do Ministério Público Estadual.

De acordo com a Súmula 702 do Supremo Tribunal Federal, "a competência do Tribunal de Justiça para julgar Prefeitos restringe-se aos crimes de competência da Justiça comum estadual; nos demais casos, a competência originária caberá ao respectivo tribunal de segundo grau". Assim, se um Prefeito cometer crime eleitoral, será julgado pelo Tribunal Regional Eleitoral. Se cometer crime da esfera federal, será julgado pelo Tribunal Regional Federal.

Em razão de ressalvas feitas no art. 96, III, da Constituição Federal, juízes de direito e promotores de justiça que cometam crime eleitoral serão julgados originariamente pelo Tribunal Regional Eleitoral.

De acordo com o entendimento do STF, nada obsta a que as Constituições dos Estados ampliem as hipóteses de foro por prerrogativa de função de competência dos respectivos Tribunais de Justiça, desde que haja simetria com as regras da Constituição Federal. Haverá simetria quando a previsão de foro especial existente na Constituição Estadual tiver correspondência com autoridade federal em relação à qual a Constituição Federal estabeleça prerrogativa de foro.

No julgamento da Questão de Ordem na Ação Penal 937 (AP 937-QO, Tribunal Pleno, Rel. Min. Roberto Barroso, j. 3-5-2018, *DJe*-265 11-12-2018), o Pleno do Supremo Tribunal Federal alterou, de forma substancial, as regras que regem a matéria, passando a adotar interpretação bastante restritiva no tocante às hipóteses de fixação da competência de foro por prerrogativa de função.

Na ocasião, fixaram-se os seguintes critérios: (*i*) o foro por prerrogativa de função aplica-se apenas aos crimes cometidos durante o exercício do cargo e relacionados às funções desempenhadas; e (*ii*) após o final da instrução processual, com a publicação do despacho de intimação para apresentação de alegações finais, a competência para processar e julgar ações penais não será mais afetada em razão de o agente público vir a ocupar outro cargo ou deixar o cargo que ocupava, qualquer que seja o motivo.

Decidiu-se, ainda, que a nova linha interpretativa deve ser aplicada imediatamente aos processos em curso, com a ressalva de que são considerados válidos todos os atos praticados e as decisões proferidas com base na jurisprudência anterior.

No tocante a detentores de foro por prerrogativa de função que não exercem mandato eletivo, sobretudo em relação àqueles em que há questões hierárquicas a equacionar (magistrados e membros do Ministério Público), a decisão do Supremo Tribunal Federal é omissa.

A Corte Especial do Superior Tribunal de Justiça, por sua vez, no julgamento da APn 878/DF, decidiu que crime cometido por Desembargador, mesmo que fora da função, continua a ser de competência originária do Superior Tribunal de Justiça. Entendeu-se que a decisão da Corte Suprema na AP 937 não se aplica aos casos em que há identidade entre o tribunal ao qual pertence o juiz (julgador) e o Desembargador (acusado), com o argumento de que é necessário evitar que o juiz de primeiro grau se sinta pressionado. Esse entendimento foi reafirmado pela 3ª Seção do Superior Tribunal de Justiça, que decidiu no sentido de que, até que haja manifestação do STF acerca do tema, deve ser mantida a jurisprudência até o momento aplicada, que reconhece a competência dos Tribunais de Justiça Estaduais para julgamento de delitos comuns não relacionados com o cargo em tese praticados por Promotores de Justiça (CC 177.100/CE, 3ª Seção, Rel. Min. Joel Ilan Paciornik, j. 8-9-2021, *DJe* 10-9-2021).

O Supremo Tribunal Federal reconheceu, em 28-5-2021, no ARE 1.223.589/DF, que a questão em análise tem envergadura constitucional, e seu mérito será objeto de apreciação pela sistemática de recursos com repercussão geral (Tema 1.147).

Observações:

1) A jurisprudência do STF consolidou-se no sentido de que, por se tratar de normas de caráter estrito, as regras que estabelecem a competência por prerrogativa de função devem ser interpretadas de forma restritiva, daí por que não podem ser estendidas, em regra, em razão de critérios de conexão ou de continência. Assim, existindo detentores e não detentores de prerrogativa de foro acusados na mesma causa penal, o atual entendimento é no sentido de proceder-se, como regra, ao desmembramento do processo, salvo se algum motivo excepcional recomendar o julgamento conjunto. Cabe somente ao próprio tribunal ao qual toca o foro por prerrogativa de função decidir se haverá o desmembramento de inquérito, peças de investigação ou ação penal, segundo as circunstâncias de cada caso. Na hipótese de se mostrar indissociável a apuração dos fatos, por se tratar de condutas únicas ou indivisíveis, deve prevalecer a jurisdição do órgão jurisdicional mais graduado.

Vale lembrar que a Súmula 704 do Supremo Tribunal Federal estabelece que "não viola as garantias do juiz natural, da ampla defesa e do devido processo legal a atração por continência ou conexão do processo do corréu ao foro por prerrogativa de função de um dos denunciados". Assim, caso não haja o desmembramento, não haverá nulidade.

2) A denúncia contra quem goza de tal prerrogativa deve ser oferecida pelo órgão do Ministério Público em atuação junto ao Tribunal. Ex.: denúncia contra prefeitos municipais deve ser oferecida pelo Procurador-Geral de Justiça.

3) Estende-se a competência do Tribunal sobre seu jurisdicionado qualquer que tenha sido o local da prática do delito. Ex.: juiz do Estado de São Paulo comete, no exercício das funções, um crime em outro Estado. Será julgado pelo Tribunal de Justiça de São Paulo.

4) O foro por prerrogativa de função prevalece ainda que o sujeito tenha cometido crime doloso contra a vida, exceto se sua prerrogativa decorrer de previsão feita exclusivamente por Constituição Estadual, hipótese em que prevalecerá a competência do Júri, que decorre da Constituição Federal (Súmula 721 do STF).

5) Antes do julgamento da AP 937-QO, prevalecia o entendimento de que, se a infração fosse praticada antes de o agente exercer o cargo ou função, deveria ser o inquérito ou ação penal remetido, no estado em que se encontrasse, ao Tribunal, tão logo o agente assumisse a função pública. Na medida em que se estabeleceu a orientação de que o foro por prerrogativa de função aplica-se apenas aos crimes cometidos ==durante o exercício do cargo== e ==relacionados às funções desempenhadas==, contudo, a posterior assunção de função pública pelo sujeito ativo da infração que, à época do delito, não era detentor de foro especial em nada alterará a competência para julgamento da causa.

6) E se a infração for cometida durante o período em que o sujeito ocupa determinado cargo ou função, mas deixa de exercê-lo antes do julgamento?

A resposta é longa, devido à complexidade e relevância do tema.

O Supremo Tribunal Federal, no ano de 1964, editou a Súmula 394, consagrando que, para os crimes cometidos durante o exercício funcional, prevalece a competência do tribunal, ainda que o inquérito ou a ação penal se iniciem após a cessação daquele exercício. O foro por prerrogativa de função foi, assim, mantido, por via jurisprudencial, àqueles que não mais exerciam o cargo ou função. Argumentavam que o exercício do poder somente poderia ser exercido com total independência se houvesse garantias de que o julgamento seria feito nos tribunais, que possuem maior categoria e isenção.

Em 1999, o Supremo Tribunal Federal cancelou a referida súmula por entender que a Constituição Federal de 1988, em seu art. 102, I, *b*, concedeu a prerrogativa de foro apenas aos que estão no desempenho da função, não alcançando aqueles que não mais exerçam mandato ou cargo (ainda que o delito tenha sido cometido anteriormente).

Essa decisão causou grande apreensão em muitos políticos, temerosos em enfrentar juízes de 1ª instância na condição de ex-exercentes de cargos ou mandatos. Por isso, foi aprovada e sancionada a Lei n. 10.628/2002, que alterou o art. 84 do Código de Processo Penal, estabelecendo em seu § 1º que "a competência especial por prerrogativa de função, relativa a atos administrativos do agente, prevalece ainda que o inquérito ou a ação judicial sejam iniciados após a cessação do exercício da função pública". Ocorre que, com a promulgação dessa lei, inúmeros juristas passaram a preconizar a declaração da inconstitucionalidade da nova regra, por entenderem que as hipóteses de foro por prerrogativa de função, previstas expressamente pela Constituição Federal, não poderiam ser ampliadas por lei ordinária. Comungando desse entendimento, o Supremo Tribunal Federal, em 15 de setembro de 2005, por ocasião do julgamento da ADI 2.797 e da ADI 2.860, declarou, por maioria de votos, a inconstitucionalidade da Lei n. 10.628/2002, que acresceu os §§ 1º e 2º ao art. 84 do Código de Processo Penal. Em suma, em razão da decisão do Supremo Tribunal Federal, o ex-ocupante de cargo ou mandato não tem direito ao foro por prerrogativa de função.

Nos julgamentos da ADI 6.513 e do Tema 453 da sistemática de recursos com repercussão geral (RE 549.560), o Pleno do STF consolidou o entendimento de que a aposentadoria da autoridade detentora de foro por prerrogativa de função faz cessar a competência especial, transferindo a competência ao primeiro grau de jurisdição.

Se, todavia, o desligamento da função que assegurava foro especial por prerrogativa de função ocorrer após o final da instrução processual, o que se dá com a publicação do despacho de intimação para apresentação de alegações finais, a competência para processar e julgar ações penais em andamento não será mais afetada em razão de o agente público deixar o cargo que ocupava, qualquer que seja o motivo (STF, AP 937-QO).

Observação: o Supremo Tribunal Federal decidiu, em 28 de outubro de 2010, que a renúncia ao cargo às vésperas do julgamento não retira a competência do tribunal, quando se constatar má-fé do detentor do mandato. Essa decisão foi proferida pelo Plenário do Tribunal, no julgamento da APE 396/RO, em processo que tramitava pela Corte havia vários anos e cujo crime prescreveria em 4 de novembro de 2010, estando o julgamento marcado para 28 de outubro. O deputado, então, renunciou ao cargo em 27 de outubro, ou seja, no dia anterior ao julgamento, de modo que não haveria tempo para os autos retornarem à instância inferior para apreciação antes da data da prescrição. O STF, porém, entendeu tratar-se de manobra fraudulenta e continuou no julgamento, condenando o réu – cuja renúncia, todavia, foi aceita pela Câmara dos Deputados.

7) Já a Súmula 451 do Supremo Tribunal Federal dispõe que não existe foro por prerrogativa de função quando o delito é cometido após a aposentadoria ou o término do mandato.

8) Se houver conexão ou continência em relação a pessoas que gozam de foro especial em órgãos diversos do Poder Judiciário, deve ocorrer, em regra, o desmembramento do processo, com tramitação simultânea e paralela às ações cindidas por cortes diversas. Na hipótese de condutas únicas ou indivisíveis, porém, prevalece a competência do tribunal mais graduado.

9) Os processos de competência originária adotam rito especial descrito nos arts. 1º a 12 da Lei n. 8.038/90.

10) Os julgamentos dos tribunais nos casos de sua competência originária não podem ser reformados, no tocante à análise de material probante, por tribunais superiores. É o que determina a própria Constituição, que, nesse aspecto, não reconheceu o direito ao duplo grau de jurisdição, uma vez que o julgamento já é feito por órgão colegiado e de superior graduação.

11) Cuidando-se de agente com prerrogativa de foro que pratique crime durante o exercício do cargo e relacionado às funções desempenhadas, e que venha a assumir novo cargo ou mandato que lhe garanta foro especial perante outro Tribunal, deverá haver remessa da investigação ou da ação penal à Corte competente para processar as autoridades que desempenham as novas funções, salvo se a instrução do feito estiver encerrada, hipótese em que não haverá deslocamento da competência. Exs.: se Deputado Federal, processado por peculato perante o Supremo Tribunal Federal, assumir mandato de Governador de Estado, a ação penal deverá ser encaminhada ao Superior Tribunal de Justiça – mas apenas se a instrução não estiver encerrada, preservando-se a competência da Corte Suprema se já tiver ocorrido publicação do despacho para apresentação de alegações finais. Da mesma forma, se Deputado Estadual em desfavor de quem há ação tramitando no Tribunal de Justiça do Estado vier a assumir mandato de Deputado Federal, só haverá deslocamento da competência para o Supremo Tribunal Federal se a assunção das novas funções ocorrer antes do término da instrução do processo.

Ao resolver questão de ordem no Inquérito 4.342, o órgão pleno do Supremo Tribunal Federal assentou que, nos casos em que não há solução de continuidade entre "mandatos cruzados" de parlamentar federal, ou seja, nos casos em que Deputado Federal a quem se imputa a prática de crime venha a assumir, imediatamente ao término do mandato, mandato de Senador, ou vice-versa (na hipótese de Senador assumir *incontinenti* ao encerramento do mandato a cadeira de Deputado Federal), há prorrogação da competência do Supremo Tribunal Federal, perante o qual o acusado será processado e julgado.

6.21. EXCEÇÃO DA VERDADE

O art. 85 do Código de Processo Penal estabelece que, nos crimes contra a honra que admitem exceção da verdade, caso esta seja oposta contra querelante que tenha foro por prerrogativa de função, deverá a exceção ser julgada pelo Tribunal, e não pelo juízo por onde tramita a ação. Assim, suponha-se que um prefeito, sentindo-se caluniado, ingresse com ação penal contra o ofensor, na Comarca de Presidente Prudente. O ofensor, então, resolve ingressar com exceção da verdade, dispondo-se a provar que a imputação feita contra o prefeito é verdadeira. Pois bem, nesse caso a exceção da verdade será julgada pelo Tribunal de Justiça.

A doutrina entende que apenas a exceção é julgada pelo Tribunal, devendo os autos retornar à comarca de origem para a decisão quanto ao processo originário.

Entende-se, também, que o Tribunal se limita a julgar a exceção, sendo colhidas as provas no juízo de primeira instância.

A regra do art. 85 do Código de Processo Penal somente se aplica quando a exceção da verdade é oposta no crime de calúnia, pois apenas neste delito o querelado tem por finalidade provar que o querelante (prefeito, no exemplo acima) praticou crime.

Quadro sinótico – Competência

Critérios de fixação	I – pelo lugar da infração; II – pelo domicílio ou residência do réu; III – pela natureza da infração; IV – pela distribuição; V – pela conexão ou continência; VI – pela prevenção; VII – por prerrogativa de função; IX – pelo domicílio da vítima.

Competência pelo lugar da infração	A principal regra é a que determina que o foro seja firmado pelo local da consumação do crime. Existem, entretanto, alguns outros dispositivos relevantes: – No crime tentado, a competência será do local onde tiver sido praticado o último ato de execução. – Nos chamados crimes a distância em que a execução do delito se inicia no território brasileiro, mas a consumação se dá no exterior, será competente o lugar onde, no Brasil, tiver sido praticado o último ato de execução. – Nas hipóteses de crime permanente ou continuado praticado em território de duas ou mais comarcas, a ação penal pode ser proposta em qualquer delas, sendo a competência fixada por prevenção. – Se um crime foi cometido integralmente no exterior, mas deve ser julgado no Brasil em razão de se tratar de hipótese de extraterritorialidade da lei penal brasileira, o julgamento se dará na capital do Estado onde por último tenha residido o acusado, ou, caso nunca tenha tido residência no país, será julgado na Capital da República.
Competência pela natureza da infração	**Justiça Militar** — Julga os crimes militares próprios e impróprios previstos no Código Penal Militar.
	Justiça eleitoral — Julga os crimes eleitorais previstos no Código Eleitoral e em leis especiais de natureza eleitoral.
	Justiça Federal — Julga: – Os crimes políticos. – As infrações penais praticadas em detrimento de bens, serviços ou interesse da União ou de suas entidades autárquicas ou empresas públicas, excluídas as contravenções. – Os crimes previstos em tratado ou convenção internacional, quando, iniciada a execução no país, o resultado tenha ou devesse ter ocorrido no estrangeiro, ou reciprocamente. Ex.: tráfico internacional de drogas. – Os casos de grave violação de direitos humanos, se houver necessidade de assegurar o cumprimento de obrigações decorrentes de tratados internacionais dos quais o Brasil seja parte, desde que o Procurador-Geral da República tenha suscitado perante o Superior Tribunal de Justiça incidente de deslocamento de competência para a Justiça Federal e obtido decisão favorável. – Os crimes contra a organização do trabalho e, nos casos determinados por lei, contra o sistema financeiro e a ordem econômico-financeira. – Os crimes cometidos a bordo de navios ou aeronaves, ressalvada a competência da Justiça Militar. – Os crimes de ingresso ou permanência irregular de estrangeiro.
	Justiça Estadual — Possui competência residual. Julga os crimes e contravenções que não se inserem na competência das Justiças Especiais e da Justiça Federal.
Prevenção e distribuição	Os critérios anteriores são suficientes para se fixar o foro e a Justiça. É possível que restem vários juízes igualmente competentes para o caso. Nessa hipótese, verificar-se-á a prevenção se um deles tiver se adiantado aos demais na prática de algum ato do processo ou de medida a este relativa, ainda que anterior ao oferecimento da denúncia ou queixa. Ex.: decretação da prisão preventiva, concessão de fiança etc. Se, entretanto, não houver qualquer juiz prevento, será feita a distribuição, que é uma espécie de sorteio.

Conexão – conceito e espécies	É a existência de um vínculo, uma ligação, entre duas ou mais infrações penais, que faz com que devam ser apuradas em conjunto em uma só ação penal. Sempre que se falar em conexão, necessariamente **duas ou mais** infrações foram praticadas, o que não ocorre nos casos de continência. A conexão pode ser intersubjetiva, objetiva ou probatória.
Conexão intersubjetiva	a) Por **simultaneidade** (ou **ocasional**) – se, ocorrendo duas ou mais infrações penais, houverem sido praticadas, ao mesmo tempo, por várias pessoas reunidas, sem prévio ajuste entre elas. Ex.: vários torcedores invadem um campo de futebol para agredir o árbitro e seu auxiliar. b) Por **concurso** – se, ocorrendo duas ou mais infrações penais, houverem sido praticadas por várias pessoas em concurso, ainda que diversos o tempo e o lugar do delito. Nesse caso, há o liame subjetivo (ajuste) entre os agentes que, portanto, são coautores ou partícipes. Ex.: dois indivíduos entram em uma casa, onde praticam roubo e estupro. c) Por **reciprocidade** – se as infrações forem praticadas por duas ou mais pessoas, umas contra as outras. Ex.: lesões corporais recíprocas.
Conexão objetiva	a) **Teleológica** – quando uma infração penal visa assegurar a execução de outra. É o que ocorre, por exemplo, quando o agente mata o marido para conseguir estuprar a esposa. b) **Consequencial** – quando uma infração visa assegurar a ocultação, a impunidade ou a vantagem de outra. Ex.: atear fogo em uma casa, para que não se descubra o furto nela cometido; matar a vítima de crime anterior para garantir a impunidade em relação a tal delito; matar fiscal de trânsito para não apreender carro anteriormente furtado.
Conexão probatória ou instrumental	Quando a prova de uma infração ou de qualquer de suas circunstâncias elementares influir na prova de outra infração. Ex.: a prova do crime de furto em relação à receptação.
Hipóteses de continência	a) Por **cumulação subjetiva** – quando duas ou mais pessoas forem acusadas pela mesma infração. Ocorre nas hipóteses de coautoria ou participação em relação a **um só crime**. b) Por **cumulação objetiva** – em todas as hipóteses de concurso formal, inclusive na *aberratio ictus* e na *aberratio criminis*, com duplo resultado.
Prevalência de foro nos casos de conexão e continência (regras para prorrogação de competência)	1) No concurso de jurisdições de categorias diversas (instâncias diversas), predomina a de maior graduação. Se um prefeito e um cidadão comum cometem um crime juntos, o Tribunal de Justiça julga ambos. 2) No concurso entre a jurisdição comum e a especial, prevalece a especial. Assim, havendo, por exemplo, conexão entre crime comum e crime eleitoral, caberá à Justiça Eleitoral o julgamento de ambos. 3) No concurso entre a competência do Júri e a de outro órgão da jurisdição comum, prevalece a competência do Júri. Assim, se houver conexão entre homicídio e estupro, caberá ao Júri a análise dos dois crimes. 4) No concurso de jurisdições da mesma categoria, três regras devem ser observadas: a) Preponde a do lugar da infração à qual for cominada a pena mais grave. b) Prevalece a do lugar em que houver ocorrido o maior número de infrações, se as respectivas penas forem de igual gravidade. c) Se as penas forem idênticas e em igual número, firmar-se-á a competência por prevenção.

Separação de processos	Apesar da existência de conexão ou continência, a lei estabelece algumas hipóteses em que deverá ocorrer a separação de processos. Essa separação pode ser obrigatória ou facultativa.
Separação obrigatória	Ocorre separação obrigatória, **desde o início da ação penal**, no concurso entre a jurisdição comum e a militar, e no concurso entre a jurisdição comum e a do juízo da infância e da juventude. Existem, também, hipóteses de separação obrigatória que se dão **após o início da ação penal** e que são conhecidas como "desmembramento": a) quando, havendo dois ou mais réus, sobrevier doença mental a qualquer deles durante o tramitar da ação; b) quando houver corréu foragido que não possa ser julgado à revelia; c) no desmembramento do julgamento no Tribunal do Júri quando não coincidirem as recusas dos jurados; d) quando há dois ou mais réus e é aplicada a suspensão condicional do processo em relação a um deles, hipótese em que a instrução continua quanto aos demais, nos termos do art. 89 da Lei n. 9.099/95.
Separação facultativa	a) Quando as infrações tiverem sido praticadas em circunstâncias de tempo ou de lugar diferentes; b) em razão do número excessivo de réus; c) para não prolongar a prisão provisória de qualquer dos réus; d) por qualquer outro motivo relevante.

Quadro sinótico – Foro por prerrogativa de função

Ao Supremo Tribunal Federal compete julgar, originariamente:	O Presidente da República, o Vice-Presidente, os Deputados Federais e Senadores, os próprios Ministros do Supremo Tribunal Federal, o Procurador-Geral da República, os Ministros de Estado, os Comandantes da Marinha, do Exército e da Aeronáutica, os membros dos Tribunais Superiores (Superior Tribunal de Justiça, Tribunal Superior Eleitoral, Tribunal Superior do Trabalho e Superior Tribunal Militar), os membros dos Tribunais de Contas da União e os chefes de missão diplomática de caráter permanente.
Ao Superior Tribunal de Justiça compete julgar:	Os Governadores dos Estados e do Distrito Federal, os Desembargadores e membros dos Tribunais de Contas dos Estados e Distrito Federal, dos Tribunais Regionais Federais, Tribunais Regionais Eleitorais, Tribunais Regionais do Trabalho, os membros dos Tribunais de Contas dos Municípios e os membros do Ministério Público da União que oficiem perante Tribunais.
Aos Tribunais Regionais Federais compete julgar:	Os Juízes Federais, incluídos os da Justiça Militar Federal e da Justiça do Trabalho, e os membros do Ministério Público da União que oficiem junto à primeira instância.
Aos Tribunais de Justiça Estaduais compete julgar:	Prefeitos, Juízes Estaduais e membros do Ministério Público Estadual, além de titulares de outros cargos relevantes previstos nas Constituições Estaduais e que, portanto, variam de um Estado para outro da Federação.

7 QUESTÕES E PROCESSOS INCIDENTES

O Código de Processo Penal reservou um Título (VI) para cuidar das questões e processos que se mostram como incidentes do processo principal. Incidental é toda controvérsia acessória que, no entanto, pode causar alteração relevante no julgamento da pretensão punitiva e que, por isso, deve ser decidida pelo juiz antes da solução da lide principal.

Tais questões prévias a que deve o julgador ater-se antes de enfrentar o mérito da causa principal dividem-se em:
a) **Questões prejudiciais** (arts. 92 a 94) – são aquelas relativas a um elemento constitutivo do crime e que subordinam, necessariamente, a decisão da causa principal. Nesses casos, há relação de dependência lógica entre a questão prejudicial e a questão principal (ou prejudicada).
b) **Processos incidentes** – são as exceções (arts. 95 a 111), as incompatibilidades e impedimentos (art. 112), o conflito de jurisdição (arts. 113 a 117), a restituição das coisas apreendidas (arts. 118 a 124), as medidas assecuratórias (arts. 125 a 144), o incidente de falsidade (arts. 145 a 148) e o incidente de insanidade mental do acusado (arts. 149 a 154).

7.1. QUESTÕES PREJUDICIAIS

A controvérsia prejudicial impede o julgamento da causa e, portanto, deve ser solucionada previamente, daí o vínculo de dependência existente entre ambas. Ex.: apreciação da exceção de verdade no crime de calúnia.

São elementos da prejudicialidade:
a) **anterioridade lógica** – a decisão da causa principal está subordinada à solução da questão prejudicial;
b) **necessariedade** – não basta a mera dependência lógica, devendo a controvérsia mostrar-se fundamental para a solução da lide;
c) **autonomia** – a questão verdadeiramente prejudicial pode ser objeto de processo autônomo.

A prejudicialidade é uma forma de conexão em que estão vinculadas as figuras prejudicial e prejudicada.

Quanto ao **grau de influência** sobre a lide, a questão prejudicial pode ser classificada como:
a) **total** – quando se refere a uma elementar da figura típica e, portanto, interfere na existência do crime;
b) **parcial** – quando se relaciona apenas com a existência ou inexistência de circunstância não essencial à configuração do crime (atenuante, agravante, causa de aumento ou diminuição de pena).

Pode ser dividida, quanto ao **caráter**, em:
a) **homogênea** (comum ou imperfeita) – quando também for de natureza criminal. Ex.: reconhecimento da existência do delito precedente para caracterização da receptação (ambas se referem ao direito penal);

b) **heterogênea** (perfeita ou jurisdicional) – quando se refere a matéria estranha ao direito penal. Ex.: discussão acerca de nulidade de casamento (direito civil) para configuração do crime de bigamia (direito penal).

Esta, por sua vez, em relação ao efeito, pode ser:

1) Obrigatória. É aquela que, uma vez detectada e considerada relevante para a solução da lide, acarreta, obrigatoriamente, a suspensão do processo. Em tais casos, o juiz criminal não pode julgar a questão prejudicial, devendo aguardar a decisão do juiz cível. Diz-se que tais questões são **devolutivas absolutas**, pois remetem o julgamento da matéria subordinante, compulsoriamente, para o juízo cível.

É o que ocorre na hipótese prevista no art. 92 do Código de Processo Penal, quando o julgador vislumbra relação de dependência entre a causa principal e controvérsia que repute **séria e fundada**, sobre o **estado civil das pessoas** (estado familiar, cidadania, capacidade). Há, nesse caso, proibição de o juiz pronunciar-se acerca da questão prejudicial, mostrando-se inexorável a suspensão do processo.

Nesse caso, em se tratando de crime cuja ação penal é de iniciativa pública, o Ministério Público, se necessário, promoverá a ação civil ou prosseguirá na que já estiver em curso.

2) Facultativa. Hipótese em que a lei confere poder ao juiz penal para decidir se a questão será julgada *incidenter tantum* ou se aguardará a decisão ser proferida no cível (art. 93). São denominadas, também, **devolutivas relativas**.

Dá-se nos casos em que a questão prejudicial **não se refere ao estado das pessoas** e desde que:
– a controvérsia seja de difícil solução;
– a questão não verse sobre direito cuja prova a lei civil limite;
– já haja processo em curso no cível.

Configurada tal hipótese, pode o juiz, de ofício ou a requerimento das partes, suspender a ação penal, por prazo razoável e passível de prorrogação, após realização de provas urgentes (assim entendida a inquirição de testemunhas). Findo o prazo fixado para a suspensão, independentemente de haver o juiz cível proferido a decisão, o processo retomará o seu curso, devolvendo-se integralmente ao juiz penal a competência para conhecer a matéria.

Incumbe ao Ministério Público, sendo a ação penal de iniciativa pública, intervir no processo cível para a célere solução da lide.

Em qualquer hipótese, a suspensão do processo acarreta, automaticamente, a suspensão do prazo prescricional (art. 116, I, do CP).

A decisão do juízo cível é sempre vinculante nos casos relativos ao estado das pessoas. Nas demais hipóteses, a decisão proferida na esfera civil vincula o juiz criminal apenas se proferida no lapso em que o processo está suspenso (**incompetência temporária do juízo criminal**). A decisão proferida sobre questão cível pelo juiz penal, no entanto, não faz coisa julgada na esfera cível, pois decididas incidentalmente.

A decisão que determina a suspensão do processo, a requerimento ou *ex officio*, é desafiada por recurso em sentido estrito (art. 581, XVI, do CPP). A decisão que nega a suspensão é irrecorrível (art. 93, § 2º, do CPP), devendo a matéria ser discutida em sede de apelação.

7.2. EXCEÇÕES

Exceção é procedimento incidental pelo qual o acusado defende-se de modo indireto, visando a extinção da ação ou o retardamento do seu exercício.

Diz-se defesa indireta, em contraposição à defesa direta, toda oposição à pretensão condenatória do autor que não se vincule ao mérito da causa e que se destine a extinguir, modificar, impedir ou retardar o exercício da ação penal.

Defesa direta é, por outro lado, a atividade do acusado voltada para a negativa da existência do fato, da autoria a ele imputada, da tipicidade, da ilicitude e, ainda, da culpabilidade.

As exceções podem ser:
a) dilatórias – aquelas que, uma vez acolhidas, não ensejam a extinção do processo, mas apenas seu retardamento ou sua transferência para outro órgão jurisdicional (suspeição, incompetência e ilegitimidade de parte *ad processum*);
b) peremptórias – aquelas que, quando procedentes, determinam a extinção do processo (coisa julgada, litispendência e ilegitimidade de parte *ad causam*).

A exceção, em regra, mostra-se como incidente processual próprio do acusado, porém pode ser utilizada, em certas situações, pelo autor ou conhecida, de ofício, pelo juiz.

7.3. EXCEÇÃO DE SUSPEIÇÃO

A exceção de suspeição, de caráter dilatório, destina-se a afastar juiz a quem se reputa parcial, não isento. Não tem como efeito, portanto, deslocar a causa de juízo, mas afastar a pessoa física do julgador.

Os motivos que ensejam a suspeição estão elencados no art. 254 do Código de Processo Penal: a amizade íntima; a inimizade capital; a circunstância de estar o juiz, seu cônjuge, ascendente ou descendente respondendo processo análogo, sobre cujo caráter criminoso haja controvérsia; o fato de o juiz, seu cônjuge, ou parente consanguíneo, ou afim, até o terceiro grau, inclusive, sustentar demanda ou responder a processo que tenha de ser julgado por qualquer das partes; o aconselhamento a uma das partes, acerca de fatos que tenham relação com a causa; o fato de ser o juiz credor ou devedor, tutor ou curador, de qualquer das partes; e, ainda, a circunstância de ser o julgador sócio, acionista ou administrador de sociedade interessada no processo.

Para alguns, tal enumeração é taxativa. É mais sólido, contudo, o argumento de que, em razão da essencialidade da imparcialidade do julgador para o exercício da jurisdição, o rol admite interpretação extensiva e emprego de analogia (art. 3º do CPP).

A exceção de suspeição é prioritária em relação às demais, porquanto essas últimas devem ser apreciadas por juiz imparcial. Assim, a exceção tardiamente aforada evidencia o reconhecimento da isenção do juiz para julgar a causa.

O processamento da suspeição pode dar-se de dois modos, de acordo com a iniciativa.

Pode o juiz, espontaneamente, declarar-se suspeito, indicando o motivo legal (arts. 97 e 254 do CPP), caso em que deverá remeter os autos ao substituto legal, intimando as partes.

A decisão pela qual o juiz se abstém de apreciar determinada causa, por declarar-se suspeito, é irrecorrível.

Em não havendo abstenção espontânea, pode a parte, por via de petição por ela assinada ou por procurador com poderes especiais, arguir a suspeição.

O autor da exceção, denominado excipiente, deve, ao ajuizar o requerimento, mencionar o nome do juiz, chamado excepto, e expor as razões nas quais se escora o pedido, bem assim trazer o rol de testemunhas e documentos.

O Ministério Público deve arguir a suspeição por ocasião do oferecimento da denúncia (na própria denúncia ou na promoção lançada no inquérito), salvo se a causa for superveniente.

Parte da doutrina entende que o assistente de acusação não pode arguir a suspeição, em razão da ausência de previsibilidade no rol taxativo que elenca as atividades que lhe são permitidas (art. 271 do CPP). Somos, porém, partidários do entendimento de que a ausência de previsão expressa dessa faculdade não retira a legitimidade do assistente, que tem inequívoco interesse na imparcialidade do juiz, tanto mais considerando que o julgamento da causa influi no direito a eventual ressarcimento.

Aforada a arguição por qualquer das partes, pode o juiz acolhê-la, sustando o andamento do processo e determinando a juntada da petição e documentos que a acompanham, após o que determinará a remessa ao substituto (art. 99 do CPP).

Caso rejeite a arguição, o juiz determinará a autuação em apartado e, em três dias, oferecerá resposta, juntando documentos e arrolando testemunhas. Em seguida, os autos serão remetidos, no prazo de vinte e quatro horas, ao Tribunal de Justiça, para julgamento da exceção.

Ordinariamente, a exceção não determina a suspensão do processo. No entanto, o feito terá o andamento sustado até o julgamento da arguição se a parte contrária, reconhecendo a procedência do pleito, assim o requerer (art. 102 do CPP).

O órgão competente do tribunal a que estiver vinculado o juiz poderá rejeitar liminarmente a arguição ou, considerando-a relevante, designar data para oitiva de testemunhas, passando ao julgamento.

Se procedente a arguição, o processo será encaminhado ao substituto legal do excepto, declarando-se nulos os atos processuais praticados (arts. 101 e 564, I, do CPP). Nesse caso, se evidenciado erro inescusável do juiz, deverá ele arcar com as custas referentes à exceção.

Julgando improcedente a exceção, o tribunal determinará a devolução dos autos ao juiz e, em caso de má-fé do excipiente, impor-lhe-á multa.

O Código de Processo Penal estabelece que a arguição pode dirigir-se contra membro do Ministério Público, hipótese em que o juiz do processo, após ouvir o promotor, colherá as provas e julgará a exceção no prazo de três dias. Se procedente, oficiará no processo o substituto legal (art. 104 do CPP). A decisão é, em qualquer caso, irrecorrível. Embora se possa entrever conflito dessa norma com o princípio da autonomia do Ministério Público, o que recomendaria a solução de questões dessa natureza no âmbito da própria Instituição, a jurisprudência, de forma pacífica, reconhece a competência do juiz para decidir sobre o afastamento do membro do Ministério Público alegadamente suspeito.

A Súmula 234 do Superior Tribunal de Justiça estabelece que a participação de membro do Ministério Público na fase investigatória criminal (inquérito) não acarreta o seu impedimento ou suspeição para o oferecimento de denúncia.

Pode ser alegada, também, a suspeição de peritos, intérpretes e funcionários da Justiça, que se processará perante o juiz com quem atue o excepto. Em tal hipótese, o juiz decidirá de plano e sem recurso, determinando o afastamento do órgão auxiliar, se procedente a arguição (art. 105 do CPP).

A suspeição do jurado, por outro turno, deve ser alegada oralmente (art. 106 do CPP), imediatamente à leitura que o juiz faz da cédula correspondente (art. 468 do CPP), devendo o juiz decidir a arguição de plano.

Não se pode excepcionar autoridade policial (art. 107 do CPP). Os delegados de polícia, no entanto, devem declarar-se suspeitos, restando ao interessado recorrer ao superior hierárquico da autoridade policial, em caso de inobservância espontânea do preceito.

7.4. EXCEÇÃO DE INCOMPETÊNCIA DE JUÍZO

A exceção de incompetência de juízo, ou *declinatoria fori*, é regulada nos arts. 108 e 109 do Código de Processo Penal e destina-se a corrigir inadequação do foro ou do juízo ao caso a ser julgado.

Se verificar a inobservância a algum dos critérios de fixação de competência (arts. 69 a 91 do CPP), o juiz deve, *ex officio*, declarar-se incompetente (art. 109 do CPP).

Em não havendo reconhecimento da incompetência pelo juízo, pode a parte opor exceção, oral ou escrita, no prazo da resposta escrita.

A inobservância do prazo, cuidando-se de incompetência relativa, opera a preclusão, ocorrendo o que se chama de prorrogação da competência. Se se tratar de incompetência absoluta, poderá ser alegada a qualquer tempo.

A arguição, que se processa em apartado e não suspende o curso do processo, pode ser aforada pelo acusado ou pelo Ministério Público.

Se julgar procedente a exceção, o juiz remeterá o processo ao juízo que entende competente, onde serão aproveitados os atos instrutórios, se ratificados, uma vez que, de acordo com a redação do art. 567 do Código de Processo Penal, os atos decisórios são nulos. O STF, no entanto, tem admitido também a convalidação de certos atos decisórios.

Da decisão que reconhece a incompetência do juízo cabe recurso em sentido estrito (art. 581, II, do CPP). Rejeitada a exceção, descabe qualquer recurso, mostrando-se possível, no entanto, a impetração de *habeas corpus*.

7.5. EXCEÇÃO DE ILEGITIMIDADE DE PARTE

A posição prevalente na doutrina (Magalhães Noronha, Fernando da Costa Tourinho Filho e Julio F. Mirabete) é de que tal exceção é cabível tanto em relação à ilegitimidade *ad causam* (titularidade do direito de ação) como no tocante à ilegitimidade *ad processum* (capacidade para prática dos atos processuais). Entendimento minoritário (Hélio Tornaghi), no entanto, por reputar a exceção instrumento destinado a cuidar dos pressupostos processuais, afirma ser cabível somente nos casos em que se discute a ilegitimidade *ad processum*.

É exceção privativa do acusado tendente a corrigir erro no polo ativo da ação, mostrando-se cabível, entre outras, na hipótese em que é oferecida queixa em caso de ação penal de iniciativa pública; na hipótese de oferecimento de denúncia para crimes de ação penal de iniciativa privada; na hipótese de incapacidade do querelante.

Deve o juiz, no entanto, declarar *ex officio* a ilegitimidade, nos casos em que se mostrar manifesta, porquanto constitui causa de rejeição da denúncia ou da queixa (art. 395, II, do CPP).

O processamento é como o da exceção de incompetência de juízo, com a ressalva de que não há prazo fatal para arguição, à semelhança do que ocorre na de litispendência.

É efeito do reconhecimento da ilegitimidade *ad causam* a anulação do processo desde o início, em razão da ausência de condição da ação. Caso seja reconhecida a ilegitimidade *ad processum*, isto é, a falta de capacidade processual do representante da parte, a invalidade pode ser sanada a qualquer tempo, mediante ratificação dos atos processuais (art. 568 do CPP).

O recurso em sentido estrito é o cabível contra a decisão que reconhece a procedência da exceção de ilegitimidade de parte (art. 581, III, do CPP). Da decisão pela qual o juiz reconhece espontaneamente a ilegitimidade, cabe recurso em sentido estrito, fulcrado, no entanto, no art. 581, I, do Código de Processo Penal. Contra a decisão que rejeita a arguição não há recurso, ressalvada a possibilidade de impetração de *habeas corpus* ou alegação da matéria em preliminar de apelação.

7.6. EXCEÇÃO DE LITISPENDÊNCIA

Litispendência é a situação que deflui da existência simultânea de duas ou mais ações idênticas.

Em virtude da inadmissibilidade de imputar-se a alguém duas vezes o mesmo fato tido como criminoso (*non bis in idem*), a lei prevê a possibilidade de aforar-se a exceção de litispendência, de caráter peremptório, que tem como finalidade evitar o processamento paralelo de ações idênticas.

Idênticas são as ações em que coincidem o pedido (postulação de aplicação de pena), as partes e a causa de pedir (fato criminoso). Ocorrendo a tríplice identidade, ou seja, o mesmo autor, com fundamento no mesmo fato, ajuizando o mesmo pedido em face do mesmo réu, configurada estará situação de litispendência.

Observação: é possível que haja litispendência ainda que os autores da ação sejam diversos. É o que ocorre, por exemplo, quando, por equívoco, são instaurados dois inquéritos para apurar o mesmo crime. Em um deles, o promotor oferece denúncia. No outro, o promotor não analisa os autos no prazo legal, e a vítima oferece a queixa subsidiária. Trata-se, evidentemente, de situação excepcional, mas a litispendência deve ser reconhecida. Não se pode esquecer, ademais, que o *jus puniendi* é sempre do Estado.

É pressuposto, portanto, para a ocorrência da litispendência a existência de dois processos iguais em curso. Assim, somente com o recebimento da denúncia em um segundo processo estará caracterizada a litispendência.

Na exceção de litispendência deve ser observado, no que lhe for aplicável, o disposto sobre a incompetência de juízo (art. 110 do CPP). Pode o juiz, portanto, reconhecê-la de ofício e, assim não o fazendo, deverá a parte argui-la, oralmente ou por escrito. O incidente corre em apartado e não suspende o curso do processo.

A litispendência pode ser alegada a qualquer tempo, não se operando a preclusão se arguida após o prazo da resposta escrita.

Contra a decisão que acolhe a exceção pode ser interposto recurso em sentido estrito (art. 581, III, do CPP). Contra a decisão em que o juiz rejeita a arguição não cabe qualquer recurso, porém pode-se sanar o ilegal constrangimento causado pela violação do princípio do *non bis in idem* por via de *habeas corpus*. Se a litispendência foi declarada de ofício pelo juiz, cabe apelação, pois tal decisão tem força de definitiva (art. 593, II, do CPP).

7.7. EXCEÇÃO DE COISA JULGADA

A exceção em estudo também se assenta na proibição de imputar-se a alguém, por mais de uma vez, o mesmo fato. Seu caráter é peremptório.

Diverge da litispendência pela circunstância de que, em se tratando de coisa julgada, há um segundo processo referente a fato que já foi apreciado e decidido, com sentença passada em julgado, em oportunidade anterior. Na litispendência, por outro turno, há um processo em curso (uma lide pendente), obstando o desenvolvimento de segundo feito relativo ao mesmo fato.

Verificada a coincidência dos elementos identificadores (pedido, partes e causa de pedir) da ação proposta com os daquela em que já houve decisão com trânsito em julgado, torna-se possível a declaração da existência de coisa julgada, de ofício, pelo juiz, determinando-se a extinção do feito ou a rejeição da queixa ou denúncia, se não recebidas.

Não havendo reconhecimento pelo julgador, poderão as partes argui-la, desde que tenha havido o recebimento da queixa ou denúncia.

O processamento é idêntico ao da exceção de incompetência de juízo, ocorrendo em autos apartados e não acarretando a suspensão da ação principal. Não há prazo fatal, no entanto, para seu ajuizamento.

A exceção de coisa julgada só poderá ser oposta em relação ao fato principal que tiver sido objeto da sentença (art. 110, § 2º, do CPP).

A decisão que reconhece a procedência da exceção é desafiada por via de recurso em sentido estrito (art. 581, III, do CPP), ao passo que aquela que rejeita a arguição é irrecorrível, ensejando, no entanto, a impetração de pedido de ordem de *habeas corpus*. Da decisão pela qual o juiz reconhece, *ex officio*, a coisa julgada cabe apelação, em razão de cuidar-se de sentença com força de definitiva (art. 593, II, do CPP).

Processo Penal – Parte Geral

Observação: dispõe o Código de Processo Penal, no § 1º do art. 110, que, se a parte houver de opor mais de uma exceção, referindo-se às de litispendência, ilegitimidade de parte e coisa julgada, deverá fazê-lo em uma só oportunidade. O desrespeito a tal preceito, no entanto, não impede o reconhecimento posterior de uma delas, pois, como já apontado, podem ser reconhecidas a qualquer tempo.

7.8. INCOMPATIBILIDADES E IMPEDIMENTOS

O art. 112 do Código de Processo Penal prevê o dever de o juiz, o órgão do Ministério Público, peritos, intérpretes e serventuários ou funcionários da Justiça se absterem de servir no processo, quando houver incompatibilidade ou impedimento legal, que serão declinados nos autos.

As hipóteses, elencadas nos arts. 252 e 253 do Código de Processo Penal e aplicáveis também aos demais sujeitos acima citados, são: ter funcionado o cônjuge ou parente do juiz, consanguíneo ou afim, em linha reta ou colateral até terceiro grau, inclusive, como defensor ou advogado, em órgão do Ministério Público, autoridade policial, auxiliar da Justiça ou perito; haver o juiz desempenhado qualquer dessas funções ou servido como testemunha; ter funcionado como juiz de outra instância, pronunciando-se, de fato ou de direito, sobre a questão; o juiz ou seu cônjuge ou parente, consanguíneo ou afim em linha reta ou colateral até terceiro grau, inclusive, ser parte ou diretamente interessado no feito; nos juízos coletivos, estão proibidos de servir no mesmo processo os juízes que forem entre si parentes, consanguíneos ou afins, em linha reta ou colateral até o terceiro grau, inclusive. O art. 448 do Código de Processo Penal ostenta a proibição de serem jurados no mesmo conselho marido e mulher, ascendentes e descendentes, sogro e genro ou nora, irmãos, cunhados, durante o cunhadio, tio e sobrinho, padrasto ou madrasta e enteado. O seu § 1º estende o impedimento em relação às pessoas que mantenham união estável reconhecida como entidade familiar.

O Código prevê, ainda, outras duas hipóteses de impedimento para os juízes, as quais, no entanto, foram julgadas inconstitucionais pelo Supremo Tribunal Federal (ADIs 6.298, 6.299, 6.300 e 6.305), razão pela qual não têm aplicação:

1) art. 3º-D, *caput* – previsão de que o magistrado que praticou qualquer ato inserido na competência do juiz das garantias está impedido de funcionar na ação penal;
2) art. 157, § 5º – previsão de impedimento para a prolação de sentença ou acórdão do magistrado que teve conhecimento de prova declarada inadmissível.

Não ocorrendo o afastamento espontâneo, a parte pode arguir a incompatibilidade ou impedimento, observando-se o procedimento da exceção de suspeição.

7.9. CONFLITO DE JURISDIÇÃO

7.9.1. CONCEITO

Dá-se o conflito de jurisdição quando dois ou mais juízes consideram-se competentes ou incompetentes para apreciar determinado fato, ou, ainda, quando existir controvérsia sobre unidade de juízo, junção ou separação de processos.

A expressão "conflito de jurisdição", empregada pelo Código, é equivocada, uma vez que a jurisdição é una, daí por que se deve falar, em verdade, em "conflito de competência", que é, aliás, a designação utilizada pela Constituição Federal (arts. 102, I, e 105, I, *d*).

7.9.2. ESPÉCIES

a) **conflito positivo de competência** – ocorre quando dois ou mais órgãos jurisdicionais entendem-se competentes para julgar o mesmo fato criminoso;
b) **conflito negativo de competência** – ocorre na hipótese em que dois ou mais órgãos jurisdicionais recusam-se a apreciar determinado fato delituoso.

7.9.3. PROCESSAMENTO DO CONFLITO DE COMPETÊNCIA

O conflito pode ser suscitado:
a) pela parte interessada;
b) pelo Ministério Público;
c) por qualquer dos juízes ou tribunais em causa.

Se arguido por juiz ou tribunal, o conflito será suscitado sob forma de representação; caso seja levantado pela parte ou pelo Ministério Público, ganhará forma de requerimento.

Em qualquer hipótese, deverá o suscitante arguir o conflito por escrito e circunstanciadamente, perante o Tribunal competente, expondo os fundamentos e juntando os documentos comprobatórios (art. 116 do CPP).

Cuidando-se de conflito negativo, pode ser suscitado nos próprios autos, pois o processo, obviamente, não terá prosseguimento até que seja dirimida a questão (art. 116, § 1º, do CPP).

Em se tratando de conflito positivo, formar-se-ão autos próprios. Distribuído o feito, poderá o relator determinar imediatamente que se suspenda o curso do processo (art. 116, § 2º, do CPP). Ordenada ou não a suspensão do processo, o relator requisitará informações às autoridades em conflito, remetendo-lhes cópia do requerimento ou representação. Recebidas as informações, que devem ser prestadas no prazo assinado pelo relator, e após ouvido o órgão do Ministério Público que oficia perante o tribunal, o conflito será decidido na primeira sessão, salvo se houver necessidade de diligência instrutória. Proferida a decisão, as cópias necessárias serão remetidas às autoridades contra as quais tiver sido levantado o conflito ou que o houverem suscitado, para a sua execução.

7.9.4. COMPETÊNCIA PARA JULGAMENTO

As regras de competência são estabelecidas pela Constituição Federal, pelas Constituições dos Estados, pelas leis processuais e de organização judiciária, ainda, e pelos regimentos internos dos Tribunais.

O Supremo Tribunal Federal julga os conflitos entre Tribunais Superiores ou entre estes e qualquer outro Tribunal (art. 102, I, *o*, da CF).

Não é possível estabelecer-se conflito entre o Supremo Tribunal Federal e qualquer outro órgão jurisdicional. O art. 117 do Código de Processo Penal prevê o poder de o Supremo Tribunal Federal restabelecer sua competência, mediante avocatória, sempre que exercida por qualquer dos juízes ou Tribunais inferiores. A Constituição Federal prevê o mesmo poder ao dispor que lhe cabe o julgamento de "reclamação para a preservação de sua competência e garantia da autoridade de suas decisões" (art. 102, I, *l*).

Ao Superior Tribunal de Justiça compete julgar os conflitos entre quaisquer tribunais, ressalvada a competência do Supremo Tribunal Federal, bem assim entre tribunais e juízes a ele não vinculados e entre juízes vinculados a tribunais diversos (art. 105, I, *d*, da CF). Ex.: entre juízes de Estados diversos ou entre juiz federal e juiz estadual.

Compete aos Tribunais Regionais Federais o julgamento dos conflitos entre juízes vinculados ao tribunal (art. 108, I, *e*, da CF), bem como o conflito verificado, na respectiva Região, entre o juiz federal e o juiz estadual investido na jurisdição federal (Súmula 3 do STJ).

Os Tribunais de Justiça julgam os conflitos entre juízes a ele subordinados, bem como aqueles estabelecidos entre juiz de direito do Estado e a Justiça Militar local (Súmula 555 do STF).

No Estado de São Paulo, os conflitos entre juízes estaduais serão sempre solucionados pela Câmara Especial do Tribunal de Justiça.

A Súmula 59 do Superior Tribunal de Justiça estabelece que "não há conflito de competência se já existe sentença com trânsito em julgado, proferida por um dos juízos conflitantes".

7.9.5. CONFLITO DE ATRIBUIÇÕES

Cuida-se de conflito estabelecido entre órgão do Poder Judiciário e órgão de outro Poder – Legislativo ou Executivo – (divergência entre o juiz da execução e o diretor de estabelecimento penitenciário, p. ex.), ou entre órgãos de Poderes que não o Judiciário (conflito entre promotores de justiça para oferecimento de denúncia, p. ex.). Na primeira hipótese, cabe ao Judiciário solucionar o conflito; na segunda, o conflito é dirimido sem a intervenção judiciária.

Observações:

1) Meras divergências entre juiz e promotor não caracterizam o conflito de atribuições.

2) O conflito de atribuições entre promotores estaduais é dirimido pelo Procurador-Geral de Justiça. Ex.: dois promotores de justiça se recusam a atuar em um inquérito policial, entendendo, cada qual, que o crime ali apurado se consumou na comarca onde atua o outro.

3) O conflito de atribuições entre membros de Ministérios Públicos de Estados diversos, assim como o conflito que envolve membro do Ministério Público Federal e membro de Ministério Público Estadual, era solucionado pelo Supremo Tribunal Federal, que entendia haver, nessas hipóteses, conflito entre os próprios entes federativos (ou seja, entre os Estados federados envolvidos ou, ainda, entre a União e o Estado-membro), a ensejar a incidência da norma prevista no art. 102, I, *f*, da CF: "Compete ao Supremo a solução de conflito de atribuições a envolver o Ministério Público Federal e o Ministério Público Estadual" (Pet. 3.528/BA, Rel. Min. Marco Aurélio, Tribunal Pleno, *DJ* 3-3-2006, p. 71). Posteriormente, no julgamento da ACO 924/MG (Rel. Min. Luiz Fux, j. 19-5-2016), o Supremo Tribunal Federal passou a entender que o conflito deve ser dirimido, nesses casos, pelo Procurador-Geral da República.

7.10. RESTITUIÇÃO DE COISAS APREENDIDAS

Três são as espécies de coisas que podem interessar ao processo penal: os instrumentos utilizados na execução do crime (*instrumenta sceleris*), os bens materiais havidos diretamente da prática do delito (*producta sceleris*) e os bens materiais de valor exclusivamente probatório.

Tendo ocorrido a apreensão de tais coisas, só poderão ser restituídas após o trânsito em julgado da sentença, salvo se não mais houver interesse para o processo (art. 118 do CPP).

Há bens, entretanto, que não podem ser restituídos ainda que não interessem ao processo, pois são objeto de confisco (perda em favor da União), ressalvado o direito do lesado e do terceiro de boa-fé. Esses bens, elencados no art. 91, II, do Código Penal, são: **a)** instrumentos do crime, desde que consistam em coisas cujo fabrico, alienação, uso, porte ou detenção constitua fato ilícito; **b)** produto do crime ou qualquer bem ou valor que constitua proveito auferido pelo agente com a prática do fato criminoso.

O confisco é efeito automático da condenação, prescindindo de declaração expressa na decisão, mas não se opera quando o bem é reclamado pelo lesado ou por terceiro de boa-fé.

Quando cabível, a restituição poderá ser feita, de acordo com a etapa procedimental e com o grau de clareza do direito de quem reclama o bem, pela autoridade policial ou pelo juiz.

7.10.1. RESTITUIÇÃO PELA AUTORIDADE POLICIAL

É possível apenas na fase do inquérito policial. A autoridade policial, antes de decidir, deve ouvir o Ministério Público, nos termos do art. 120, § 3º, do Código de Processo Penal.

Requisitos:
a) tratar-se de coisa restituível (não sujeita a confisco) e não existir interesse na manutenção da apreensão;
b) não haver dúvida quanto ao direito do reclamante;
c) a apreensão da coisa não ter sido realizada em poder de terceiro de boa-fé.

Se decidir pela devolução, a autoridade anexará termo aos autos, que deve ser assinado pelo interessado.

7.10.2. RESTITUIÇÃO PELO JUIZ

Se o direito do reclamante for induvidoso, poderá o juiz, mediante simples termo nos autos, ordenar a devolução dos bens, desde que sejam restituíveis e não subsista interesse para o processo.

Caso não seja manifesto o direito do reclamante, o requerimento deve ser autuado em apartado, iniciando-se o processo incidental de restituição.

Ocorrerá, então, a instrução do feito, devendo o requerente, no prazo de cinco dias, produzir prova de seu direito.

Se as coisas foram apreendidas em poder de terceiro de boa-fé, será deferido igual prazo para instruir o procedimento. Nesta última hipótese, ambos disporão de dois dias para arrazoar (prazo comum).

Finda a instrução, o juiz ouvirá o Ministério Público e proferirá decisão.

Se houver elementos nos autos que permitam o convencimento acerca do direito do reclamante, o juiz deferirá a restituição.

Em caso de persistir dúvida sobre a quem devam ser restituídos os bens, o juiz indeferirá o pedido, remetendo as partes para o juízo cível e ordenando o depósito das coisas em mãos de depositário ou do próprio terceiro que as detinha, se for pessoa idônea (art. 120, § 4º, do CPP).

7.10.3. COISAS DETERIORÁVEIS OU DE DIFÍCIL MANUTENÇÃO

Em se tratando de coisas apreendidas perecíveis ou de difícil manutenção, pode o juiz optar por duas soluções (art. 120, § 5º, do CPP):
a) determinar a alienação antecipada, por meio de leilão preferencialmente eletrônico, após prévia avaliação, depositando o dinheiro apurado em conta vinculada ao juízo;
b) entregá-las ao terceiro que as detinha, se este for pessoa idônea e assinar termo de responsabilidade.

7.10.4. RECURSOS

A decisão que julga o pedido de restituição, ainda que remetendo a solução da controvérsia ao cível, expõe-se a apelação, já que tem caráter definitivo (art. 593, II, do CPP).

Processo Penal – Parte Geral

7.10.5. DESTINO DOS BENS

a) As coisas adquiridas com o proveito da infração e os bens ou valores objeto de perdimento (art. 91, § 1º, do CP) serão leiloados após o trânsito em julgado da sentença condenatória (salvo se necessária a alienação antecipada), e o dinheiro apurado reverterá em favor da União, ressalvado o direito do lesado ou do terceiro de boa-fé (arts. 121 e 133 do CPP).

b) Em se tratando de instrumento do crime passível de confisco, decorrido o prazo de noventa dias, a contar do trânsito em julgado da sentença condenatória, o juiz ordenará a venda em leilão (art. 122 do CPP).

c) Pode o juiz, no entanto, em relação aos instrumentos do crime e às coisas confiscadas, determinar a inutilização ou recolhimento a museu criminal, caso haja interesse em sua conservação (art. 124 do CPP). Na hipótese de decretação de perdimento de obras de arte ou de outros bens de relevante valor cultural ou artístico, se o crime não tiver vítima determinada, poderá haver destinação dos bens a museus públicos (art. 124-A).

d) Os bens restituíveis, ou seja, aqueles que não forem passíveis de confisco, se não reclamados no prazo de noventa dias, após o trânsito em julgado da sentença final, condenatória ou absolutória, serão leiloados, depositando-se o valor correspondente à disposição do juízo de ausentes, salvo se pertencerem ao réu, hipótese em que a ele serão entregues (art. 123 do CPP).

7.10.6. CONFISCO ALARGADO (OU PERDA ALARGADA)

De acordo com o disposto no art. 91-A do Código Penal, na hipótese de condenação por infrações às quais a lei comine pena máxima superior a seis anos de reclusão, poderá ser decretado o confisco alargado de bens, ou seja, a perda, como produto ou proveito do crime, de bens correspondentes à diferença entre o valor do patrimônio do condenado e aquele que seja compatível com seu rendimento lícito.

Cuida-se de presunção legal de proveniência ilícita dos bens cujo valor se mostre incompatível com os rendimentos lícitos do agente, o que dá ensejo à inversão do ônus da prova acerca da origem espúria dos bens. Reserva-se ao acusado, no entanto, a possibilidade de demonstrar a licitude do patrimônio que, alegadamente, supera seus ganhos lícitos.

Compreendem-se no patrimônio do agente todos os bens de sua titularidade, ou em relação aos quais tenha o domínio ou benefício direto ou indireto, na data da infração ou recebidos posteriormente, bem como os bens transferidos a terceiros a título gratuito ou mediante contraprestação irrisória, a partir do início da atividade criminosa.

O confisco alargado de bens deve ser expressamente requerido pelo Ministério Público quando do oferecimento da denúncia, com indicação clara da diferença existente entre o patrimônio do agente e os rendimentos lícitos. Na sentença (ou acórdão) deve declarar-se o valor da diferença apurada, além de se especificarem os bens cuja perda for decretada.

7.11. MEDIDAS ASSECURATÓRIAS

A prática da infração, além de lesar a coletividade, acarreta danos à vítima. Visando assegurar a efetiva reparação do prejuízo causado ao ofendido, o Código de Processo Penal prevê três modalidades de medidas cautelares reais: **a)** sequestro; **b)** hipoteca legal; **c)** arresto.

A utilidade de tais instrumentos evidencia-se pela impossibilidade de provimento de mérito instantâneo, o que poderia acarretar significativa modificação da situação de fato, de modo a tornar a prestação jurisdicional reparatória ineficaz.

A adoção dessas medidas precatórias no juízo penal independe do prévio ajuizamento de ação civil.

São questões incidentes que devem ser processadas em apartado, para que não haja tumulto processual.

7.11.1. SEQUESTRO

O sequestro pode recair sobre bens móveis ou imóveis, desde que sejam de proveniência ilícita.

7.11.1.1. Sequestro de bens imóveis

Podem ser objeto de sequestro os imóveis adquiridos pelo agente com os proventos da infração, ainda que transferidos a terceiros (art. 125 do CPP) e, também, bens imóveis equivalentes ao produto ou proveito do crime quando estes se localizarem no exterior (art. 91, §§ 1º e 2º, do CP).

7.11.1.1.1. Oportunidade e competência

É cabível o sequestro no curso da ação penal ou na fase do inquérito policial, porém somente o juiz pode decretá-lo.

7.11.1.1.2. Iniciativa

O sequestro pode ser decretado de ofício pelo juiz, que deverá baixar portaria e ordenar a autuação em apenso, ou a requerimento do Ministério Público ou do ofendido, ou mediante representação da autoridade policial (art. 127 do CPP).

7.11.1.1.3. Requisitos

Para a decretação do sequestro, é necessária e suficiente a existência de indícios veementes da proveniência ilícita dos bens (art. 126 do CPP) ou, na hipótese de bens sujeitos ao perdimento, a existência de indícios de que há bens imóveis localizados no exterior que constituem produto ou proveito do crime.

7.11.1.1.4. Procedimentos e recurso

Decretado o sequestro, o juiz expedirá mandado e, após, determinará a sua inscrição no Registro de Imóveis, para alertar terceiros acerca da destinação do bem ao cumprimento de responsabilidade civil decorrente do ato ilícito.

A decisão que decreta o sequestro é apelável (art. 593, II, do CPP).

7.11.1.1.5. Embargos ao sequestro

O Código empregou o termo "embargos" para referir-se tanto à defesa apresentada pelo terceiro que aduz não haver alienado ou transferido o bem, ou que alegue boa-fé, como à resistência exercida pelo indiciado ou réu (tecnicamente denominada contestação).

Podem opor os embargos:
a) indiciado ou réu;
b) terceiro senhor e possuidor;
c) terceiro de boa-fé que adquiriu o imóvel a título oneroso.

Os embargos serão julgados pelo juiz penal.

Levantamento do sequestro: levantamento é a perda de eficácia da medida. Pode ocorrer nos seguintes casos (art. 131):

Processo Penal – Parte Geral

a) se a ação penal correspondente não for ajuizada no prazo de sessenta dias, a contar da data em que ficar concluída a diligência;
b) se o terceiro de boa-fé prestar caução que assegure a aplicação do disposto no art. 91, II, *b*, segunda parte, do Código Penal, ou seja, se garantir o valor que constitua provento auferido pelo agente com a prática criminosa, quantia essa que poderá reverter em favor da União;
c) se for julgada extinta a punibilidade ou absolvido o réu, por sentença passada em julgado.

Caso não tenha havido oposição de embargos, ou na hipótese de os embargos terem sido rejeitados, o juiz criminal, após a sentença condenatória passar em julgado, determinará que os bens sejam avaliados e, em seguida, vendidos em leilão público (art. 133, *caput*, do CPP). Os valores apurados serão empregados para a satisfação do lesado e de eventual terceiro de boa-fé. Havendo saldo, será utilizado para pagamento das custas processuais e de penas de caráter pecuniário e, caso ainda haja sobra, será revertida ao Tesouro Nacional (arts. 133, parágrafo único, e 140 do CPP).

7.11.1.2. Sequestro de móveis

Sujeitam-se ao sequestro os bens móveis que tenham sido adquiridos com o produto do crime (art. 132 do CPP) e os bens ou valores equivalentes ao produto ou proveito do crime quando estes não forem encontrados ou quando se localizarem no exterior (art. 91, §§ 1º e 2º, do CP).

Tal medida, no entanto, só será decretada se o bem não foi objeto de apreensão, ou quando for incabível tal providência.

No mais, aplicam-se as disposições relativas ao sequestro de bens imóveis, no que couberem.

7.11.2. HIPOTECA LEGAL

A segunda modalidade de medida assecuratória prevista pelo Código de Processo Penal é a hipoteca, que, ao contrário do sequestro, recai sobre o patrimônio lícito do agente.

7.11.2.1. Conceito e finalidade

Hipoteca legal é o direito real de garantia que tem por objeto bens imóveis pertencentes ao devedor, que, embora continuem em seu poder, asseguram, precipuamente, a satisfação do crédito.

Destina-se a assegurar a reparação do dano causado à vítima, bem assim o pagamento de eventual pena de multa e despesas processuais, tendo a primeira preferência sobre estas últimas.

7.11.2.2. Oportunidade e requisitos

A especialização da hipoteca pode ser requerida em qualquer fase do processo (art. 134 do CPP).

Para que se possa realizar a inscrição da hipoteca, devem estar presentes dois requisitos:
a) prova cabal da existência material do fato criminoso;
b) indícios suficientes de autoria.

7.11.2.3. Legitimidade

A especialização da hipoteca pode ser requerida:

a) pelo ofendido, seu representante legal ou herdeiros;
b) pelo Ministério Público, desde que o ofendido seja pobre e requeira a efetivação da medida ou se houver interesse da Fazenda Pública.

7.11.2.4. Processamento

A parte deve ajuizar petição, estimando o valor da responsabilidade civil, e designar os bens que terão de ficar especialmente hipotecados (art. 135 do CPP). Tal requerimento deve ser instruído com as provas ou indicação das provas em que se fundar a estimação da responsabilidade, assim também com relação aos imóveis que possuir o responsável, além daqueles apontados como objeto da hipoteca e com documentação comprobatória do domínio (art. 135, § 1º, do CPP).

Após determinar a autuação em apartado (art. 138 do CPP), o juiz deverá arbitrar o valor da responsabilidade e a avaliação dos imóveis.

Em seguida, as partes serão ouvidas no prazo de dois dias, que correrá em cartório, e o juiz, se entender presentes os requisitos legais, determinará a inscrição da hipoteca legal. Com a inscrição, o bem torna-se inalienável.

7.11.2.5. Liquidação

A hipoteca será cancelada se, por sentença irrecorrível, o réu for absolvido ou se julgada extinta a punibilidade (art. 141 do CPP), caso em que deve o interessado postular no juízo cível eventual reparação do dano.

Caso sobrevenha sentença condenatória, os autos serão remetidos ao juízo cível, após o trânsito em julgado, para que se promova a execução (arts. 63 e 143 do CPP).

Observação: ainda que presentes os pressupostos para a inscrição da hipoteca, pode o juiz deixar de proceder à inscrição, desde que o réu ofereça caução suficiente, em dinheiro ou em títulos da dívida pública, pelo valor de sua cotação em Bolsa.

7.11.3. ARRESTO

7.11.3.1. Objeto

Enquanto o sequestro recai necessariamente sobre bens relacionados à prática criminosa (adquiridos com os proventos da infração), o arresto consiste na constrição de bens, móveis ou imóveis, que integram o patrimônio lícito do agente.

O arresto, que pode ser decretado inclusive durante o inquérito, deve recair, preferencialmente, sobre bem imóvel, hipótese em que o processo de inscrição da hipoteca legal deverá ser promovido em quinze dias, sob pena de revogação da medida (art. 136 do CPP).

O arresto de imóvel é, portanto, medida prévia à hipoteca legal, que se destina a evitar que ocorra, enquanto não se realiza sua especialização e inscrição, a alienação do bem ou o desvio de frutos ou rendas.

No caso de inexistência de bem imóvel ou de insuficiência de seu valor, podem ser objeto de arresto os bens móveis suscetíveis de penhora (art. 137 do CPP). As coisas impenhoráveis (art. 833 do CPC), portanto, não são arrestáveis.

O arresto de móveis, ao contrário do que ocorre em relação aos bens imóveis, não depende de qualquer providência posterior para ter eficácia.

Saliente-se, novamente, que não são passíveis de arresto os produtos e proventos do crime, porquanto sujeitos a busca e apreensão ou sequestro.

Processo Penal – Parte Geral

O arresto, como a hipoteca, pressupõe a prova da existência material do crime, bem assim os indícios de autoria, e pode ser requerido pela vítima, ou, se houver interesse da Fazenda, pelo Ministério Público. Caso a vítima seja pobre, o Ministério Público também tem legitimidade para o pedido.

O arresto deve ser processado em autos apartados (art. 138 do CPP), para que não tumultue o feito principal.

Durante o trâmite da ação penal, serão observadas, pelo juiz criminal, em relação ao depósito e à administração dos bens arrestados, as disposições relativas ao processo civil (art. 139 do CPP).

Advindo decisão absolutória irrecorrível ou declaração da extinção da punibilidade, o arresto será levantado, e os bens, restituídos ao acusado (art. 141 do CPP).

Havendo trânsito em julgado de sentença condenatória, os autos em que se processou o pedido de arresto serão remetidos ao juízo cível (art. 143 do CPP), para satisfação do prejuízo sofrido pela vítima.

7.11.4. DISTINÇÃO

O produto do crime, quando encontrado nas diligências efetuadas por policiais, será apreendido e, depois de realizadas as perícias necessárias, devolvido ao proprietário ou legítimo possuidor. Igualmente, se houver notícia de que tal objeto está em certo local, será determinada a medida de busca e apreensão.

Já os bens, móveis ou imóveis, que o autor da infração adquirir com os proventos do crime e, ainda, os bens ou valores passíveis de perdimento serão objeto de sequestro.

Por fim, no tocante aos bens que integram o patrimônio lícito do acusado – não adquiridos com os proventos da infração, ou seja, completamente estranhos ao delito –, poderá haver:

1) Em relação aos imóveis: a) especialização da hipoteca legal, hipótese em que se constituirá direito real de garantia em favor do ofendido, sem que o bem, no entanto, seja retirado da posse do dono (acusado); b) arresto preparatório da hipoteca, ficando a subsistência da medida condicionada à promoção, no prazo de quinze dias, do processo de inscrição da hipoteca.

2) Em relação aos bens móveis: arresto, com a tomada dos bens e entrega a depositário.

Lembre-se de que o sequestro, a hipoteca e o arresto têm por finalidade garantir o ressarcimento do prejuízo sofrido pela vítima em decorrência do delito e, subsidiariamente, garantir o pagamento das despesas processuais e das penas pecuniárias (art. 140 do CPP).

7.11.5. ALIENAÇÃO ANTECIPADA

Os bens sujeitos a qualquer grau de deterioração ou depreciação, assim como aqueles cuja guarda for difícil, serão objeto de alienação antecipada. A medida em questão, que se destina a preservar o valor dos bens sujeitos a medida assecuratória, deve ser determinada pelo juiz (art. 144-A do CPP).

A alienação será feita em leilão, preferencialmente por meio eletrônico, depois de avaliados os bens. Se no primeiro leilão os lances não alcançarem o valor da avaliação, será realizado outro no prazo máximo de 10 dias, oportunidade em que os bens poderão ser alienados por valor não inferior a 80% da avaliação.

O produto da venda permanecerá depositado em conta vinculada ao juízo até a decisão final do processo, para, em caso de condenação, ser incorporado ao patrimônio da União, Estado ou Distrito Federal, depois de satisfeitos os interesses do lesado ou do terceiro de boa-fé.

Na hipótese de o sequestro ou arresto recair sobre moeda estrangeira, títulos, valores mobiliários ou cheques, o juiz determinará a conversão para moeda nacional e o posterior depósito em conta judicial.

7.12. INCIDENTE DE FALSIDADE

Se alguma das partes suspeitar da falsidade de um documento, poderá requerer por escrito a instauração de processo incidente tendente a constatar tal circunstância.

7.12.1. LEGITIMIDADE

Podem suscitar o incidente de falsidade:
a) o réu ou querelado;
b) a vítima (ainda que não habilitada como assistente);
c) o Ministério Público ou o querelante;
d) o juiz, de ofício.

A lei não proíbe a arguição pelo sujeito que juntou o documento aos autos, daí por que não se deve considerar haver ilegitimidade quando verificada tal hipótese.

Para a arguição de falsidade, exige-se procurador com poderes especiais (art. 146 do CPP).

7.12.2. PROCESSAMENTO

Se deferida a instauração do incidente, o juiz ordenará a autuação em apartado, assinando prazo de quarenta e oito horas para a parte contrária oferecer resposta. Após, será aberto prazo, sucessivamente, a cada uma das partes (e para o Ministério Público, se atuar como *custos legis*), para produção de provas (via de regra, o exame pericial do documento). Posteriormente, poderá o juiz determinar a realização de diligências que entender necessárias, seguindo-se decisão.

7.12.3. RECURSO

Julgada procedente ou improcedente a arguição, caberá recurso em sentido estrito, nos termos do art. 581, XVIII, do Código de Processo Penal.

7.12.4. EFEITOS

Se o juiz reconhecer a falsidade, por decisão transitada em julgado, determinará o desentranhamento do documento e remessa ao Ministério Público para apurar a responsabilidade pela falsificação. Se considerar o documento autêntico, determinará sua manutenção nos autos.

O incidente destina-se, portanto, a afastar dos autos o documento inautêntico, o qual não pode servir como meio de prova no processo principal.

A decisão, qualquer que seja seu teor, não faz coisa julgada em prejuízo de ulterior processo penal ou civil. Assim, mesmo que reconhecida a falsidade no incidente, pode sobrevir absolvição em eventual processo instaurado para apurar o crime de falso.

7.13. INCIDENTE DE INSANIDADE MENTAL DO ACUSADO

Havendo dúvida fundada quanto à imputabilidade do acusado, será instaurado processo incidente para aferição de sua saúde mental. Não bastam meras suposições acerca da higidez mental do réu para instauração do incidente, mostrando-se necessário que a dúvida advenha de elementos de convicção existentes nos autos.

7.13.1. OPORTUNIDADE E LEGITIMIDADE

O incidente pode ser instaurado em qualquer fase do processo ou do inquérito.

A instauração do incidente é sempre determinada pelo juiz, ainda que em fase de inquérito, e pode dar-se:
a) de ofício;
b) a requerimento do Ministério Público;
c) a requerimento do defensor, ascendente, descendente, irmão ou cônjuge do acusado;
d) por representação da autoridade policial, na fase do inquérito.

7.13.2. PROCESSAMENTO

Após instaurar o incidente por portaria, o juiz nomeará curador ao réu ou indiciado. Nessa mesma oportunidade, o juiz nomeará dois peritos para realização do exame, intimando as partes, em seguida, para oferecimento de quesitos. Caso o incidente seja instaurado na fase do inquérito, os peritos responderão somente aos quesitos do juiz e do Ministério Público.

De ver-se que a Lei n. 11.690/2008, que passou a exigir apenas um perito para realização das perícias em geral, não alterou a redação dos arts. 150 e 151, que preveem que o exame de insanidade será realizado por **peritos**. Assim, é possível concluir, em face do princípio da especialidade, que o exame médico-legal destinado a constatar a integridade mental do acusado deve ser levado a efeito por pelo menos dois peritos.

Se instaurado no curso da ação penal, o incidente determina a suspensão do processo, ressalvada a realização de diligências que possam ser prejudicadas pelo adiamento. O prazo prescricional flui durante o período de suspensão. Caso instaurado em fase de inquérito policial, não haverá suspensão do feito, por ausência de previsão legal. O incidente será processado em apartado, só ocorrendo o apensamento após a apresentação do laudo (art. 153 do CPP).

Se o acusado estiver preso, será internado em manicômio judiciário, onde houver, podendo o exame ser realizado em outro estabelecimento adequado na sua falta. Se solto o réu e havendo requerimento por parte dos peritos, poderá o juiz designar estabelecimento adequado para realização do exame.

O exame deve ser realizado no prazo de quarenta e cinco dias, salvo se os peritos demonstrarem a necessidade de maior prazo, situação em que poderá o juiz prorrogá-lo (art. 150, § 1º, do CPP).

7.13.3. EFEITOS DA JUNTADA DO LAUDO

O incidente não será decidido pelo juiz, uma vez que a imputabilidade será analisada por ocasião da sentença de mérito.

Se os peritos concluírem pela inimputabilidade ou semi-imputabilidade do réu à época da ação, a ação penal seguirá nos seus ulteriores termos, porém com intervenção necessária do curador, a quem cumprirá acompanhar os atos processuais (art. 151 do CPP).

Em havendo conclusão de que a doença mental sobreveio à infração, o processo continuará suspenso, aguardando o restabelecimento do acusado. Nessa hipótese, pode o juiz ordenar a internação do acusado em manicômio judiciário.

Se houver restabelecimento do acusado, o feito retomará seu curso, desde que não se tenha operado a prescrição.

Observações:
1) Não é possível embasar a decisão do incidente de insanidade em laudo referente a outro processo, uma vez que a imputabilidade deve ser constatada ao tempo da ação ou omissão.

2) A falta de nomeação de curador ao acusado no incidente é causa de nulidade relativa do processo.

3) A decisão que determina a instauração do incidente é irrecorrível.

4) O juiz não está adstrito às conclusões dos peritos, podendo determinar a realização de novo exame e, até mesmo, afastá-las, desde que fundamentadamente.

5) Se a doença ou perturbação mental sobrevier no curso da execução da pena privativa de liberdade, poderá o juiz, de ofício ou a requerimento do Ministério Público ou da autoridade administrativa, determinar a substituição da pena por medida de segurança (art. 183 da LEP).

8 DA PROVA

1. Conceito. Provar significa demonstrar, no processo, a existência ou inexistência de um fato, a falsidade ou a veracidade de uma afirmação. Prova é, portanto, aquilo que permite estabelecer a verdade de um fato ou circunstância, ou seja, aquilo que autoriza a afirmar ou negar determinada proposição.

2. Objeto. Busca-se com o processo a reconstrução histórica do fato tido como criminoso. São objetos de prova, pois, todos aqueles fatos, acontecimentos, coisas e circunstâncias relevantes e úteis para formar a convicção do julgador acerca do ocorrido, para que possa dar solução à lide penal.

Não precisam, portanto, ser provados:
a) os fatos inúteis para o desfecho da causa;
b) os fatos notórios, ou seja, a verdade sabida. Ex.: desnecessária a prova de que em dias úteis diversas pessoas fazem uso do sistema de transporte coletivo nas grandes cidades;
c) os fatos em relação aos quais exista presunção legal. Ex.: inimputabilidade do menor de 18 anos.

Por outro lado, os fatos admitidos ou não impugnados pelas partes (incontroversos) não serão, necessariamente, tidos como demonstrados, uma vez que no processo penal vigora o princípio da verdade real, não podendo o juiz tomar como verdadeiros os fatos apenas porque as partes o admitiram. Isso, todavia, não conduz à conclusão de que o juiz esteja impedido de reconhecer a procedência de uma alegação somente com base na confissão do acusado (desde que não se trate da comprovação da materialidade de infração que deixa vestígios), uma vez que o que importa é saber se há elementos que permitam superar a presunção de não culpabilidade do acusado.

O direito, em regra, não precisa ser provado, uma vez que se presume estar o juiz instruído sobre ele (*jura novit curia*). Há exceções no tocante a tal regra, devendo ser objeto de prova:
a) o direito municipal e o estadual;
b) os regulamentos e portarias;
c) os costumes;
d) a legislação estrangeira.

3. Meios de prova. Pode servir de prova tudo o que, direta ou indiretamente, seja útil na apuração da verdade real. O Código de Processo Penal enumera algumas delas (testemunhal, documental, pericial etc.). A enumeração, entretanto, não é taxativa, podendo servir de prova outros meios não previstos na lei: filmagens, fotografias etc. São as chamadas provas **inominadas**.

Assim, em princípio, são admissíveis meios de prova de qualquer natureza. A busca da verdade real, no entanto, não confere aos agentes policiais, às partes ou ao juiz a faculdade de violar normas legais para obtenção da prova. Por isso, enraizou-se em diversos sistemas constitucionais a proibição de utilização das provas obtidas ilegalmente, ou seja, mediante tortura, mediante indevida violação da intimidade, do domicílio ou de correspondência, mediante coação física ou moral etc.

A vedação da utilização de provas ilícitas, isto é, daquelas provas obtidas em violação a normas constitucionais ou legais, encontra previsão expressa na Constituição Federal (art. 5º, LVI) e no Código de Processo Penal (art. 157, *caput*). A doutrina costuma diferenciar duas espécies de provas ilícitas:

a) Provas ilícitas (em sentido estrito) – são aquelas para cuja obtenção há violação de norma de direito material. Diz-se ilicitamente obtida a prova, portanto, quando violado um direito que determinada pessoa tem tutelado independentemente do processo. Ex.: as provas obtidas com violação do domicílio (art. 5º, XI, da CF), das comunicações (art. 5º, XII, da CF), mediante tortura etc.

b) Provas ilegítimas – são aquelas obtidas ou introduzidas com violação de regras do direito processual. Nesse caso há violação de norma garantidora de interesse vinculado ao processo e sua finalidade. Ex.: utilização no Plenário de Júri de prova juntada nos três dias que antecedem o julgamento (art. 479), oitiva de testemunha que está proibida de depor etc.

Com o advento da Lei n. 11.690/2008, a lei processual passou também a prever expressamente a inadmissibilidade da prova ilícita por derivação, em consonância com entendimento jurisprudencial que já havia se solidificado (art. 157, § 1º). Constata-se, pois, que o Código de Processo Penal, a partir da edição da referida lei, perfilhou-se à teoria dos frutos da árvore envenenada (*fruits of poisonous tree*), segundo a qual a prova em si mesma lícita, mas que foi obtida por intermédio de ação ilícita, deve também ser considerada ilícita. Ex.: apreensão de entorpecente em veículo abordado por policiais (prova decorrente de ação em princípio lícita), porém derivada de informação acerca do transporte da substância obtida por meio de interceptação telefônica ilegal.

Para que haja contaminação da prova pela ilicitude do meio de obtenção, todavia, é necessário que haja inequívoco nexo de causalidade entre ela e a ação ilegal, ou seja, é preciso constatar que a ação ilícita foi *conditio sine qua non* do alcance da prova. Por esse motivo, não será impregnada pela ilicitude a evidência obtida por meio de fonte independente (art. 157, § 1º, do CPP).

A lei considera fonte independente:

a) o elemento autônomo de informação que tornou viável a descoberta da prova derivada, ainda que haja alguma relação, desde que tênue, com a ação ilícita (art. 157, § 1º, parte final). É a *independent source exception* do direito norte-americano. Ex.: em diligência de busca de entorpecentes no domicílio de pessoa investigada por tráfico, realizada sem autorização judicial ou dos moradores (ação ilícita), agentes da autoridade policial são informados pela mãe do suspeito de que a droga está armazenada, em verdade, em outro imóvel, no qual as substâncias vêm a ser apreendidas em busca realizada com amparo em mandado;

b) aquela que por si só, seguindo os trâmites típicos e de praxe, próprios da investigação ou instrução criminal, seria capaz de conduzir ao fato objeto da prova (art. 157, § 2º, do CPP). A lei atribui validade à prova derivada da ação ilícita quando, embora existindo nexo causal entre ambas, trate-se de hipótese de descoberta inevitável (*inevitable discovery exception* do direito norte-americano). Essa exceção deve ser acolhida quando evidenciado que a rotina da investigação levaria à obtenção legal da prova que, circunstancialmente, foi alcançada por meios ilícitos. Ex.: policiais ingressam, sem autorização, no domicílio do investigado e apreendem arma utilizada para a prática de homicídio que lá vinha sendo ocultada (ação ilícita), mas a acusação consegue demonstrar que estava em curso processo de obtenção de mandado judicial de busca domiciliar, instruído com elementos que evidenciavam justa causa para o deferimento da medida.

Constata-se, portanto, que a regra segundo a qual a prova obtida por meio ilícito deve ser excluída (*exclusionary rule*) é temperada por essas duas exceções, que, malgrado similares nos efeitos, diferenciam-se pela circunstância de que, enquanto a exceção da fonte independente exige que a prova controvertida seja realmente obtida de forma legal, a exceção da descoberta inevitável exige apenas que haja fundada convicção de que a prova, conquanto obtida ilegalmente, seria inevitavelmente descoberta por meios lícitos.

Para alguns, a proibição de utilização das provas ilicitamente obtidas é temperada, também, pelo **princípio da proporcionalidade**, segundo o qual é necessário admitir certa flexibilidade quando se cuida do tema, sob pena de praticar-se injustiça. Assim, em casos de extrema gravidade e quando o princípio da proibição da prova ilícita mostrar-se em conflito com outros valores fundamentais (como o direito de defesa, constitucionalmente tutelado), podem-se admitir os elementos de convicção obtidos com violação de norma de direito substancial.

O reconhecimento da ilicitude da prova enseja seu desentranhamento dos autos e, após a preclusão da decisão que a reconheceu, sua inutilização (art. 157, § 3º, do CPP). A decisão interlocutória que, considerando a prova ilícita, determina seu desentranhamento do processo, expõe-se a recurso em sentido estrito (art. 581, XIII, do CPP), pois essa decisão equivale à anulação parcial da instrução.

A utilização de prova ilícita, todavia, **não é causa de nulidade da ação penal**, tendo como consequência, apenas, a inadmissibilidade dos elementos de convicção obtidos ilegalmente e dos que deles derivarem, de modo a permitir que a pretensão punitiva seja apreciada à vista de eventuais outras provas.

INEXISTÊNCIA DE IMPEDIMENTO DO MAGISTRADO QUE CONHECER DA PROVA INADMISSÍVEL

O art. 157, § 5º, do Código, introduzido pela Lei n. 13.964/2019 – Pacote Anticrime, prevê que o juiz que tiver conhecimento do teor de prova declarada ilícita não poderá proferir a sentença ou acórdão.

A lei criou, portanto, nova causa de impedimento, aplicável em todos os graus de jurisdição, de modo a interditar que o magistrado que teve conhecimento de prova considerada ilícita venha a prolatar ato decisório.

A aplicação do dispositivo em questão poderia, em diversas situações, comprometer a efetividade do exercício da jurisdição (art. 5º, XXXV, CF), bastando imaginar-se a hipótese em que o órgão pleno de determinado Tribunal venha a declarar a ilicitude de determinada prova, ocasionando o impedimento de todos os integrantes do colegiado. Além disso, não se mostra razoável, pois a impossibilidade de consideração da prova ilícita para fins de fundamentação da sentença ou do acórdão já é suficiente para impedir que o elemento inadmissível possa ter influência no resultado do julgamento.

O art. 157, § 5º, porém, foi declarado **inconstitucional** pelo STF (ADIs 6.298, 6.299, 6.300 e 6.305), motivo pelo qual não se pode cogitar do impedimento de magistrado por ter tido conhecimento de prova cuja inadmissibilidade vier a ser reconhecida.

Observações:

1) Não se admite a produção de prova com invocação do sobrenatural ou que seja incompatível com a dignidade humana.

2) A Lei n. 9.296/96 disciplina as hipóteses e a forma em que é admitida a interceptação telefônica, para fins de investigação criminal ou instrução processual penal. Pode o juiz, portanto, de ofício ou a requerimento do Ministério Público ou da autoridade policial, determinar a interceptação, desde que: **a)** o crime seja apenado com reclusão; **b)** haja indícios razoáveis de autoria ou de participação na infração; e **c)** não exista outro meio de produzir a prova. O procedimento será sigiloso e correrá em autos apartados.

3) O art. 155, parágrafo único, do Código de Processo Penal, por sua vez, dispõe que, quanto à prova referente ao estado das pessoas (casamento, nascimento, parentesco etc.), devem ser observadas as restrições à prova estabelecidas na lei civil.

ABUSO DE AUTORIDADE

O agente ou servidor público que procede à obtenção de prova, em procedimento de investigação ou fiscalização, por meio manifestamente ilícito, incorre em crime de abuso de autoridade descrito no art. 25, *caput*, da Lei n. 13.869/2019, cuja pena é de detenção, de 1 a 4 anos, e multa. Incorre na mesma pena, por sua vez, o agente ou servidor público que faz uso de prova, em desfavor do investigado ou fiscalizado, com prévio conhecimento de sua ilicitude.

4) Finalidade das provas. A atividade probatória destina-se a fornecer ao julgador, destinatário da prova, elementos suficientes para que possa conhecer a verdade acerca do fato delituoso e, assim, aplicar o direito.

5) Sistemas de valoração das provas. Podem-se classificar, historicamente, os sistemas de apreciação da prova em quatro grupos:

a) Sistema **das provas irracionais** (ou **sistema ordálio**). Por esse sistema, característico do direito visigótico, entregava-se a decisão acerca da veracidade dos fatos a um ser sobrenatural. Uma das partes (ordálio unilateral) ou ambas (ordálio bilateral) eram submetidas a uma prova e, de acordo com o resultado, decidia-se o conflito. Ex.: submissão do acusado à prova do ferro em brasa, que devia ser seguro sem produzir queimadura; deixar as partes com os braços estendidos, perdendo a questão aquela que primeiro os deixasse cair.

b) Sistema **da prova legal** ou **da certeza moral do legislador**. A lei atribui a cada prova um valor, não podendo o juiz desvincular-se de tais parâmetros. O juiz não tem poder de apreciação pessoal, motivada ou não. Desse sistema há apenas resquícios em nosso ordenamento, como, por exemplo, a exigência de certidão de óbito para que se possa declarar a extinção da punibilidade em razão da morte do réu (art. 62 do CPP).

c) Sistema **da íntima convicção** ou **da certeza moral do juiz**. A lei atribui ao julgador a liberdade plena para avaliação das provas (valoração *secundum conscientiam*), não se mostrando necessária a fundamentação da decisão. Vigora, entre nós, apenas para as decisões proferidas pelo Tribunal do Júri, já que os jurados não fundamentam sua decisão.

d) Sistema **da livre convicção do juiz** ou **da persuasão racional do magistrado**. O livre convencimento, sistema consagrado pelos modernos ordenamentos, é o adotado, como regra, pelo Código de Processo Penal (art. 155, *caput*). O juiz deve sopesar todas as provas existentes nos autos, formando livremente seu convencimento, que, no entanto, deve fazer-se acompanhar de motivação (indicação dos caminhos intelectuais que o permitiram chegar às conclusões).

Embora o Código permaneça fiel, salvo no que diz respeito às decisões do júri, ao sistema do livre convencimento do magistrado (art. 155, 1ª parte), a Lei n. 11.690/2008 introduziu inovação em relação ao tema, ao prever a impossibilidade de o juiz fundamentar sua decisão **exclusivamente** em elementos informativos colhidos durante o inquérito policial, afora no que se refere às provas cautelares, não repetíveis e antecipadas (art. 155, 2ª parte).

Assim, a prova obtida na fase investigativa, para servir de base à decisão, deverá, necessariamente, ser corroborada por elemento de convicção colhido em juízo, salvo se se cuidar de prova antecipada, não repetível ou cautelar, hipóteses em que a restrição em questão não se aplica.

De ver-se que a lei não faz distinção em torno dessa regra. Nesse contexto, se o juiz está impedido, por um lado, de atribuir a autoria de determinada infração a um acusado contra quem haja, por exemplo, simples confissão extrajudicial, não poderá, de igual modo, reconhecer a existência de álibi ou de causa de exclusão de ilicitude com base em material cognitivo não confirmado em juízo.

Entende-se por prova não repetível aquela cuja reprodução em juízo mostra-se inviável (ex.: oitiva de testemunha que faleceu após prestar depoimento na fase investigativa; provas periciais).

Prova antecipada é aquela colhida em razão da existência de fundado receio de que já não exista ao tempo da instrução (ex.: oitiva de testemunha enferma ou em idade bastante avançada – art. 225 do CPP). A colheita antecipada da prova, que pressupõe a relevância do meio de prova e a urgência de sua obtenção (art. 156, I, do CPP), dispensa a posterior repetição no momento processual típico.

Já a prova cautelar pode ser definida como a obtida em decorrência da adoção de providência de natureza cautelar, como a busca e apreensão domiciliar (art. 240, § 1º, *c*, *d*, *e* conscientizam *h*, do CPP).

O art. 3º-C, § 3º, do Código, introduzido pela Lei n. 13.964/2019, segundo o qual "as matérias de competência do juiz das garantias", salvo no que diz respeito às provas irrepetíveis, medidas de obtenção de provas ou de antecipação de provas, não serão enviadas ao juiz da instrução e julgamento quando da remessa da ação penal a esse órgão jurisdicional, foi declarado inconstitucional pelo STF (ADIs 6.298, 6.299, 6.300 e 6.305).

6) Ônus da prova. O art. 156, *caput*, do Código de Processo Penal prevê que a prova da alegação incumbe a quem a fizer.

Assim, a acusação deve provar os fatos constitutivos do alegado direito de punir (a ocorrência do fato típico, a autoria, bem como o dolo ou culpa).

Cabe à defesa, por sua vez, provar eventuais fatos extintivos, impeditivos ou modificativos do direito do autor (excludentes de ilicitude, de culpabilidade, álibi etc.).

Averbe-se, no entanto, que, com as alterações introduzidas pela Lei n. 11.690/2008, a existência de fundada dúvida sobre a existência de circunstância que exclua o crime ou isente o réu de pena passou a ser suficiente para ensejar a absolvição (art. 386, VI, do CPP). Assim, embora não seja ônus da acusação demonstrar a inocorrência, em nível de certeza, de causa excludente de ilicitude ou de culpabilidade, a condenação, em tais casos, pressupõe que haja desequilíbrio probatório em favor da acusação.

Veja-se, entretanto, que, em atenção ao princípio da verdade real, permite a lei que o juiz tome a iniciativa de determinar, de ofício, a produção de provas que entenda relevantes, mesmo antes de iniciada a ação penal (art. 156, I e II, do CPP).

Ao analisar a constitucionalidade do art. 3º-A do Código, que, em sua literalidade, veda qualquer iniciativa do juiz na fase de investigação e a substituição da atuação probatória da acusação, o STF atribuiu-lhe interpretação conforme, para estabelecer que o juiz, pontualmente, nos limites legalmente autorizados, pode determinar a realização de diligências suplementares, para o fim de dirimir dúvida sobre questão relevante para o julgamento do mérito.

No processo penal, vigora o princípio da comunhão da prova, segundo o qual os elementos de convicção servem a ambas as partes, e não apenas ao sujeito que a produziu.

7) Classificação das provas. Quanto à natureza.
a) direta – diz-se direta a prova quando, por si só, demonstra o fato controvertido;
b) indireta – é a prova que demonstra um fato do qual se deduz o fato que se quer provar.

Quanto ao valor:
a) plena (perfeita ou completa) – é aquela apta a conduzir o julgador a um juízo de certeza;
b) não plena (imperfeita ou incompleta) – traz apenas uma probabilidade acerca da ocorrência do fato e de sua autoria.

Quanto à origem:
a) **originária** – quando não há intermediários entre o fato e a prova (testemunha presencial);
b) **derivada** – quando existe intermediação entre o fato e a prova (testemunho do testemunho, p. ex.).

Quanto à **fonte**:
a) **pessoal** – tem como fonte alguma manifestação humana (testemunho, confissão, conclusões periciais, documento escrito pela parte etc.);
b) **real** – tem como fonte a apreciação de elementos físicos distintos da pessoa humana (o cadáver, a arma do crime etc.).

8) Prova emprestada (ou trasladada). É aquela colhida em uma ação e transportada para outro processo, no qual será utilizada. Para alguns, é válida somente quando se destina a gerar efeito contra uma das partes do processo originário no qual foi produzida, pois, em caso contrário, haveria violação do princípio do contraditório.

9) Momentos da atividade probatória. As provas são: a) propostas (requeridas); b) submetidas a juízo de admissibilidade pelo julgador; c) produzidas (introduzidas no processo); e d) apreciadas (submetidas a juízo de valoração pelo magistrado).

8.1. DAS PERÍCIAS EM GERAL E DO EXAME DE CORPO DE DELITO

8.1.1. CONCEITO E OBJETO

É o exame realizado por pessoa com conhecimentos específicos sobre matéria técnica útil para o deslinde da causa, destinado a instruir o julgador.

A perícia pode ter por objeto a análise de escritos, cadáveres, pessoas lesionadas, instrumentos do crime etc.

8.1.2. LAUDO PERICIAL

É o documento elaborado pelo perito com base naquilo que por ele foi observado.

São **partes do laudo**:
a) preâmbulo;
b) quesitos (reprodução dos quesitos formulados pelas partes);
c) histórico;
d) descrição (é a parte mais importante do laudo, em que deve o perito procurar transformar em palavras as sensações que experimenta ao realizar o exame);
e) discussão;
f) conclusão; e
g) resposta aos quesitos.

O laudo não deve conter qualquer conclusão de ordem jurídica, uma vez que tal juízo é exclusivo do magistrado.

8.1.3. REALIZAÇÃO DA PERÍCIA

A realização **pode ocorrer na fase do inquérito ou durante o processo, por determinação da autoridade policial** (art. 6º, VII, do CPP) **ou do juiz** (de ofício ou a requerimento das partes). Não constitui violação do princípio do contraditório a realização de perícia exclusivamente na fase policial, pois, no mais das vezes, trata-se de prova não repetível, além do que está sujeita ao exercício do contraditório diferido, na medida em que as partes podem apresentar quesitos (art. 176 do CPP), assim como indicar assistente técnico para apresentação de parecer (art. 159, §§ 3º, 4º e 5º, II, do CPP), contestar o laudo apresentado, requerer fundamentadamente a complementação ou realização de novo exame (art. 181 do CPP) e, ainda, requerer a oitiva de perito em audiência (arts. 159, § 5º, I, e 400, *caput* e § 2º, do CPP).

As partes não intervirão na nomeação do perito (art. 276 do CPP).

Em virtude de alteração introduzida pela Lei n. 11.690/2008, a perícia pode ser realizada por um único perito oficial portador de diploma de curso superior (art. 159, *caput*, do CPP). No regime antigo, exigiam-se dois peritos oficiais para a validade da perícia. Por isso perdeu validade a Súmula 361 do Supremo Tribunal Federal, aprovada na vigência da legislação anterior, que dizia ser nulo o exame pericial realizado apenas por um perito.

Na falta de perito oficial, deverá a autoridade nomear duas pessoas idôneas (peritos não oficiais) e com formação superior preferencialmente na área específica (art. 159, § 1º, do CPP), que prestarão compromisso (art. 159, § 2º, do CPP).

Caso haja necessidade de exame por carta precatória, a regra é a nomeação do perito pelo juízo deprecado (art. 177 do CPP).

A Lei n. 11.689/2008 introduziu relevantes inovações também no que diz respeito à possibilidade de as partes (Ministério Público, assistente de acusação, ofendido, querelante e acusado) influírem na formação da prova pericial, uma vez que à faculdade de formular quesitos (indagações de natureza técnica) acrescentou-se a prerrogativa de indicação de assistente técnico.

O assistente técnico, profissional qualificado na área objeto da perícia e que prestará assessoria à parte, atuará somente a partir de sua admissão pelo juiz e depois da conclusão dos exames e da elaboração do laudo pericial (art. 159, § 4º, do CPP).

Na medida em que a vinculação do assistente técnico se dá apenas com a parte, basta que o juízo intime as partes acerca da decisão de admissão (art. 159, § 4º, parte final, do CPP), cumprindo a elas zelar pela elaboração e juntada do parecer técnico no prazo assinado pelo juiz.

Para tornar viável a elaboração do parecer técnico, a lei faculta o exame, pelo assistente técnico, do material probatório que serviu de base à perícia, salvo se for impossível sua conservação. O exame do material será feito na presença do perito e nas dependências do órgão oficial, que manterá sua guarda (art. 159, § 6º, do CPP).

A lei prevê a possibilidade de oitiva, em audiência, de peritos e assistentes técnicos (arts. 159, § 5º, I e II, e 400, *caput* e § 2º, do CPP).

CADEIA DE CUSTÓDIA

Para prestigiar a garantia constitucional do contraditório (art. 5º, LV, da CF), em sua vertente diferida ou postergada, a Lei n. 13.964/2019 introduziu novo conceito na parte do Código destinada à disciplina da prova pericial (Cap. II do Título VII do Livro I), ao definir e regulamentar a cadeia de custódia dos elementos sensíveis da infração, físicos ou eletrônicos (*chain of custody*, do Direito norte-americano).

De acordo com o art. 158-A do Código, "considera-se cadeia de custódia o conjunto de todos os procedimentos utilizados para manter e documentar a história cronológica do vestígio coletado em locais ou em vítimas de crimes, para rastrear sua posse e manuseio a partir de seu reconhecimento até o descarte". O instituto destina-se, portanto, a garantir a idoneidade e imutabilidade da prova, desde sua obtenção até análise pelo magistrado.

O termo refere-se, portanto, às providências que devem ser ordenadamente observadas e documentadas, em cada etapa da produção da prova até sua análise pelo juízo, inclusive no que se refere à identificação do responsável pela coleta, guarda e análise do elemento sensível, em ordem a garantir a segurança acerca da procedência da prova e sua não contaminação e, consequentemente, a confiabilidade do vestígio, ou seja, de "todo objeto ou material bruto, visível ou latente, constatado ou recolhido, que se relaciona à infração penal" (art. 158-A, § 3º).

As exigências relativas à higidez da cadeia de custódia compreendem desde os atos que inauguram o esforço de recolhimento de vestígios – preservação do local de crime ou procedimentos policiais ou periciais nos quais seja detectada a existência de vestígio (art. 158-A, § 1º) –, alcançando todas as etapas ulteriores – reconhecimento, isolamento, fixação, coleta, acondicionamento, transporte, recebimento, processamento, armazenamento e descarte (art. 158-B).

De acordo com o art. 158-A, § 1º, o início da cadeia de custódia dá-se com a preservação do local de crime ou com procedimentos policiais ou periciais nos quais seja detectada a existência de vestígio. O agente público que reconhecer um elemento como de potencial interesse para a produção da prova pericial fica responsável por sua preservação (§ 2º). Vestígio é todo objeto ou material bruto, visível ou latente, constatado ou recolhido, que se relaciona à infração penal (§ 3º).

Para evitar que haja quebra da cadeia de custódia, a lei estabelece diversas formalidades que devem ser adotadas, relacionadas à identificação e colheita de assinatura de cada pessoa legalmente autorizada a ter contato com a prova, à descrição de por quanto tempo cada pessoa esteve na posse da prova, à forma como a evidência foi transferida entre os agentes públicos em cada oportunidade etc. Nos exatos termos do art. 158-B, a cadeia de custódia compreende o rastreamento do vestígio nas seguintes etapas: I – reconhecimento: ato de distinguir um elemento como de potencial interesse para a produção da prova pericial; II – isolamento: ato de evitar que se altere o estado das coisas, devendo isolar e preservar o ambiente imediato, mediato e relacionado aos vestígios e local de crime; III – fixação: descrição detalhada do vestígio conforme se encontra no local de crime ou no corpo de delito, e a sua posição na área de exames, podendo ser ilustrada por fotografias, filmagens ou croqui, sendo indispensável a sua descrição no laudo pericial produzido pelo perito responsável pelo atendimento; IV – coleta: ato de recolher o vestígio que será submetido à análise pericial, respeitando suas características e natureza; V – acondicionamento: procedimento por meio do qual cada vestígio coletado é embalado de forma individualizada, de acordo com suas características físicas, químicas e biológicas, para posterior análise, com anotação da data, hora e nome de quem realizou a coleta e o acondicionamento; VI – transporte: ato de transferir o vestígio de um local para o outro, utilizando as condições adequadas (embalagens, veículos, temperatura, entre outras), de modo a garantir a manutenção de suas características originais, bem como o controle de sua posse; VII – recebimento: ato formal de transferência da posse do vestígio, que deve ser documentado com, no mínimo, informações referentes ao número de procedimento e unidade de polícia judiciária relacionada, local de origem, nome de quem transportou o vestígio, código de rastreamento, natureza do exame, tipo do vestígio, protocolo, assinatura e identificação de quem o recebeu; VIII – processamento: exame pericial em si, manipulação do vestígio de acordo com a metodologia adequada às suas características biológicas, físicas e químicas, a fim de se obter o resultado desejado, que deverá ser formalizado em laudo produzido por perito; IX – armazenamento: procedimento referente à guarda, em condições adequadas, do material a ser processado, guardado para realização de contraperícia, descartado ou transportado, com vinculação ao número do laudo correspondente; X – descarte: procedimento referente à liberação do vestígio, respeitando a legislação vigente e, quando pertinente, mediante autorização judicial.

Assim é que a coleta dos vestígios deverá ser realizada preferencialmente por perito oficial, após a necessária preservação do local do crime, com posterior encaminhamento do material para uma unidade central de custódia destinada à guarda e controle desses materiais, e vinculada ao órgão oficial de perícia criminal (art. 158-C, *caput*).

De acordo com o art. 158-C, § 2º, é proibida a entrada em locais isolados bem como a remoção de quaisquer vestígios de locais de crime antes da liberação por parte do perito responsável, sendo tipificada como fraude processual a sua realização. Notável a falta de técnica na elaboração do dispositivo. O crime de fraude processual é previsto no art. 347 do Código Penal e consiste em inovar artificiosamente, na pendência de processo civil ou administrativo, o estado de lugar, de coisa ou de pessoa, com o fim de induzir a erro o juiz ou o perito. A pena prevista é de 3 meses e 2 anos, mas é aplicada em dobro, quando se destina a fazer prova em processo penal, ainda que não iniciado (art. 347, parágrafo único, do CP). Nota-se, portanto, que apenas estará configurado o crime de fraude processual se presente no caso concreto o elemento subjetivo do tipo, qual seja, a intenção específica de induzir em erro o perito ou juiz. Essa elementar deve ser provada, não podendo ser presumida conforme consta do art. 158-C, § 2º.

Para a coleta, deverá ser utilizado recipiente apropriado à natureza do material recolhido, nos quais será utilizado lacre inviolável, com numeração individualizada, de forma a garantir a inviolabilidade e idoneidade do vestígio durante o transporte (art. 158-D, *caput*, e § 1º).

O recipiente deverá individualizar o vestígio, preservar suas características, impedir contaminação e vazamento, ter grau de resistência adequado e espaço para registro de informações sobre seu conteúdo (art. 158-D, § 2º). O recipiente só poderá ser aberto pelo perito que vai proceder à análise e, motivadamente, por pessoa autorizada (art. 158-D, § 3º).

Após cada rompimento de lacre, deve-se fazer constar na ficha de acompanhamento de vestígio o nome e a matrícula do responsável, a data, o local, a finalidade, bem como as informações referentes ao novo lacre utilizado (§ 4º), e o lacre rompido deverá ser acondicionado no interior do novo recipiente (§ 5º).

Após a realização da perícia, o material deverá ser devolvido à central de custódia, devendo nela permanecer (art. 158-F).

Saliente-se que todos os Institutos de Criminalística deverão ter uma central de custódia destinada à guarda e controle dos vestígios, e sua gestão deve ser vinculada diretamente ao órgão central de perícia oficial de natureza criminal. Toda central de custódia deve possuir os serviços de protocolo, com local para conferência, recepção, devolução de materiais e documentos, possibilitando a seleção, a classificação e a distribuição de materiais, devendo ser um espaço seguro e apresentar condições ambientais que não interfiram nas características do vestígio. Na central de custódia, a entrada e a saída de vestígio deverão ser protocoladas, consignando-se informações sobre a ocorrência no inquérito que a eles se relacionam. Todas as pessoas que tiverem acesso ao vestígio armazenado deverão ser identificadas, e deverão ser registradas a data e a hora do acesso. Por ocasião da tramitação do vestígio armazenado, todas as ações deverão ser registradas, consignando-se a identificação do responsável pela tramitação, a destinação, a data e o horário da ação. Todas essas regras são encontradas no art. 158-E do Código de Processo Penal.

Caso a central de custódia não possua espaço ou condições de armazenar determinado material, deverá a autoridade policial ou judiciária determinar as condições de depósito do referido material em local diverso, mediante requerimento do diretor do órgão central de perícia oficial de natureza criminal.

É extremamente importante ressaltar que a inobservância das recomendações legais relativas à cadeia de custódia do vestígio só ensejará a inadmissibilidade da prova pericial se demonstrada a existência de prejuízo concreto e relevante para a confiabilidade do material analisado, no tocante à origem e preservação das características.

Observações:
1) Em se cuidando de perícia complexa que abranja mais de uma área de saber especializado (art. 159, § 7º, do CPP), é possível a designação de mais de um perito oficial e a indicação de mais de um assistente técnico pela parte.
2) O juiz deve indeferir os quesitos que considerar impertinentes.

8.1.4. VINCULAÇÃO DO JUIZ AO LAUDO

Entre nós foi adotado o sistema liberatório, segundo o qual o juiz, fundamentadamente, poderá rejeitar, no todo ou em parte, as conclusões do perito. O laudo não vincula também os jurados.

O sistema em que o juiz está adstrito às conclusões do perito, por sua vez, denomina-se vinculatório.

8.1.5. O EXAME DE CORPO DE DELITO. DISTINÇÃO ENTRE EXAME DE CORPO DE DELITO E CORPO DE DELITO

Corpo de delito é o conjunto de elementos sensíveis (vestígios) deixados pelo crime, isto é, a totalidade das alterações perceptíveis no mundo das coisas e derivadas da ocorrência do delito que, de alguma forma, comprovam a existência desse fato. Exame de corpo de delito, por outro lado, é a atividade voltada para a captação desses vestígios e posterior elaboração de documento que registre a existência de tais elementos (laudo).

O exame de corpo de delito pode ser:
a) direto – realizado sobre o próprio corpo de delito;
b) indireto – realizado sobre dados e vestígios paralelos, como a ficha médica da vítima.

Nos termos do disposto no art. 158 do Código de Processo Penal, é obrigatória a realização de exame de corpo de delito, direto ou indireto, nas infrações que deixam vestígios (delitos não transeuntes – ex.: homicídio, furto qualificado pelo arrombamento, incêndio, lesões corporais etc.), não podendo supri-lo a confissão do acusado.

O art. 167 do mesmo Código, entretanto, dispõe que, uma vez inviabilizada a realização do exame pelo desaparecimento dos vestígios, a prova testemunhal poderá suprir-lhe a falta (prova não pericial, que não se confunde com a prova pericial indireta). Para que se aceite a prova testemunhal, é necessário que o desaparecimento não possa ser imputado aos órgãos estatais incumbidos da persecução penal. Assim, a demora injustificada na realização do exame com o consequente desfazimento dos vestígios não autoriza que a prova pericial seja suprida por prova testemunhal.

A inexistência do exame nas infrações que deixam vestígios é causa de nulidade da sentença (art. 564, III, *b*, do CPP), ressalvada a possibilidade do suprimento acima apontado.

Observações:
1) O exame realizado em um cadáver para constatar a causa da morte é chamado exame necroscópico (necropsia ou autópsia). O Código de Processo Penal regula também a exumação (desenterramento de cadáver para realização de exame).
2) Nos crimes de falsificação de documento realiza-se o exame documentoscópico, para se constatar eventual falsidade material, e o grafotécnico, quando possível, a fim de se apurar o responsável pelo preenchimento e lançamento da assinatura.
3) Cuidando-se de delito de lesão corporal grave em razão da incapacidade da vítima para as ocupações habituais, por mais de 30 dias (art. 129, § 1º, I, do CP), deverá ser realizado exame

complementar após o trigésimo dia (art. 168, § 2º, do CPP). A falta do exame complementar, entretanto, pode ser suprida pela prova testemunhal (art. 168, § 3º, do CPP).

A expressão exame complementar também é utilizada quando o laudo apresenta alguma falha ou omissão, hipótese em que o juiz determinará ao perito que supra a formalidade faltante, complemente ou esclareça o laudo (art. 181 do CPP).

4) No furto cometido mediante destruição ou rompimento de obstáculo à subtração da coisa, ou por meio de escalada, deverá o perito, além de descrever os vestígios, indicar com que instrumentos, por que meios e em que época estima ter sido o fato praticado (art. 171 do CPP).

5) No caso de incêndio, o perito verificará a causa e o lugar em que houver iniciado, o perigo que dele tiver resultado para a vida ou para o patrimônio alheio, a extensão do dano e o seu valor e as demais circunstâncias que interessarem para a elucidação do fato (art. 173 do CPP).

6) Deve ser realizada avaliação de coisas destruídas, deterioradas, subtraídas ou que constituam produto do crime. Se impossível a avaliação direta, o perito fará a avaliação por meio dos elementos constantes dos autos e dos que resultarem das diligências (art. 172 do CPP).

8.1.6. IDENTIFICAÇÃO CRIMINAL PELO PERFIL GENÉTICO

Para que os avanços científicos na área da medicina forense possibilitem a identificação de criminosos e a elucidação da autoria de infrações penais, introduziram-se modificações na Lei n. 12.037/2009 e na Lei de Execução Penal, destinadas a regulamentar a coleta de material biológico do investigado ou réu e, ainda, a manutenção de banco de informações sobre perfis genéticos (Lei n. 12.654/2012).

A análise das sequências de DNA (ácido desoxirribonucleico) por meio de técnica denominada impressão genética permite concluir, com extrema segurança, se fluidos corporais (sangue, esperma, saliva) ou tecidos (pele, cabelo) encontrados, por exemplo, na cena do crime ou no corpo da vítima são provenientes de determinada pessoa, de modo a oferecer relevante elemento de informação para o julgamento de processos criminais.

Sempre que essencial às investigações de certa infração, poderá o juiz, de ofício, ou mediante representação da autoridade policial, ou, ainda, a requerimento do Ministério Público ou da defesa, determinar a coleta de material biológico para obtenção do perfil genético do investigado (art. 5º, parágrafo único, da Lei n. 12.037/2009).

Embora a extração de amostra de DNA deva ser realizada por técnica indolor e não invasiva, há quem sustente a possibilidade de o investigado ou acusado, valendo-se do privilégio contra a autoincriminação, recusar-se a cumprir a determinação de fornecer material biológico. Caberá ao STF, portanto, proclamar, oportunamente, seu entendimento sobre a possibilidade de obrigar-se o investigado ou o réu a fornecer, mesmo contra sua vontade, o material biológico, bem como decidir, na hipótese de entender inviável a colheita "debaixo de vara", se a recusa gera efeitos no plano instrumental, ou seja, se constitui elemento apto a gerar indício em desfavor do renitente.

A manutenção de banco de perfis genéticos (art. 5º-A, *caput*, da Lei n. 12.037/2009), por outro lado, permite a identificação de autores de outras infrações que deixaram ou que vierem a deixar vestígios biológicos, pois nele serão armazenadas as informações sobre os caracteres genéticos dos investigados ou acusados em relação aos quais houver determinação judicial de identificação por esse meio e, ainda, as informações sobre o perfil genético de todos os condenados por crime doloso praticado com violência de natureza grave ou por crime hediondo (art. 9º-A da LEP).

Em qualquer caso, as informações obtidas a partir do cotejo da sequência genética do material apreendido com o perfil genético (do investigado ou de pessoa cujos identificadores genéticos estejam disponíveis no banco de dados) serão consignadas em um laudo pericial firmado por perito oficial habilitado (art. 5º-A, § 3º, da Lei n. 12.037/2009).

8.2. INTERROGATÓRIO

8.2.1. CONCEITO E NATUREZA

O interrogatório é o ato em que o juiz ouve o acusado acerca da imputação que lhe é feita.
O interrogatório tem natureza mista, pois é meio de prova e também meio de defesa.

8.2.2. CARACTERÍSTICAS

a) ato personalíssimo: somente a pessoa em face de quem se deduz a pretensão punitiva (réu ou querelado) é que pode ser interrogada;
b) ato oral;
c) ato não sujeito à preclusão: o acusado pode ser interrogado a qualquer tempo, até o trânsito em julgado da sentença;
d) ato bifásico: constituído de duas partes, uma sobre a pessoa do acusado, e outra sobre os fatos.

8.2.3. MOMENTO DO INTERROGATÓRIO

Com o advento da Lei n. 11.719/2008, o interrogatório passou a ser o último ato instrutório (art. 400, *caput*, do CPP). Se o réu estiver preso, será apresentado na data designada para a realização da audiência de instrução, debates e julgamento (art. 399, § 1º, do CPP); se estiver solto e comparecer em atendimento à intimação, proceder-se-á ao interrogatório. No julgamento do HC 127.900, em 3 de março de 2016, o Plenário do Supremo Tribunal Federal fixou orientação no sentido de que a regra do art. 400 do CPP, que determina o interrogatório ao final, seja aplicada também aos processos de natureza penal militar e eleitoral e a todos os procedimentos penais regidos por legislação especial, ainda que haja disposição diversa em rito especial.

Se o réu, em razão do não comparecimento para o ato em questão, tornar-se revel (art. 367 do CPP), mas vier a ser preso ou a comparecer posteriormente em juízo, será interrogado na primeira oportunidade. Embora o art. 260, *caput*, do CPP preveja a possibilidade de a autoridade determinar a condução coercitiva, para fins de interrogatório, do acusado que desatender a intimação, o Pleno do STF, por maioria de votos, decidiu que tal providência é incompatível com os princípios do privilégio contra a autoincriminação, da presunção de não culpabilidade e da dignidade da pessoa humana, garantidos pela Constituição Federal, razão pela qual declarou a não recepção da expressão "para o interrogatório" constante do citado dispositivo legal (ADPF 395/DF e ADPF 444/DF, Rel. Min. Gilmar Mendes, Tribunal Pleno, j. 14-6-2018, DJe-107 22-5-2019).

A falta de interrogatório do réu presente é causa de nulidade (art. 564, II, *e*, do CPP), que, de acordo com orientação adotada pelo Supremo Tribunal Federal, é de natureza relativa.

O art. 196 do Código de Processo Penal permite que o juiz proceda, a qualquer tempo, a novo interrogatório do acusado, providência que pode ser determinada de ofício ou a requerimento fundamentado das partes.

8.2.4. LOCAL DA REALIZAÇÃO DO INTERROGATÓRIO

O réu solto será interrogado ao comparecer perante a autoridade judiciária, ou seja, no lugar em que estiver sediado o órgão julgador (art. 185, *caput*, do CPP).

Processo Penal – Parte Geral

Desejando, porém, diminuir os riscos e despesas inerentes ao transporte de presos do estabelecimento em que estejam recolhidos até a sede do juízo, o legislador estabeleceu que o interrogatório do acusado preso será feito no estabelecimento em que se encontrar (art. 185, § 1º, do CPP). Criou-se, portanto, exceção à regra de que os atos processuais devem ser praticados na sede do juízo.

Em atenção à necessidade de garantir a incolumidade dos sujeitos processuais (juízes, promotores, advogados, auxiliares da justiça) e, ainda, aos princípios constitucionais da ampla defesa e da publicidade dos atos processuais, condicionou-se a realização do interrogatório em dependências de estabelecimento prisional à existência de sala própria onde estejam garantidas a segurança de tais pessoas, a presença do defensor e a publicidade. Caso contrário, o réu deverá ser requisitado e escoltado até a sede do juízo para que ali seja interrogado.

A realização do interrogatório no presídio, que na prática já era pouco aplicada, restou praticamente esvaziada com a concentração de todos os atos instrutórios em uma única audiência (art. 400, *caput*, do CPP, com a redação dada pela Lei n. 11.719/2008), uma vez que não é razoável que ofendido, testemunhas e todos os demais atores dirijam-se ao estabelecimento prisional para participar do ato.

8.2.5. VIDEOCONFERÊNCIA

A Lei n. 11.900/2009, por sua vez, permite que o interrogatório seja feito por videoconferência, mantendo-se o acusado no presídio, quando o juiz, de ofício, ou em razão de requerimento das partes, verificar que a medida é necessária para prevenir risco à segurança pública, a fuga do preso ou quando houver dificuldade para comparecimento pessoal do acusado em juízo, ou até mesmo para evitar que as testemunhas se sintam constrangidas com a sua presença no local da audiência.

Da decisão que determinar o interrogatório por videoconferência, as partes deverão ser intimadas com dez dias de antecedência.

Ao réu é assegurado o direito de acompanhar os depoimentos das testemunhas pelo mesmo sistema de videoconferência e de comunicar-se com seu defensor, por meio de canais telefônicos reservados, antes e durante a audiência.

8.2.6. PARTICIPAÇÃO DO DEFENSOR

Para concretizar a prerrogativa conferida a todo réu de ver-se assistido por profissional com capacitação técnica, a lei assegura ao acusado o direito de entrevistar-se reservadamente com seu defensor, antes da realização do interrogatório (art. 185, § 2º, do CPP).

O ato de interrogatório será sempre realizado na presença do defensor constituído ou nomeado (art. 185, *caput*, do CPP). Esse dispositivo teve sua redação dada pela Lei n. 10.792/2003, de modo que, atualmente, se o réu não tiver advogado constituído, o juiz, antes do interrogatório, deverá nomear defensor para assisti-lo (dativo), para que possa ocorrer a entrevista antes mencionada.

8.2.7. TEOR DAS INDAGAÇÕES DIRIGIDAS AO INTERROGANDO E INTERVENÇÃO DAS PARTES

Na primeira parte do interrogatório, que se destina, fundamentalmente, à obtenção de informações que influirão na aplicação da pena, o acusado será perguntado sobre a residência, meios de vida ou profissão, oportunidades sociais, lugar onde exerce a sua atividade, vida pregressa – notadamente se foi preso ou processado alguma vez –, assim como acerca de outros dados familiares e sociais (art. 187, § 1º, do CPP). O art. 185, § 10, inserido pela Lei n. 13.257/2016, prevê que do interrogatório da pessoa presa deverá constar informação sobre a existência de filhos, respectivas idades e se possuem alguma deficiência, além do nome e contato de eventual responsável pelos cuidados dos filhos.

Na segunda etapa, as indagações serão relativas à veracidade da imputação, ao local em que ele se encontrava ao tempo da infração, às provas já apuradas, ao conhecimento de testemunhas, vítimas e de instrumentos utilizados para a prática do delito, bem como acerca de eventual fato ou circunstância que auxilie sua defesa (art. 187, § 2º, do CPP).

Com o advento da Lei n. 10.792/2003, retirou-se do interrogatório o caráter de ato privativo do juiz, já que, com nova redação conferida ao art. 188 do Código de Processo Penal, exsurge o direito de as partes formularem perguntas ao acusado em relação a algum fato que deva ser esclarecido.

Embora somente em relação à instrução em plenário do Júri haja previsão da ordem de endereçamento das reperguntas ao acusado, não há dúvida de que a norma do art. 474, § 1º, do Código de Processo Penal aplica-se analogicamente aos demais procedimentos, o que autoriza a conclusão de que o Ministério Público (ou querelante) deve formulá-las antes do defensor.

8.2.8. SILÊNCIO E MENTIRA DO RÉU

Pode o réu, como forma de exercício da autodefesa, quedar-se silente, circunstância que não pode pesar em seu desfavor, nos termos do art. 5º, LXIII, da Constituição.

Assim, depois de qualificado e cientificado do teor da acusação, deve ser o acusado informado de seu direito de permanecer calado e de não responder perguntas que lhe forem formuladas (art. 186 do CPP). Pode o acusado, para que possa exercer a autodefesa de forma livre, optar por responder apenas parte das perguntas (p. ex., aquelas formuladas por seu defensor), sobretudo porque não há previsão legal expressa de que o direito ao silêncio deva ser exercido "em bloco" (STJ, HC n. 628.224/MG, Rel. Min. Felix Fischer, j. 7-12-2020).

Para fazer valer essa prerrogativa perante o Júri, o art. 478, II, do Código de Processo Penal (introduzido pela Lei n. 11.689/2008) dispõe que, durante os debates, as partes não poderão fazer menção ao silêncio do acusado. Com isso procurou o legislador evitar que, no julgamento realizado por íntima convicção, o exercício do direito ao silêncio pudesse influir na decisão dos jurados, prejudicando o réu.

Além de permanecer em silêncio, pode o réu mentir a respeito dos fatos, sem que isso importe em qualquer consequência prejudicial a ele.

Observações:

1) A regra do art. 194 do Código de Processo Penal, segundo a qual o réu menor de 21 anos deveria ser interrogado na presença de curador, foi expressamente revogada pela Lei n. 10.792/2003.

2) O Superior Tribunal de Justiça já decidiu que é possível a realização do interrogatório por meio de carta precatória, sem que isso importe em ofensa ao princípio da identidade física do magistrado (CC 99.023/PR, julgado pela Terceira Seção).

3) Havendo mais de um réu, cada qual será interrogado separadamente (art. 191 do CPP).

4) Se o acusado não falar português, será interrogado com o auxílio de um intérprete.

5) Ao mudo são endereçadas perguntas orais, que serão respondidas por escrito; se surdo o interrogado, far-se-ão perguntas escritas, e as respostas serão orais; caso se trate de surdo-mudo, as perguntas e respostas serão escritas; se analfabeto o surdo-mudo, haverá necessidade de auxílio de intérprete que o entenda.

6) Conquanto haja previsão de observância das normas relativas ao interrogatório judicial também ao ato realizado na fase policial (art. 6º, V, do CPP), é desnecessária a adoção, na etapa inquisitorial, das cautelas exigidas em decorrência da instalação do contraditório, tais como a presença obrigatória de defensor e a possibilidade de reperguntas.

8.3. CONFISSÃO

8.3.1. CONCEITO

É a declaração por parte do acusado da verdade dos fatos criminosos cuja prática a ele se imputa. É, portanto, a admissão por parte do acusado de que praticou a infração penal.

8.3.2. MOMENTO E EFEITOS DA CONFISSÃO

A confissão, em regra, ocorre no interrogatório. Pode, porém, dar-se em qualquer outra fase, caso em que será tomada por termo.

Havendo confissão, o réu será especialmente perguntado sobre os motivos e circunstâncias do crime, bem como se outras pessoas concorreram para o delito (art. 190 do CPP). Diz-se que houve confissão delatória (delação ou chamada de corréu) quando o réu, admitindo a prática da infração, incrimina também terceiro.

Como elemento de prova que é, deve a confissão ser apreciada segundo o critério da persuasão racional do juiz, isto é, deve ser confrontada com o restante da prova, porquanto, apesar de seu significativo valor, não constitui prova absoluta (*probatio probatissima*).

8.3.3. CLASSIFICAÇÃO

A confissão pode ser classificada em:
a) simples – quando o réu atribui a si a prática de um único delito;
b) complexa – quando o acusado reconhece ser o autor de mais de uma infração;
c) qualificada – ocorre quando o réu admite a autoria da conduta, porém alega em seu benefício fato modificativo, impeditivo ou extintivo (excludente de ilicitude, de culpabilidade etc.);
d) judicial – feita perante o juízo;
e) extrajudicial – feita durante o inquérito policial ou fora do processo judicial, ainda que posteriormente anexada aos autos.

Não existe confissão ficta em nossa legislação. Assim, ainda que o réu deixe o processo correr à revelia, não se presumem verdadeiros os fatos narrados na denúncia ou queixa.

8.3.4. CARACTERÍSTICAS

São características da confissão:
a) ato personalíssimo;
b) para que seja válida, deve ser livre e espontânea;
c) retratabilidade – o confitente pode desdizer-se;
d) divisibilidade (ou cindibilidade) – o réu pode confessar somente parte da conduta ou confessar um crime e negar a prática de outro etc.

8.4. DECLARAÇÕES DO OFENDIDO

O ofendido, pessoa titular do interesse jurídico violado pela conduta criminosa, sempre que possível, será qualificado e perguntado sobre as circunstâncias da infração, bem assim sobre quem seja ou presuma ser o autor e as provas que possa indicar (art. 201 do CPP). Assim, independentemente de as partes terem arrolado o ofendido, o juiz deve zelar para que suas declarações sejam colhidas, salvo se comprovada a impossibilidade da providência.

Sempre que possível, o registro do teor das declarações será feito por meios ou recursos de gravação magnética, estenotipia, digital ou técnica similar, inclusive audiovisual (art. 405, § 1º, do CPP).

Em virtude das alterações introduzidas pela Lei n. 11.690/2008, as partes devem endereçar as perguntas ao ofendido diretamente, e não mais por intermédio do juiz, o qual, no entanto, poderá, após as indagações das partes, complementar a inquirição (art. 212, *caput* e parágrafo único, do CPP).

Segundo pacífico entendimento jurisprudencial, as declarações do ofendido revestem-se, em regra, de relevante valor probatório, máxime nos delitos que ocorrem na clandestinidade.

As declarações do ofendido não são precedidas de compromisso e, se mendazes, não ensejam a responsabilização criminal do declarante por falso testemunho.

Se, devidamente intimado, deixar o ofendido de comparecer sem motivo justo, poderá ser determinada sua condução coercitiva (art. 201, § 1º, do CPP).

De acordo com a dicção do art. 201, § 4º, do Código de Processo Penal, antes do início da audiência e durante sua realização, deve ser assegurado espaço reservado ao ofendido.

Atento à necessidade de melhor salvaguardar os interesses do ofendido, o legislador, por meio da edição da Lei n. 11.690/2008, estabeleceu as seguintes medidas:

a) comunicação ao ofendido "dos atos processuais relativos ao ingresso e à saída do acusado da prisão, à designação de data para audiência e à sentença e respectivos acórdãos que a mantenham ou modifiquem" (art. 201, § 2º, do CPP) – as comunicações destinam-se não apenas a prestar contas a quem teve seus interesses ultrajados, mas, também, no que diz respeito à cientificação da sentença, a possibilitar o manejo de recurso de apelação pelo ofendido que não tenha se habilitado como assistente de acusação (art. 598). As comunicações serão realizadas no endereço indicado pelo ofendido, que poderá optar, no entanto, pelo uso de meio eletrônico (art. 201, § 3º, do CPP);

b) encaminhamento do ofendido, em caso de necessidade, a "atendimento multidisciplinar, especialmente nas áreas psicossocial, de assistência jurídica e de saúde, a expensas do ofensor ou do Estado" (art. 201, § 5º, do CPP);

c) adoção pelo juiz de providências necessárias à preservação da intimidade, vida privada, honra e imagem do ofendido, podendo, inclusive, ser determinado o segredo de justiça em relação aos dados, depoimentos e outras informações constantes dos autos a seu respeito para evitar sua exposição aos meios de comunicação (art. 201, § 6º, do CPP).

Observação: nas ações penais relativas a crimes praticados com violência doméstica ou familiar contra a mulher, a ofendida deverá estar acompanhada de advogado ao prestar declarações e em todos os demais atos processuais de que venha a participar (art. 27 da Lei n. 11.340/2006).

8.4.1. GARANTIAS DA CRIANÇA OU ADOLESCENTE VÍTIMA DE VIOLÊNCIA

A Lei n. 13.431/2017, vigente a partir de 6 de abril de 2018, consagrou, ao estabelecer o sistema de garantia de direitos da criança e do adolescente vítima ou testemunha de violência,

Processo Penal – Parte Geral

diversas prerrogativas processuais em favor de menores de 18 anos que tenham sofrido ou testemunhado atos de violência física ou psicológica, atos de violência ou exploração sexual, tráfico de pessoas etc. A aplicação da referida lei é facultativa para as vítimas e testemunhas de violência entre 18 e 21 anos.

Assim é que, dentre outros direitos, a lei assegura a toda criança ou adolescente:

a) garantia de ser ouvido, pela autoridade policial ou judiciária, por meio de depoimento especial (art. 4º, § 1º);

b) garantia de ser ouvido em horário que lhe for mais adequado e conveniente, sempre que possível (art. 5º, IX);

c) garantia de resguardo da intimidade e de proteção das condições pessoais, bem como de confidencialidade das informações prestadas (art. 5º, III e XIV);

d) garantia de recebimento de assistência jurídica qualificada (art. 5º, VII);

e) garantia de prioridade na tramitação do processo (art. 5º, VIII);

f) garantia de permanecer em silêncio (art. 5º, VI);

g) garantia de prioridade na tramitação do processo (art. 5º, VIII).

8.4.1.1. Depoimento especial

Denomina-se depoimento especial o peculiar procedimento de oitiva de criança ou adolescente vítima ou testemunha de violência, perante autoridade policial ou judiciária, previsto na Lei n. 13.431/2017.

As especificidades da forma de colheita do depoimento destinam-se a oferecer proteção integral a menores que estejam em condição de vítima ou de testemunha, por meio de mecanismos que inibam a "revitimização", termo empregado para designar os danos psicoemocionais causados adicionalmente ao ofendido pela investigação ou pelo processo judicial em decorrência de indevida exposição de sua intimidade, de colheita de múltiplos depoimentos, de tratamento inadequado por ocasião da inquirição, de contato direto com o agressor etc.

Assim é que, a fim de reduzir os danos psicoemocionais inerentes à oitiva, a lei estabelece diretrizes específicas para a realização do ato:

1) **Restrição da publicidade**: o depoimento será colhido sem que haja qualquer contato do ofendido, ainda que visual, com o suposto autor ou acusado, ou com outra pessoa que represente ameaça, coação ou constrangimento (art. 9º), além do que será protegido por segredo de justiça (art. 12, § 6º). Constitui crime violar sigilo processual, permitindo que depoimento de criança ou adolescente seja assistido por pessoa estranha ao processo, sem autorização judicial e sem o consentimento do depoente ou de seu representante legal (art. 24);

2) **Utilização de local apropriado**: o menor deve permanecer, desde sua chegada ao foro e durante o depoimento, em recintos acolhedores e com infraestrutura e espaço físico que garantam a privacidade e comodidade do depoente, de onde a oitiva será transmitida, em tempo real, para a sala de audiências (art. 10);

3) **Intermediação de profissional especializado**: a fim de evitar a submissão da criança ou adolescente a indagações formuladas de maneira inapropriada, o depoente deve ter contato direto apenas com técnico capacitado para a realização da oitiva especial, salvo se, na fase judicial, preferir depor diretamente ao juiz (art. 12);

4) **Não repetição da oitiva**: para evitar que revisitação mental do ato violento cause abalos emocionais repetidos ao menor, a lei preconiza que o depoimento seja colhido uma única vez, em sede de produção antecipada de prova judicial, garantida a ampla defesa do investigado, providência que se reveste de caráter compulsório quando a criança tiver menos de 7 anos e nas hipóteses de violência sexual (art. 11). Para esse fim, a autoridade policial deverá abster-se de colher o depoimento e representar ao Ministério Público para que proponha ação cautelar de antecipação de prova, na qual devem ser observadas as garantias relativas ao contraditório e, ainda, aquelas estabelecidas em favor do menor (art. 21, VI).

8.4.1.2. Procedimento

No recinto próprio, que deve contar com sistema de gravação em áudio e vídeo, de modo a possibilitar a transmissão do ato em tempo real para a sala de audiências, o profissional especializado esclarecerá a criança ou o adolescente sobre a tomada do depoimento especial, informando-lhe os seus direitos. Em seguida, estimulará, sem proceder à leitura da denúncia ou de outras peças processuais, a livre narrativa sobre a situação de violência, empregando, sempre que necessário, técnicas que permitam a elucidação dos fatos. Ao término da inquirição realizada pelo profissional especializado, o juiz consultará as partes e, eventualmente, os assistentes técnicos sobre a existência de esclarecimentos adicionais, avaliando a pertinência de perguntas complementares, que deverão ser organizadas em bloco e transmitidas ao técnico, que poderá adaptar as indagações à linguagem de melhor compreensão da criança ou do adolescente.

Se a presença, na sala de audiência, do autor da violência puder prejudicar o depoimento ou colocar o menor em risco, o juiz determinará seu afastamento. Observar-se-á, em relação ao depoimento especial, o segredo de justiça e a necessidade de preservação e de segurança da mídia que contiver o registro do ato.

8.5. PROVA TESTEMUNHAL

8.5.1. CONCEITO

Testemunha é a pessoa diversa dos sujeitos processuais (juiz e partes) chamada a juízo para prestar informações sobre fatos relacionados à infração. A testemunha depõe, portanto, sobre o fato, não devendo manifestar "suas apreciações pessoais, salvo quando inseparáveis da narrativa do fato" (art. 213 do CPP).

Em princípio, toda pessoa poderá ser testemunha (art. 202 do CPP) e, se arrolada, não poderá eximir-se da obrigação de depor (art. 206 do CPP).

Podem, no entanto, recusar-se a testemunhar o ascendente ou descendente, o afim em linha reta, o cônjuge, ainda que desquitado, o irmão e o pai, a mãe, ou o filho adotivo do acusado, salvo quando não for possível, por outro modo, obter-se ou integrar-se a prova do fato e de suas circunstâncias (art. 206 do CPP). Deve-se salientar, entretanto, que, se desejarem depor, não será tomado o compromisso das pessoas acima (art. 208 do CPP), que, assim, são ouvidas na condição de informantes, sendo relativo o valor de suas declarações. Também são ouvidos como informantes os doentes mentais e os menores de 14 anos.

Por sua vez, estão proibidas de depor as pessoas que, em razão de sua função, ministério, ofício ou profissão, devam guardar segredo, salvo se, desobrigadas pela parte interessada, quiserem dar seu depoimento (art. 207 do CPP). Além disso, os Deputados e Senadores não são obrigados a depor sobre informações recebidas no desempenho de suas funções (art. 53, § 5º, da CF).

A testemunha "suspeita de parcialidade ou indigna de fé" não está impedida de depor (art. 214 do CPP). Deve ser ela objeto de arguição de defeito, que é o mecanismo processual destinado a alegar suspeição de testemunha. A contradita, por outro lado, é o instrumento destinado a impedir a oitiva de testemunha proibida de depor (art. 207 do CPP) ou de pessoa não obrigada a testemunhar (art. 208 do CPP). Contraditada a testemunha, haverá, de acordo com o que decidir de plano o juiz, dispensa ou oitiva, independentemente de compromisso. Não se cuidando de parentes do réu ou de pessoas proibidas de depor, o juiz tomará o depoimento, valorando-o posteriormente.

A Lei n. 9.807, de 13 de julho de 1999, estabeleceu normas para a organização e manutenção de programas especiais de proteção a vítimas e testemunhas ameaçadas.

8.5.2. CLASSIFICAÇÃO DAS TESTEMUNHAS

As testemunhas podem ser:

a) **Numerárias** – são as arroladas de acordo com o número legal. Devem ser indicadas na denúncia (testemunhas de acusação) ou resposta escrita (testemunhas de defesa), sob pena de preclusão do direito de ouvi-las. O número máximo de testemunhas é variável, de acordo com os seguintes procedimentos:

– **Rito ordinário**: cada parte pode arrolar até oito testemunhas. Ainda que se trate de processo com mais de um réu, acusados pelo mesmo crime, o autor só poderá arrolar oito testemunhas. Tratando-se, entretanto, de dois ou mais fatos criminosos distintos, a acusação poderá arrolar oito testemunhas por fato delituoso. Cada acusado, por sua vez, poderá arrolar oito pessoas.

– **Rito sumário**: cada parte arrolará até cinco testemunhas.

– **Plenário do Júri**: até cinco testemunhas.

– **Rito sumaríssimo** (Lei n. 9.099/95): até três testemunhas.

Nesse número não se incluem as testemunhas referidas e as que não prestarem compromisso (art. 401, § 1º, do CPP), nem aquelas que nada souberem que interesse à decisão da causa (art. 209, § 2º, do CPP).

Permite-se a substituição, por outras, das testemunhas falecidas, das que não estiverem em condições de depor em razão de enfermidade e daquelas não localizadas por terem mudado de residência ou de local de trabalho, nos termos do disposto no art. 451 do CPC combinado com o art. 3º do CPP (STF, AP 470 AgR-segundo/MG).

b) **Extranumerárias** (ou **do juízo**) – são as testemunhas ouvidas por iniciativa do juiz porque mencionadas no depoimento de outras testemunhas, ou aquelas que o juiz julgar importante ouvir para descobrir a verdade e que não foram arroladas pelas partes (art. 209 do CPP).

c) **Informantes** – são as pessoas ouvidas independentemente de compromisso.

d) **Próprias** – as que prestam depoimento sobre o fato apurado no processo.

e) **Impróprias** – as que prestam depoimento sobre um ato do processo. Ex.: testemunha instrumentária do flagrante.

f) **Diretas** – quando não há intermediação entre o fato e o testemunho (testemunhas que presenciaram o fato).

g) **Indiretas** – quando a prova é derivada (testemunho do testemunho, de quem "ouviu dizer").

8.5.3. CARACTERÍSTICAS DA PROVA TESTEMUNHAL

a) **judicialidade** – só é prova testemunhal aquela colhida pelo juízo competente; o depoimento prestado em outra ação e transportado para o processo (prova emprestada) é considerado prova documental;

b) **objetividade** – a testemunha deve expor os fatos de forma objetiva, sem emitir opiniões pessoais e juízo de valor sobre o ocorrido;

c) **oralidade** – o depoimento deve ser prestado verbalmente, não sendo permitido à testemunha trazê-lo por escrito (art. 204 do CPP); pode, todavia, utilizar-se de breves anotações para consulta (art. 204, parágrafo único, do CPP);

d) **individualidade** – cada testemunha é ouvida isoladamente, de forma que uma não ouça o depoimento da outra.

8.5.4. COLHEITA DO TESTEMUNHO

Ordinariamente a testemunha é ouvida na sede do juízo.

De acordo com a nova redação do art. 212 do Código de Processo Penal (Lei n. 11.690/2008), as perguntas serão feitas pelas partes diretamente às testemunhas (*cross examination*), e não mais por intermédio do juiz. Abandonou-se, portanto, o **sistema presidencialista** de inquirição. Se a testemunha for de acusação, é o Ministério Público (ou querelante) quem primeiro indagará. No caso de testemunha arrolada pelo acusado, a defesa iniciará a inquirição.

Na hipótese de não se utilizar processo de estenotipia ou de gravação magnética dos depoimentos, caberá ao juiz reduzir o depoimento a termo, ditando o teor das respostas ao escrevente. Em tal situação, deverá o juiz cingir-se, tanto quanto possível, às expressões usadas pelas testemunhas, reproduzindo fielmente suas frases (art. 215 do CPP).

Ao juiz incumbe indeferir as perguntas que puderem induzir a resposta, não tiverem relação com a causa ou importarem repetição de outra pergunta já respondida.

Após as perguntas das partes, o juiz poderá complementar a inquirição sobre os pontos que entenda que ainda não foram esclarecidos (art. 212, parágrafo único, do CPP). A inversão dessa ordem, por meio da inquirição iniciada pelo juiz, constitui nulidade de natureza relativa, cujo reconhecimento pressupõe a arguição oportuna e a demonstração de prejuízo. Nesse sentido: STF, Rcl 46.765 AgR, Rel. Min. Dias Toffoli, 1ª Turma, j. 23-8-2021, DJe-200 7-10-2021; STJ, AgRg no AREsp 2.176.259/RJ, Rel. Min. Reynaldo Soares da Fonseca, 5ª Turma, j. 9-5-2023, DJe 15-5-2023; AgRg no REsp n. 1.998.007/SP, Rel. Min. Ribeiro Dantas, 5ª Turma, j. 8-5-2023, DJe 12-5-2023; AgRg no HC n. 769.054/SP, Rel. Min. Antonio Saldanha Palheiro, 6ª Turma, j. 27-3-2023, DJe 30-3-2023; AgRg no HC n. 708.908/RS, Rel. Min. Laurita Vaz, 6ª Turma, j. 20-9-2022, DJe 3-10-2022. Há, todavia, julgados do Supremo Tribunal Federal no sentido de que a nulidade é absoluta, tendo sido declarada insubsistente a oitiva de testemunhas em que houve inobservância da ordem de indagação prevista no art. 212 do CPP, por se identificar prejuízo, nos casos em questão, ao acusado (HC 111.815, 1ª Turma, Rel. Min. Marco Aurélio, Rel. p/ Acórdão Min. Luiz Fux, j. 14-11-2017, DJe-025 14-2-2018; HC 187.035, 1ª Turma, Rel. Min. Marco Aurélio, j. 6-4-2021, DJe-113 14-6-2021).

O Superior Tribunal de Justiça possui também julgado no qual proclamou que é presumido o prejuízo suportado pelo acusado quando o magistrado, violando a ordem do art. 212 do CPP, assume protagonismo na inquirição de testemunhas (HC 735.519/SP, Rel. Min. Sebastião Reis Júnior, 6ª Turma, j. 16-8-2022, DJe 22-8-2022).

Se a testemunha residir em outra comarca, será ouvida por intermédio de carta precatória. A expedição da precatória não suspende a instrução criminal. Assim, findo o prazo marcado pelo juízo deprecante para a sua devolução, sem que tenha sido cumprida, poderá o juiz realizar o julgamento, mas, a todo tempo, a precatória, uma vez devolvida, será juntada aos autos (art. 222 do CPP).

Caso se encontre residindo no exterior, a testemunha será ouvida por via de carta rogatória.

As pessoas impossibilitadas, por enfermidade ou por velhice, de comparecer ao Fórum para depor serão inquiridas onde estiverem (art. 220 do CPP).

O Presidente e o Vice-Presidente da República, os Senadores e Deputados Federais, os Ministros de Estado, os Governadores dos Estados e Territórios, os Secretários de Estado, os Prefeitos do Distrito Federal e dos Municípios, os Deputados Estaduais, membros do Poder

Processo Penal – Parte Geral

Judiciário, os Ministros e Juízes dos Tribunais de Contas da União, dos Estados, do Distrito Federal, bem como os do Tribunal Marítimo serão inquiridos em local, dia e hora previamente ajustados entre eles e o magistrado (art. 221 do CPP). Idêntica prerrogativa é assegurada aos membros do Ministério Público (art. 40, I, da Lei n. 8.625/93). Também os membros das Defensorias Públicas (arts. 44, XIV, e 89, XIV, da Lei Complementar n. 80/94) e os ocupantes dos cargos de Advogado da União, Procurador da Fazenda Nacional, Procurador Federal e Procurador do Banco Central devem ser ouvidos, como testemunhas, em dia, hora e local previamente ajustados com o magistrado ou com a autoridade competente (art. 38, VI, da Lei n. 13.327/2016).

Algumas autoridades podem prestar depoimento por escrito (art. 221, § 1º, do CPP).

Outra inovação trazida pela Lei n. 11.690/2008 é a possibilidade de o juiz, verificando que "a presença do réu poderá causar humilhação, temor, ou sério constrangimento à testemunha ou ao ofendido, de modo que prejudique a verdade do depoimento", realizar a inquirição por videoconferência e, na impossibilidade de adotar tal providência, determinar a retirada do réu da sala de audiências (art. 217, *caput*, do CPP). De acordo com a redação original do Código, que não previa a possibilidade de emprego de videoconferência, o acusado só poderia ser retirado da audiência se, por atitude que viesse a adotar, pudesse influir no ânimo da testemunha.

Observações:

1) Se a testemunha intimada faltar à audiência sem motivo justificado, poderão ser tomadas as seguintes providências: condução coercitiva, multa, pagamento da diligência e responsabilização por crime de desobediência (art. 219 do CPP).

2) Havendo razões para temer que uma ou mais testemunhas não possam depor no futuro, pode o juiz, de ofício, durante a instrução, ou a pedido das partes ou representação da autoridade policial, na fase da investigação ou durante a instrução, ouvi-las antecipadamente (arts. 225 e 156, I, do CPP). Exemplo: viagem longa ao exterior, enfermidade, velhice etc.

3) Os militares deverão ser requisitados à autoridade superior para depor (art. 221, § 2º, do CPP).

4) Caso a testemunha não conheça a língua portuguesa, será nomeado intérprete (art. 223 do CPP).

5) De acordo com o entendimento do Superior Tribunal de Justiça, "intimada a defesa da expedição da carta precatória, torna-se desnecessária intimação da data da audiência no juízo deprecado" (Súmula 273).

6) O STF, ao apreciar o Tema 240 da sistemática de recursos com repercussão geral, decidiu que "Não é nula a audiência de oitiva de testemunha realizada por carta precatória sem a presença do réu, se este, devidamente intimado da expedição, não requer o comparecimento".

7) A Lei n. 13.431/2017, vigente a partir de 6 de abril de 2018, consagrou diversas prerrogativas que socorrem, indistintamente, crianças e adolescentes **vítimas** ou **testemunhas** de atos de violência física ou psicológica, de atos de violência ou exploração sexual, de tráfico de pessoas etc.

8.6. RECONHECIMENTO DE PESSOAS E COISAS

Não raro é necessário submeter o réu a reconhecimento, para que as testemunhas e o ofendido possam identificá-lo como o autor do delito. Outras vezes é necessário proceder-se ao reconhecimento de coisas relacionadas com o crime (armas, outros instrumentos, *res furtiva* etc.).

O Código de Processo Penal disciplina tais **meios de prova** nos arts. 226 a 228.

8.6.1. RECONHECIMENTO DE PESSOAS

A pessoa que houver de fazer o reconhecimento será convidada a descrever a pessoa a ser reconhecida. Após, a pessoa cujo reconhecimento se pretender será colocada, se possível, ao lado de outras que com ela tenham qualquer semelhança, convidando-se o reconhecedor a apontá-la.

É recomendável que se coloquem outras pessoas ao lado do suspeito, porém a jurisprudência por muito tempo entendeu que a inobservância de tal procedimento não acarretava qualquer invalidade. Em julgamento realizado em 27 de outubro de 2020, todavia, a 6ª Turma do Superior Tribunal de Justiça alterou esse entendimento, ao proclamar que as formalidades previstas no art. 226 do CPP constituem-se em garantia mínima para quem se vê na condição de suspeito da prática de um crime, não se tratando, como se tem compreendido, de mera recomendação do legislador, razão pela qual a inobservância dos procedimentos enseja a nulidade da prova. Do julgado, constam as seguintes conclusões em relação ao tema: "1) O reconhecimento de pessoas deve observar o procedimento previsto no art. 226 do Código de Processo Penal, cujas formalidades constituem garantia mínima para quem se encontra na condição de suspeito da prática de um crime; 2) À vista dos efeitos e dos riscos de um reconhecimento falho, a inobservância do procedimento descrito na referida norma processual torna inválido o reconhecimento da pessoa suspeita e não poderá servir de lastro a eventual condenação, mesmo se confirmado o reconhecimento em juízo; 3) Pode o magistrado realizar, em juízo, o ato de reconhecimento formal, desde que observado o devido procedimento probatório, bem como pode ele se convencer da autoria delitiva a partir do exame de outras provas que não guardem relação de causa e efeito com o ato viciado de reconhecimento" (STJ, HC 598.886/SC, 6ª Turma, Rel. Min. Rogerio Schietti Cruz, j. 27-10-2020).

A partir de então, referido entendimento tem sido adotado por ambas as Turmas criminais do Superior Tribunal de Justiça: AgRg no HC 612.588/SP, Rel. Min. Ribeiro Dantas, 5ª Turma, j. 24-8-2021, *DJe* 30-8-2021; HC 617.717/DF, Rel. Min. Laurita Vaz, 6ª Turma, j. 10-8-2021, *DJe* 24-8-2021; AgRg no HC 664.916/SP, Rel. Min. Joel Ilan Paciornik, 5ª Turma, j. 22-6-2021, *DJe* 24-6-2021; REsp 1.912.219/SP, Rel. Min. Olindo Menezes (Desembargador convocado do TRF 1ª Região), 6ª Turma, j. 22-6-2021, *DJe* 28-6-2021; HC 653.316/RJ, Rel. Min. Sebastião Reis Júnior, 6ª Turma, j. 22-6-2021, *DJe* 29-6-2021, dentre outros julgados. A **2ª Turma do Supremo Tribunal Federal** também alterou orientação em relação ao tema, para assentar que as providências previstas no art. 226 do CPP são essenciais à validade do ato de reconhecimento: "1. O reconhecimento de pessoas, presencial ou por fotografia, deve observar o procedimento previsto no art. 226 do Código de Processo Penal, cujas formalidades constituem garantia mínima para quem se encontra na condição de suspeito da prática de um crime e para uma verificação dos fatos mais justa e precisa. 2. A inobservância do procedimento descrito na referida norma processual torna inválido o reconhecimento da pessoa suspeita, de modo que tal elemento não poderá fundamentar eventual condenação ou decretação de prisão cautelar, mesmo se refeito e confirmado o reconhecimento em Juízo. Se declarada a irregularidade do ato, eventual condenação já proferida poderá ser mantida, se fundamentada em provas independentes e não contaminadas. 3. A realização do ato de reconhecimento pessoal carece de justificação em elementos que indiquem, ainda que em juízo de verossimilhança, a autoria do fato investigado, de modo a se vedarem medidas investigativas genéricas e arbitrárias, que potencializam erros na verificação dos fatos. Recurso em *habeas corpus* provido, para absolver o recorrente, ante o reconhecimento da nulidade do reconhecimento pessoal realizado e a ausência de provas independentes de autoria" (RHC 206.846, Rel. Min. Gilmar Mendes, 2ª Turma, j. 22-2-2022, *DJe*-100 25-5-2022).

Para a 1ª Turma do Supremo Tribunal Federal, no entanto, a disposição da pessoa cujo reconhecimento se pretenda ao lado de outras que com ela tenham semelhança é providência que será adotada "se possível", o que revela o caráter não obrigatório da providência: "3. O entendimento desta Corte é no sentido de que "o art. 226 do Código de Processo Penal não exige, mas recomenda a colocação de outras pessoas junto ao acusado, devendo tal procedimento ser observado sempre que possível" (RHC 125.026-AgR, Rel. Min. Rosa Weber)" (HC 227.629 AgR, Rel. Min. Roberto Barroso, 1ª Turma, j. 26-6-2023, public. 28-6-2023).

Na fase do inquérito policial, a autoridade deverá atentar para que a pessoa chamada a efetuar o reconhecimento não seja vista pelo suspeito, caso entenda que haverá intimidação.

Finda a diligência, será lavrado auto pormenorizado.

Caso sejam várias as pessoas chamadas a efetuar reconhecimento, cada qual o fará em separado.

Malgrado o **reconhecimento fotográfico** não seja contemplado expressamente como meio de prova, a adoção do sistema da persuasão racional não deixa dúvida de que se admite sua utilização na condição de prova inominada. A providência em questão deve ser adotada, no entanto, apenas quando não for possível a recognição pessoal e direta, já que seu valor probatório é inferior ao do reconhecimento direto. A propósito: "O reconhecimento fotográfico do acusado, quando ratificado em juízo, sob a garantia do contraditório e da ampla defesa, pode servir como meio idôneo de prova para lastrear o édito condenatório. Ademais, como na hipótese dos autos, os testemunhos prestados em juízo descrevem de forma detalhada e segura a participação do paciente no roubo. Precedentes" (STF, HC 104.404/MT, 1ª Turma, Rel. Min. Dias Toffoli, *DJe* 230 30-11-2010).

É importante averbar, porém, que, no julgamento do HC 598.886/SC, a 6ª Turma do STJ distanciou-se dessa orientação, ao proclamar que "o reconhecimento do suspeito por simples exibição de fotografia(s) ao reconhecedor, a par de dever seguir o mesmo procedimento do reconhecimento pessoal, há de ser visto como etapa antecedente a eventual reconhecimento pessoal e, portanto, não pode servir como prova em ação penal, ainda que confirmado em juízo" (STJ, HC 598.886/SC, 6ª Turma, Rel. Min. Rogerio Schietti Cruz, j. 27-10-2020), entendimento que passou a ser adotado por ambas as Turmas criminais da referida Corte Superior.

8.6.2. RECONHECIMENTO DE COISAS

Dispõe o art. 227 do Código de Processo Penal que, no reconhecimento de objetos, serão observadas as cautelas previstas para o reconhecimento de pessoas, no que forem aplicáveis.

Assim, a pessoa chamada a identificar o objeto deve descrevê-lo e, após, apontá-lo, quando estiver colocado ao lado de outras coisas semelhantes. Será lavrado, igualmente, auto pormenorizado. Se mais de uma pessoa for reconhecer o objeto, deve-se proceder a cada ato em separado.

8.7. ACAREAÇÃO

8.7.1. CONCEITO

Acarear significa colocar cara a cara. É o ato consistente em colocar frente a frente duas ou mais pessoas que apresentaram versões essencialmente conflitantes sobre questão importante para a solução da lide.

8.7.2. PRESSUPOSTOS

Dois os pressupostos para a realização da acareação:

a) que as pessoas a serem submetidas à acareação já tenham sido ouvidas em oportunidade anterior;
b) que haja divergência entre as declarações dessas pessoas, referente a ponto relevante para o resultado final do processo.

8.7.3. SUJEITOS

A acareação será admitida:
a) entre acusados;
b) entre acusado e testemunha;
c) entre testemunhas;
d) entre acusado ou testemunha e a pessoa ofendida;
e) entre as pessoas ofendidas.

As pessoas acareadas serão indagadas pelo juiz ou pela autoridade policial (na fase do inquérito) acerca das divergências, devendo apontar as razões que dão base à versão apresentada, lavrando-se termo no qual devem constar as explicações.

Observação: por incrível que pareça, o Código prevê a possibilidade de acareação entre pessoas que se encontrem em comarcas diferentes, por via de carta precatória (art. 230 do CPP).

8.8. PROVA DOCUMENTAL

8.8.1. CONCEITO

Documentos são os escritos, instrumentos ou papéis, públicos ou particulares, dos quais se pode extrair qualquer conclusão que represente um fato.

O termo "documento" é empregado com dois significados. Em sentido amplo, documentos são todos os objetos, não só os escritos, aptos a corporificar uma manifestação humana (prova fotográfica, cinematográfica, fonográfica etc.). Em sentido estrito, documentos são apenas os escritos. Essa última acepção foi a adotada pelo Código de Processo Penal (art. 232).

Importante notar, no entanto, que o Código cuida das provas fotográficas e microfotográficas em outros dispositivos (arts. 165 e 170 do CPP).

Denomina-se instrumento o documento elaborado com a finalidade de servir como prova do ato nele representado, ou seja, é a prova pré-constituída.

O documento pode ser público ou particular, de acordo com quem o elabora (autor). É público o documento formado por pessoa investida em função pública, desde que competente para a prática de tal ato. Particular é o documento formado por particular ou pelo funcionário nos casos que não se referem à sua atribuição.

8.8.2. REQUISITOS PARA EFICÁCIA PROBANTE

Para que faça prova do ato nele retratado, o documento deve ser:
a) autêntico – entende-se autêntico o documento quando é formado pelo autor nele indicado (materialmente íntegro);
b) veraz – diz-se que o documento é veraz se, além de autêntico, retrata a verdade (ideologicamente íntegro).

Os documentos públicos, desde que observadas as formalidades legais, gozam de presunção *iuris tantum* (relativa) de autenticidade e veracidade.

8.8.3. PRODUÇÃO DA PROVA DOCUMENTAL

A produção pode ser:

a) **espontânea** – quando a exibição, leitura ou juntada é de iniciativa da parte;

b) **provocada** (ou **coacta**) – quando o juiz, tomando conhecimento da existência de documento relativo a ponto relevante da acusação ou da defesa, providencia sua juntada aos autos, independentemente de requerimento das partes (art. 234 do CPP).

Em regra, os documentos podem ser juntados aos autos em qualquer fase do processo. Há, no entanto, exceções, como, por exemplo, a proibição de proceder-se, em plenário, à leitura ou exibição de documento que não tenha sido comunicado à parte contrária, com antecedência, pelo menos, de três dias (art. 479 do CPP).

Observações:

1) O documento redigido em idioma estrangeiro deve ser traduzido, por tradutor público ou, na falta, por pessoa nomeada pelo juiz, para que todos possam compreender seu teor.

2) Inadmissível a juntada de documento obtido por meio ilícito (ex.: carta particular obtida por meio de violação do sigilo da correspondência).

3) Não havendo interesse que justifique a conservação de documentos originais nos autos, poderá o juiz determinar sua restituição, se assim requerer a parte e após ouvido o Ministério Público, ficando traslado nos autos (art. 238 do CPP).

4) A cópia do documento original, desde que autenticada, terá o mesmo valor deste (art. 232, parágrafo único, do CPP).

8.9. INDÍCIOS

8.9.1. CONCEITO

Indícios são as circunstâncias conhecidas e provadas que, tendo relação com o fato, autorizam, por indução, concluir-se a existência de outra ou outras circunstâncias (art. 239 do CPP).

A esse respeito, veja-se a docência de Giuseppe Chiovenda: "Quando, segundo a experiência que temos da ordem **normal** das coisas, um fato constitui causa ou efeito de outro, ou de outro se acompanha, nós, conhecida a existência de um dos dois, presumimos a existência do outro" (*Instituições de direito processual civil*, Campinas: Bookseller: 1998, v. 3, p. 165).

Indícios são, portanto, aqueles elementos que não se relacionam diretamente ao fato, mas que, por via de raciocínio lógico, permitem a formação da convicção acerca de algum aspecto da infração. Ex.: a inimizade capital e o exercício de sérias ameaças por parte do acusado não constituem prova direta de que ele foi o autor dos disparos que causaram a morte do ofendido, mas, por via de raciocínio indutivo, podem autorizar, em certas circunstâncias, a conclusão de que é ele o homicida.

8.9.2. VALOR

Em razão de ser livre o convencimento do magistrado, os indícios são equivalentes a qualquer outro meio de prova, pois a certeza pode deles provir. Para que embasem condenação, porém, exige-se, em regra, que se mostrem encadeados entre si e unívocos.

8.10. DA BUSCA E APREENSÃO

8.10.1. CONCEITO

O Código de Processo Penal disciplina a providência de busca e apreensão ao tratar das provas. Buscar significa procurar, encontrar, tratar de descobrir. Apreender, por outro lado, é o mesmo que se apropriar, segurar, pegar.

Busca e apreensão é, portanto, a providência destinada a encontrar e conservar pessoas ou bens que interessem ao processo criminal. A diligência de busca pode, por vezes, não redundar em apreensão.

8.10.2. OPORTUNIDADE

A diligência de busca e apreensão pode ser realizada:
a) em momento anterior à instauração do inquérito policial, se a autoridade policial tiver conhecimento da existência de infração penal cuja ação é pública incondicionada;
b) durante o inquérito policial;
c) no curso do processo.

Conquanto possa ser realizada a qualquer tempo, a busca e apreensão mostra-se, via de regra, como procedimento cautelar, tendente a impedir o perecimento de um meio de prova.

8.10.3. ESPÉCIES (ART. 240, *CAPUT*, DO CPP)

1) Busca domiciliar. É possível a realização de busca em domicílio, desde que fundadas razões a autorizem, para:
a) prender criminosos;
b) apreender coisas achadas ou obtidas por meios criminosos;
c) apreender instrumentos de falsificação ou de contrafação e objetos falsificados ou contrafeitos;
d) apreender armas e munições, instrumentos utilizados na prática de crime ou destinados a fim delituoso;
e) descobrir objetos necessários à prova de infração ou à defesa do réu;
f) apreender cartas, abertas ou não, destinadas ao acusado ou em seu poder, quando haja suspeita de que o conhecimento de seu conteúdo possa ser útil à elucidação do fato;
g) apreender pessoas vítimas de crimes; e
h) colher qualquer elemento de convicção.

Tais hipóteses, elencadas no art. 240, § 1º, deste Código, são taxativas, uma vez que se trata de medida restritiva do direito de inviolabilidade do domicílio e, portanto, não admitem interpretação extensiva. De ver-se, porém, que a expressão "qualquer elemento de convicção" (alínea *h*) autoriza a busca de todo elemento capaz de influir na convicção do julgador.

Ao exigir "fundadas razões", referiu-se o legislador à necessidade da existência de risco de desaparecimento da pessoa ou coisa que se pretende conservar (*periculum in mora*) e de razoável probabilidade de que o objeto da diligência se relacione a fato criminoso (*fumus boni iuris*).

Apesar de haver entendimento de que a apreensão de "cartas, abertas ou não, destinadas ao acusado ou em seu poder, quando haja suspeita de que o conhecimento de seu conteúdo possa ser útil à elucidação do fato", não é passível de realização, já que o dispositivo (art. 240,

§ 1º, *f*, do CPP) não teria sido recepcionado pela Constituição Federal, que consagra em seu art. 5º, XII, a inviolabilidade do sigilo das comunicações, os Tribunais Superiores têm admitido esse meio de prova, em razão da necessidade de harmonizar a garantia de inviolabilidade do sigilo da correspondência com o interesse coletivo de manutenção da ordem pública, desde que imprescindível (e não meramente útil, como diz o texto legal) à elucidação do fato.

Em 17 de agosto de 2020, o Plenário do Supremo Tribunal Federal concluiu o julgamento do Tema 1.041 da sistemática de recursos com repercussão geral, ocasião em que assim se disciplinou a matéria: "Sem autorização ou fora das hipóteses legais, é ilícita a prova obtida mediante abertura de carta, telegrama, pacote ou meio análogo".

De acordo com esse precedente qualificado, portanto, a licitude das informações obtidas por meio de abertura de cartas ou quejandos pressupõe a existência de autorização judicial, lastreada em elementos que evidenciem a fundada suspeita da prática de crime, bem como a impossibilidade de obtenção da prova por meios menos invasivos.

O termo "domicílio" deve ser tomado com o conceito amplo que lhe dá o art. 150, §§ 4º e 5º, do Código Penal.

Em razão da excepcionalidade da medida, que constitui mitigação do direito de inviolabilidade do domicílio (art. 5º, XI, da CF), fundada em razões de interesse público (consubstanciado na efetiva persecução do delito praticado), o ordenamento estabelece várias regras com o escopo de resguardar o indivíduo e sua morada.

Assim, a realização da busca será possível:

a) a qualquer hora, quando houver situação de flagrante delito, para prestar socorro à vítima de alguma infração ou com consentimento do titular do direito;

Para que se considerem lícitas as provas obtidas por meio de ingresso de policiais em domicílio alheio, sem a existência de mandado de busca, em período diurno ou noturno, é necessário que se possa concluir, *a posteriori*, pela existência de fundadas razões, devidamente justificadas, que indicassem, antes mesmo da realização da diligência, que dentro da casa ocorria situação de flagrante delito.

Esse foi o entendimento adotado pelo Supremo Tribunal Federal, que, ao julgar o RE 603.616/RO, em sede de repercussão geral, proclamou a validade da apreensão de substâncias entorpecentes mantidas em depósito no interior de residência invadida por policiais, a despeito da inexistência de autorização de judicial, por entender que o morador praticava crime de caráter permanente e que as circunstâncias do caso concreto permitiam aos agentes públicos concluir, antes do ingresso no imóvel, que a situação de flagrante estava ocorrendo (STF, RE 603.616/RO, Rel. Min. Gilmar Mendes, Tribunal Pleno, j. 5-11-2015, DJe-093 10-5-2016).

Veja-se, entretanto, que, de acordo com esse entendimento, não basta à validade da prova que se constate, posteriormente ao ingresso no domicílio, a existência de situação de flagrância, pois é imprescindível também que, *ex ante*, ou seja, antes da invasão da residência, os agentes estatais já dispusessem de elementos de prova que conferissem justa causa à medida invasiva.

Dessa maneira, não serão admitidas as provas obtidas por meio de entrada forçada em domicílio, sem autorização judicial, quando não houver fundadas razões (art. 240, § 1º, do CPP), constatadas antes da realização da diligência e passíveis de demonstração *a posteriori*, para a realização da busca.

O Superior Tribunal de Justiça, em casos em que aplicou essa orientação firmada pela Suprema Corte, estabeleceu que a mera existência de notícia anônima da prática de tráfico em determinado local não se constitui em justa causa para ingresso sem mandado em domicílio (HC 499.163/SP, Rel. Min. Rogerio Schietti Cruz, 6ª Turma, j. 9-6-2020, DJe 17-6-2020), nem mesmo se associada à fuga de suspeito ao avistar a polícia (AgRg no HC 585.150/SC, Rel. Min. Reynaldo Soares da Fonseca, 5ª Turma, j. 4-8-2020, DJe 13-8-2020), revelando-se legítima a diligência, contudo, se a notícia apócrifa for confirmada por outros elementos preliminares obtidos em monitoramento ou campana (AgRg no HC 547.971/SP, Rel. Min. Nefi Cordeiro, 6ª Turma, j. 5-5-2020, DJe 15-5-2020).

O Superior Tribunal de Justiça já proclamou, ainda, que o encontro fortuito de drogas por cão farejador, sem que houvesse apuração preliminar pela polícia, não autoriza o ingresso em domicílio sem autorização judicial (AgInt no HC 566.818/RJ, Rel. Min. Sebastião Reis Júnior, 6ª Turma, j. 16-6-2020, DJe 25-6-2020).

No julgamento do RE 1.447.374, no entanto, o Supremo Tribunal Federal reconheceu a validade da busca domiciliar realizada após policiais receberem denúncia anônima de que um indivíduo estaria traficando drogas e, ao se dirigirem ao local apontado, abordarem um suspeito que, após avistar a viatura policial, evadiu-se do local empreendendo fuga para o interior do imóvel. É importante salientar, no entanto, que a garantia constitucional de inviolabilidade do domicílio não se estende a imóveis em que não há sinais de habitação, nem mesmo de forma transitória ou habitual, tal como apartamento que é utilizado apenas para o armazenamento de entorpecentes (HC 588.445/SC, Rel. Min. Reynaldo Soares da Fonseca, 5ª Turma, j. 25-8-2020, DJe 31-8-2020).

b) durante o dia, por determinação judicial.

A busca por determinação judicial, cabível nas hipóteses supramencionadas, ocorrerá sempre durante o dia (das 6 às 18 horas – ou entre a aurora e o crepúsculo) e observará os seguintes requisitos:

I – deve ser efetuada pessoalmente pelo juiz ou por sua ordem (mandado);

II – o mandado deve indicar, o mais precisamente possível, a casa em que será realizada a diligência e o nome do respectivo proprietário ou morador;

III – deve-se mencionar no mandado o motivo e os fins da diligência;

IV – o mandado deve ser assinado pelo escrivão e pelo juiz que o expedir.

Antes de penetrarem na casa, os executores exibirão o mandado e o lerão, intimando o morador a abrir a porta (art. 245, *caput*, do CPP). Se realizada a diligência diretamente pelo juiz, declarará previamente sua qualidade e o objeto da diligência (art. 245, § 1º, do CPP).

Na hipótese de negar-se o morador a cumprir a ordem, será arrombada a porta e forçada a entrada (art. 245, § 2º, do CPP). Recalcitrando o morador, será permitido o emprego de força contra coisas existentes no interior da casa, para o descobrimento do que se procura (art. 245, § 3º, do CPP).

O mesmo procedimento será observado se ausente o morador, caso em que será intimado para assistir a diligência qualquer vizinho, se houver e estiver presente (art. 245, § 4º, do CPP).

Se for determinada a pessoa ou coisa que se vai procurar, o morador será intimado a mostrá-la (art. 245, § 5º, do CPP). Descoberta a coisa ou pessoa que se procura, será imediatamente apreendida e posta sob custódia da autoridade ou de seus agentes (art. 245, § 6º, do CPP).

Terminada a diligência, será lavrado termo ou auto de apreensão.

Embora óbvio, não é demais registrar que, se houver consentimento de morador, é desnecessária a autorização judicial para a realização válida de busca domiciliar.

Observação: em face das alterações introduzidas pela Lei n. 11.767/2008, a prerrogativa de inviolabilidade do escritório e do local de trabalho do advogado (art. 7º, II, do EOAB – Lei n. 8.906/94) passou a abranger a garantia de que a decretação de diligência de busca e apreensão em suas dependências ocorrerá somente quando houver indícios da prática de crime pelo próprio advogado, bem assim a assegurar que, da execução da medida, que será acompanhada por representante da OAB, não poderá resultar a utilização de documentos, objetos ou informações pertencentes a clientes, salvo se também investigados como coautores ou partícipes da infração que motivou a quebra da inviolabilidade (art. 7º, §§ 6º e 7º, da Lei n.11.767/2008).

Processo Penal – Parte Geral 121

2) **Busca pessoal**. Realiza-se busca pessoal quando houver fundada suspeita de que alguém oculte consigo arma proibida ou objetos relacionados com infração penal (art. 240, § 2º, do CPP). Exige-se, portanto, para a efetivação da medida, o *fumus boni iuris*.
Consiste na revista do corpo da pessoa, suas vestes, bolsas, pastas, veículos etc.
A lei prevê que a busca em mulher será feita por outra mulher, se não importar retardamento ou prejuízo da diligência (art. 249 do CPP).
O mandado, assinado pelo juiz, deve conter o nome da pessoa na qual será realizada a busca ou os sinais que a identifiquem (art. 243, I, do CPP), bem como menção ao motivo e fins da diligência (inciso II). É desnecessário o mandado, entretanto, no caso de prisão ou quando houver fundada suspeita de que a pessoa esteja na posse de arma proibida ou de objetos ou papéis que constituam corpo de delito de alguma infração penal, ou quando a medida for determinada no curso de busca domiciliar (art. 244 do CPP).

8.11. MEIOS ESPECIAIS DE OBTENÇÃO DE PROVA, RELACIONADOS A INFRAÇÕES PRATICADAS POR INTEGRANTE DE ORGANIZAÇÃO CRIMINOSA

A Lei n. 12.850/2013 elenca meios especiais de obtenção de provas na investigação de infrações atribuídas a organizações criminosas:

1) Colaboração premiada: consiste na previsão de que o investigado ou acusado que colaborar, voluntária e eficazmente, com as autoridades poderá obter benefícios penais (arquivamento do inquérito, perdão judicial ou redução de pena). Para implementação do acordo de colaboração, as partes devem negociar sem a participação do juiz e, uma vez que obtenham consenso, deverão reduzir o acordo a termo. Este será, então, submetido a apreciação judicial para homologação. Se o juiz constatar, por ocasião da sentença, que o acusado cumpriu as obrigações assumidas no acordo, colaborando eficazmente com a persecução, deverá conceder, conforme o caso, um dos benefícios previstos em lei.

2) Captação ambiental de sinais eletromagnéticos, ópticos ou acústicos: a captação de sinais ambientais, salvo se realizada por um dos interlocutores/participantes, deve ser precedida de autorização judicial, com observância, por analogia, das normas que regulam a interceptação telefônica.

3) Ação controlada: consubstancia-se no retardamento da ação policial ou administrativa, em razão de autorização judicial e mediante observação e acompanhamento dos comportamentos ilícitos, para fins de intervenção no momento mais eficaz do ponto de vista probatório. Fala-se em flagrante retardado quando, em razão da aplicação desse instituto, o momento da prisão em flagrante é estrategicamente diferido.

4) Acesso a registros telefônicos ou telemáticos, a dados cadastrais constantes de bancos de dados públicos ou privados e a informações eleitorais ou comerciais: a lei garante o acesso, por parte do Ministério Público e do delegado de polícia, independentemente de autorização judicial, às informações e aos dados mantidos pela Justiça Eleitoral, por empresas telefônicas, instituições financeiras, provedores de internet e administradoras de cartão de crédito, desde que não protegidos por sigilo fiscal ou bancário.

5) Interceptação das comunicações telefônicas ou telemáticas: a regulamentação encontra-se na Lei n. 9.296/96.

6) Afastamento dos sigilos financeiro, bancário ou fiscal: disciplinado pela Lei Complementar n. 105/2001 (sigilo das operações de instituições financeiras) e pelo art. 198 do Código Tributário Nacional (sigilo das informações fiscais prestadas pelos contribuintes).

7) Infiltração policial: a atuação investigativa encoberta realizada por agentes policiais, mediante simulação da condição de integrante da organização criminosa, pode ser autorizada

pelo juiz, à vista de indícios da prática de infração penal, desde que constatada a impossibilidade de obtenção da prova por outros meios. Cabe ao juiz, atento aos critérios de proporcionalidade e de razoabilidade, definir os limites da atuação do agente infiltrado.

8) Cooperação entre órgãos e instituições públicas.

Quadro sinótico – Provas

Conceito	É o meio empregado para estabelecer a verdade de um fato ou circunstância.
Objeto	Devem ser objeto da atividade probatória apenas os fatos relevantes para a solução da lide penal. Não dependem de prova: os fatos inúteis para o desfecho da causa, os notórios e aqueles em relação aos quais haja presunção legal. O direito a ser aplicado não precisa ser provado, pois o juiz deve conhecer as normas jurídicas (*jura novit curia*), com exceção do que diz respeito a leis estaduais e municipais, regulamentos, costumes e legislação estrangeira.
Meios de prova admitidos	As provas de qualquer natureza (**nominadas** ou **inominadas**), desde que não proibidas por lei, são admissíveis. É vedada a utilização tanto das provas obtidas por meio de violação de norma de direito material (**provas ilícitas em sentido estrito**) como daquelas produzidas ou introduzidas no processo mediante violação de regra processual (**provas ilegítimas**). A ilicitude de determinado meio de prova contamina outra prova que dele se origina (teoria dos frutos da árvore envenenada), mas há descaracterização da ilicitude por derivação quando: a) a prova derivada for descoberta em virtude da existência de fonte independente (*independent source exception*); b) se puder concluir que a rotina da investigação levaria à obtenção lícita da prova, que apenas circunstancialmente foi alcançada por meios ilegais (*inevitable discovery exception*).
Sistemas de valoração das provas	Sistema da **persuasão racional** do juiz: é a regra em nosso ordenamento. Limite: o juiz não pode fundamentar sua decisão exclusivamente em elementos colhidos durante o inquérito policial. Sistema da **íntima convicção**: adotado, pelo Código, apenas no tocante às decisões dos jurados no Tribunal do Júri.
Regras quanto ao ônus da prova	Acusação: deve comprovar a existência do fato típico, a autoria e o elemento subjetivo. Defesa: deve demonstrar a ocorrência de fato ou circunstância que possa levar ao desacolhimento da pretensão do autor. Circunstância que exclua o crime ou isente o réu de pena. Juiz: pode ordenar, de ofício, a produção de prova que repute relevante para a decisão da causa, mesmo antes de iniciada a ação penal.
Classificação das provas	Pessoais: são aquelas que se originam de alguma manifestação humana (testemunho, confissão, documento escrito pela parte etc.). Reais: originam-se da apreciação de elementos físicos distintos da pessoa humana (o cadáver, a arma do crime etc.).

Quadro sinótico – Das perícias em geral e do exame de corpo de delito

Perícia – conceito e principais regras	Perícia é o exame realizado por pessoa com conhecimentos específicos em determinado assunto, materializado em um laudo em que expõe suas conclusões. Tudo o que interesse ao deslinde da lide penal, como documentos, pessoas lesionadas, cadáveres, instrumentos utilizados no crime, deve ser objeto de perícia. Pode ser determinada durante o inquérito pela autoridade policial ou pelo juiz, ou durante o tramitar da ação pelo juiz. A perícia pode ser feita por um único perito oficial, ou, em sua falta, por duas pessoas idôneas e com formação superior, preferencialmente na área específica. Segundo o sistema vigente, o juiz não fica adstrito às conclusões do perito, podendo refutá-las de forma fundamentada. As partes não intervêm na nomeação dos peritos, mas podem formular quesitos e indicar assistente técnico.
Corpo de delito – conceito, espécies e principais regras	Corpo de delito são os vestígios deixados pelo crime. Exame de corpo de delito é a vistoria voltada para a captação dos vestígios. Este pode ser: a) direto: quando realizado sobre o próprio corpo de delito; b) indireto: quando realizado sobre dados e vestígios paralelos. A realização do exame é obrigatória, sob pena de nulidade, nos crimes que deixam vestígios. O desaparecimento dos vestígios, desde que não possa ser imputado aos órgãos estatais incumbidos da persecução penal, faz com que a falta do exame possa ser suprida por prova testemunhal.

Quadro sinótico – Interrogatório

Conceito, natureza, características, oportunidade, local, fases	Conceitua-se como ato processual em que o juiz ouve o acusado acerca da imputação que lhe é feita e sobre suas condições pessoais. Tem natureza de meio de prova e de defesa. Caracteriza-se como ato personalíssimo, bifásico, oral e não sujeito à preclusão. É o último ato de instrução na audiência. O réu solto será interrogado na sede do juízo ou por carta precatória. Se estiver preso e houver condições de segurança, deverá ser ouvido no estabelecimento prisional. Normalmente, entretanto, o interrogatório é feito no juízo por falta de condições de realização da audiência no estabelecimento prisional. Desde que garantido o direito de o réu comunicar-se reservadamente com seu defensor antes e durante a audiência, é admitida a realização do interrogatório por videoconferência para: a) prevenir risco à segurança pública, quando exista fundada suspeita de que o preso integre organização criminosa ou de que, por outra razão, possa fugir durante o deslocamento; b) possibilitar a realização do ato, quando haja relevante dificuldade para seu comparecimento em juízo, por enfermidade ou outra circunstância pessoal; c) impedir a influência do réu no ânimo de testemunha ou da vítima, desde que não seja possível colher o depoimento destas por videoconferência; d) evitar sério abalo à ordem pública, em casos de gravidade excepcional. O interrogatório deve ser sempre realizado na presença do defensor, com quem o acusado tem o direito de entrevistar-se antes da realização do ato. Na primeira etapa do interrogatório, o acusado será indagado sobre sua vida pessoal e, na segunda, a respeito do crime, dos seus instrumentos, das provas contra ele colhidas etc. Primeiro a acusação e depois a defesa têm o direito de formular, por intermédio do juiz, perguntas ao acusado, para esclarecer ponto obscuro.
Silêncio e mentira do réu	A Constituição Federal assegura ao acusado o direito de ficar calado por ocasião do interrogatório, sem que isso possa prejudicá-lo. O juiz, aliás, deve informar o acusado acerca deste direito de exercer a autodefesa de tal modo. O réu pode também mentir quanto aos fatos sem risco de ser acusado de perjúrio.

Quadro sinótico – Confissão

Conceito, características e espécies	É a admissão, pelo acusado, de que é verdadeira a imputação feita contra ele. Suas características são: a) caráter personalíssimo; b) retratabilidade; c) divisibilidade. A confissão **delatória** é a que ocorre quando o acusado, admitindo a prática da infração, incrimina também terceiro. Já a confissão **qualificada** dá-se quando o réu admite a autoria do ilícito, porém alega em seu benefício a ocorrência de circunstância excludente de ilicitude ou de culpabilidade.

Quadro sinótico – Declarações do ofendido

Obrigatoriedade da providência	O ofendido será, sempre que possível, identificado e ouvido em audiência, ainda que não arrolado pelas partes. Estas podem dirigir reperguntas diretamente ao ofendido.

Quadro sinótico – Prova testemunhal

Definição	Testemunha é a pessoa chamada a juízo para prestar declarações sobre os fatos em apuração. Em regra, toda pessoa pode ser testemunha e, uma vez arrolada, não lhe é dado recusar-se a depor. Podem, no entanto, recusar-se a testemunhar, salvo quando não for possível, por outro modo, obter-se ou integrar-se a prova do fato e de suas circunstâncias: o ascendente ou descendente, o afim em linha reta, o cônjuge, ainda que separado, o irmão e o pai, a mãe, ou o filho adotivo do acusado. Por sua vez, são proibidas de depor as pessoas que, em razão de sua função, ministério, ofício ou profissão, devam guardar segredo, salvo se, desobrigadas pela parte interessada, quiserem dar seu depoimento.
Contradita e arguição de defeito	Contradita é o meio processual pelo qual a parte opõe-se à colheita do testemunho de pessoa proibida ou isenta de depor. A arguição de defeito, por outro lado, destina-se a esclarecer se a testemunha é suspeita de parcialidade ou indigna de fé, sem que, no entanto, haja exclusão do depoimento.
Local da colheita do testemunho	Em geral, a testemunha é ouvida na sede do Juízo processante. As pessoas impossibilitadas, por doença ou por velhice, de comparecer ao Fórum para depor, serão inquiridas onde estiverem. Se a testemunha residir em outra comarca, será ouvida pelo Juízo do local de seu domicílio, por intermédio de carta precatória, e, caso resida no exterior, será ouvida por via de carta rogatória.
Forma de colheita do testemunho	As partes dirigem as perguntas diretamente às testemunhas, sem intermediação do juiz. Se a testemunha for de acusação, é o Ministério Público (ou querelante) quem primeiro indagará, ao passo que, no caso de testemunha arrolada pelo acusado, a defesa iniciará a inquirição. Ao juiz cabe: a) indeferir as perguntas que puderem induzir a resposta, as que não tiverem relação com a causa ou que importarem repetição de outra pergunta já respondida; b) **após as perguntas das partes**, complementar a inquirição, indagando sobre os pontos que entenda que devam ser esclarecidos; c) na hipótese de não se utilizar processo de estenotipia ou de gravação magnética, caberá ao juiz reduzir os depoimentos a termo; d) se verificar que a presença do réu poderá atemorizar, constranger ou humilhar o ofendido ou testemunha, deverá proceder à inquirição por videoconferência e, na impossibilidade de adotar tal providência, determinar a retirada do réu da sala de audiências.

Processo Penal – Parte Geral

Classificação das testemunhas	a) **numerárias**: testemunhas que as partes têm o direito de arrolar, observado o número máximo previsto em cada tipo de procedimento; b) **extranumerárias**: testemunhas cuja inquirição não se dá por iniciativa das partes, mas por determinação do juiz; c) **informantes**: pessoas que são ouvidas independentemente de compromisso.
Número máximo de testemunhas	a) rito ordinário: 8 testemunhas; b) rito sumário: 5 testemunhas; c) rito sumariíssimo: 3 testemunhas; d) plenário do júri: 5 testemunhas.

Quadro sinótico – Reconhecimento de pessoas e de coisas

Procedimento	a) quem houver de fazer o reconhecimento será convidado a descrever a pessoa a ser reconhecida e, em seguida, a pessoa cujo reconhecimento se pretender será colocada, se possível, ao lado de outras que com ela tenham alguma semelhança, convidando-se, então, o reconhecedor a apontá-la; b) encerrada a diligência, deve ser lavrado auto pormenorizado; c) embora recomendável que outras pessoas sejam colocadas ao lado do suspeito, a inobservância de tal procedimento não acarreta a invalidade do ato.
Reconhecimento de coisas	Adotam-se as regras do reconhecimento de pessoas.
Reconhecimento fotográfico	É admitido na condição de prova inominada.

Quadro sinótico – Acareação

Conceito e oportunidade	Ato consistente em colocar frente a frente duas ou mais pessoas que apresentaram versões conflitantes sobre questão relevante. Admite-se acareação: a) entre acusados; b) entre acusado e testemunha; c) entre testemunhas; d) entre acusado ou testemunha e a pessoa ofendida; e) entre as pessoas ofendidas; f) entre pessoas que estejam em comarcas diferentes, por via de carta precatória. Pode ser realizada tanto na fase do inquérito quanto em juízo.

Quadro sinótico – Prova documental

Documentos	São os escritos, instrumentos ou papéis, públicos ou particulares, dos quais se pode extrair qualquer conclusão que represente um fato.
Formas de produção da prova documental	a) **espontânea**: quando a exibição, leitura ou juntada do documento decorre de iniciativa da parte; b) **provocada**: quando o juiz, tomando conhecimento da existência do documento, determina sua juntada aos autos, independentemente de requerimento das partes.
Oportunidade da produção da prova	Em regra, os documentos podem ser juntados aos autos e exibidos em qualquer fase do processo. É vedada, no entanto, a leitura e exibição, em plenário do Júri, de documento que não tenha sido comunicado à parte contrária, com antecedência de, pelo menos, três dias úteis.

Quadro sinótico – Indícios

Conceito e valor	São as circunstâncias conhecidas e provadas, que, tendo relação com o fato, autorizam, por indução, concluir-se a existência de outras circunstâncias. Não há diferença de valor probatório entre os indícios e as provas diretas.

Quadro sinótico – Busca e apreensão

Conceito	Providência de natureza cautelar destinada a encontrar e conservar pessoas ou bens que interessem ao processo criminal. Pode ser domiciliar ou pessoal. A busca **domiciliar** é cabível nas hipóteses do art. 240, § 1º, do Código de Processo Penal: a) só pode ser cumprida durante o dia; b) deve ser realizada pelo juiz ou por pessoa que traga consigo mandado por ele expedido; c) a entrada forçada é permitida no caso de recusa em abrir a porta por parte do morador ou de ausência deste. A busca **pessoal** é permitida quando houver fundada suspeita de que alguém traz consigo arma, instrumento ou produto de crime etc.
Oportunidade	Pode ocorrer durante a instrução ou a investigação e até mesmo antes da instauração do inquérito policial.
Iniciativa	Pode ser determinada de ofício, a requerimento das partes ou em virtude de representação da autoridade policial.

9 SUJEITOS PROCESSUAIS

O processo, instrumento voltado para a resolução de conflitos, pressupõe, necessariamente, a existência de três sujeitos: o autor, o réu (sujeitos parciais) e o juiz (sujeito imparcial).

Além desses sujeitos, ditos principais, que representam a matriz fundamental do processo, há os denominados sujeitos acessórios, os quais não são indispensáveis para a constituição da relação jurídica processual, tais como os auxiliares da Justiça e o assistente de acusação.

9.1. JUIZ

O processo tem como pressuposto um conflito de interesses qualificado por uma pretensão resistida, ou seja, para que ocorra a atuação do órgão jurisdicional, é necessário que um dos sujeitos de determinada relação jurídica material, entendendo descumprida uma norma de conduta pelo outro sujeito, submeta a resolução da lide ao Estado-juiz, sujeito estranho àquela relação jurídica substancial (imparcial) e incumbido de aplicar o direito ao caso concreto. A função do juiz é, portanto, substituir a vontade das partes, pondo fim ao conflito, com o escopo de alcançar a paz social.

Uma vez provocado, o órgão jurisdicional não pode eximir-se de decidir a questão submetida a sua apreciação (proibição do *non liquet*), sob pena de violação ao princípio da inafastabilidade do controle jurisdicional (art. 5º, XXXV, da CF).

Os órgãos jurisdicionais de primeiro grau são monocráticos, salvo no que diz respeito ao Tribunal do Júri, ao passo que em segundo grau e nas instâncias superiores são colegiados.

Observação: de acordo com a Lei n. 12.694/2012, em processos ou procedimentos que tenham por objeto crimes praticados por organização criminosa, o juiz pode decidir pela formação de colegiado para a prática de qualquer ato processual, indicando os motivos e as circunstâncias que acarretam riscos à sua integridade, hipótese em que outros dois juízes com competência criminal, escolhidos por sorteio, passarão a integrar, em companhia do juiz natural, o órgão jurisdicional.

Para o exercício válido da atividade jurisdicional, pressupõe-se:

1) capacidade funcional ou investidura – o julgador deve estar investido no cargo de juiz;
2) capacidade processual – o julgador deve ser competente para apreciar a questão;
3) imparcialidade – o juiz deve apresentar todas as condições de isenção de ânimo para a apreciação equidistante do caso.

Na medida em que a neutralidade do juiz (ou tribunal) é pressuposto inafastável para o exercício da função jurisdicional do Estado, a Constituição Federal estabelece a necessidade de observância do princípio do juiz natural, insculpido no art. 5º, XXXVII e LIII.

Além disso, por não estarem os juízes imunes aos sentimentos e imperfeições característicos dos homens, a lei prevê três gêneros de situação que dão ensejo ao afastamento do magistrado do processo, porquanto evidenciam a ausência de imparcialidade: os impedimentos, as incompatibilidades e as hipóteses de suspeição. Diz-se, portanto, que o juiz é imparcial quando não é suspeito, impedido, e quando não existe causa de incompatibilidade.

As situações de impedimento são objetivas e proíbem o juiz de exercer a jurisdição naquele caso. Tais hipóteses estão elencadas no art. 252 do Código de Processo Penal:

a) ter funcionado o cônjuge ou parente do juiz, consanguíneo ou afim, em linha reta ou colateral até o terceiro grau, inclusive, como defensor ou advogado, em órgão do Ministério Público, autoridade policial, auxiliar da justiça ou perito;
b) haver o juiz desempenhado qualquer dessas funções ou servido como testemunha;
c) ter funcionado como juiz de outra instância, pronunciando-se, de fato ou de direito, sobre a questão;
d) o juiz ou seu cônjuge ou parente, consanguíneo ou afim em linha reta ou colateral até o terceiro grau, inclusive, ser parte ou diretamente interessado no feito.

O Código prevê, ainda, outras duas hipóteses de impedimento para os juízes, as quais, no entanto, foram julgadas inconstitucionais pelo STF (ADIs 6.298, 6.299, 6.300 e 6.305), razão pela qual não têm aplicação:

1) art. 3º-D, *caput* – previsão de que o magistrado que praticou qualquer ato incluído nas competências dos arts. 4º e 5º do CPP estaria impedido de funcionar na ação penal;
2) art. 157, § 5º – previsão de impedimento para a prolação de sentença ou acórdão do magistrado que tivesse conhecimento de prova declarada inadmissível.

As hipóteses de incompatibilidade decorrem de vínculo de parentesco existente entre componentes de órgãos jurisdicionais colegiados. Dispõe o art. 253 do Código de Processo Penal que, nos juízos coletivos, estão proibidos de servir no mesmo processo os juízes que forem entre si parentes, consanguíneos ou afins, em linha reta ou colateral até o terceiro grau, inclusive. O art. 448 do Código ostenta a proibição de serem jurados no mesmo conselho de sentença marido e mulher, ascendentes e descendentes, sogro e genro ou nora, irmãos, cunhados, durante o cunhadio, tio e sobrinho, padrasto ou madrasta ou enteado.

As situações de suspeição, por sua vez, são (art. 254 do CPP):

a) A amizade íntima ou inimizade capital do juiz com qualquer das partes.

Não é causa do afastamento do juiz a amizade com promotor ou advogados da comarca; para que se mostre configurada situação de amizade íntima caracterizadora da suspeição, deve existir especial sentimento entre o juiz e uma das partes, que exceda às proporções comuns de cordialidade e convivência social; a inimizade capital, por sua vez, caracteriza-se pelo sentimento de desafeição apto a proporcionar no juiz satisfação com o mal que pode advir à parte.

b) A circunstância de estar o juiz, seu cônjuge, ascendente ou descendente respondendo a processo análogo, sobre cujo caráter criminoso haja controvérsia.

Nesta hipótese o juiz tem interesse indireto na causa.

c) O fato de o juiz, seu cônjuge, ou parente consanguíneo, ou afim, até o terceiro grau, inclusive, sustentar demanda ou responder a processo que tenha de ser julgado por qualquer das partes.

Evidente que o juiz não atuaria com independência se tivesse que julgar ação cuja parte seria responsável pela posterior decisão de causa em que ele ou seu parente é interessado.

d) O aconselhamento a uma das partes, acerca de fatos que tenham relação com a causa.

A suspeição se dará se o juiz revelar seu pensamento ou interesse quanto à questão que deve julgar; assim, mera manifestação sobre tese jurídica não acarreta o afastamento do julgador.

e) O fato de ser o juiz credor ou devedor, tutor ou curador, de qualquer das partes.
f) A circunstância de ser o julgador sócio, acionista ou administrador de sociedade interessada no processo.

9.1.1. FUNÇÕES E PODERES DO JUIZ

O art. 251 do Código de Processo Penal dispõe que "ao juiz incumbirá prover à regularidade do processo e manter a ordem no curso dos respectivos atos, podendo, para tal fim, requisitar a força pública".

A primeira atribuição (prover à regularidade do processo), de ordem processual, "consiste não só em evitar que se escoe a substância dos atos processuais por meio de irregularidades de rito e de ordem formal, mas também em promover as medidas que assegurem a justa aplicação da lei penal" (José Frederico Marques, *Elementos de direito processual penal*, Campinas: Bookseller, 1997, v. 2, p. 25).

Esse gênero de poder, denominado **jurisdicional, é exercido por meio dos atos de impulso do processo** (ou ordinatórios), dos atos instrutórios e dos atos decisórios. Assim, deverá o juiz zelar para que sejam realizados todos os atos úteis para a resolução da lide penal, bem como para que não se realizem os inúteis ou protelatórios, velando para que não ocorram nulidades (proceder à regular citação do acusado, designar audiências, nomear peritos etc.). Deverá, também, ordenar a realização de exame complementar em crime de lesão corporal (art. 168 do CPP), ouvir testemunhas não numerárias (art. 209 do CPP) ou determinar, de ofício, qualquer outra diligência tendente a dirimir dúvida sobre ponto relevante (arts. 156, 407 e 502 do CPP). O juiz detém, ainda, o poder-dever de proferir **decisão** e efetivar a **execução** (**poderes-fins**).

O segundo gênero de poder-dever previsto no dispositivo (manter a ordem e o curso dos respectivos atos, podendo, para tal fim, requisitar a força pública), de ordem administrativa, consiste na prática de atos de polícia destinados à manutenção da ordem.

É conferido ao juiz ou presidente do Tribunal, câmara ou turma o poder de polícia para manutenção da ordem na audiência ou sessão (art. 794 do CPP); o poder de determinar que um ato seja realizado a portas fechadas, limitando o número de pessoas que possam estar presentes, se da publicidade puder resultar escândalo, inconveniente grave ou perigo de perturbação da ordem (art. 792, § 1º, do CPP); o poder de, nas sessões do Júri, regular a polícia das sessões e mandar prender os desobedientes; requisitar o auxílio da força pública, que ficará sob sua autoridade; e interromper a sessão por tempo razoável, para repouso ou refeição dos jurados (art. 497, I, II e VIII, do CPP).

Ao juiz são conferidos, ainda, poderes **anômalos**, tais como remeter cópias e documentos relativos à existência de crime de ação penal pública ao Ministério Público (art. 40 do CPP); receber a representação do ofendido (art. 39 do CPP); e requisitar instauração de inquérito policial (art. 5º, II, do CPP).

9.1.2. PRERROGATIVAS

Para que possa exercer a função jurisdicional em sua plenitude, é necessário que o juiz seja independente. Com o escopo de assegurar a independência do juiz, a Constituição Federal prevê três garantias: a **vitaliciedade**, a **inamovibilidade** e a **irredutibilidade de subsídios**.

a) **Vitaliciedade**. É a garantia de que o juiz não perderá o cargo, salvo por sentença judicial transitada em julgado. É alcançada após dois anos de exercício e não se confunde com perpetuidade, já que o magistrado será compulsoriamente aposentado aos 70 anos (art. 95, I, da CF).

b) **Inamovibilidade**. É a garantia de que o juiz não será transferido de seu cargo senão por sua vontade (promoção ou remoção aceita) ou em virtude de interesse público, por decisão da maioria absoluta do respectivo tribunal ou do Conselho Nacional de Justiça, assegurada ampla defesa (arts. 95, II, e 93, VIII, ambos da CF).

c) **Irredutibilidade de subsídios**. É a garantia que visa resguardar o juiz contra perseguições de ordem financeira por parte dos governantes ou superiores hierárquicos (art. 95, III, da CF).

9.1.3. VEDAÇÕES

Com o escopo de garantir a isenção do juiz, a Constituição Federal prevê, em seu art. 95, parágrafo único, as seguintes vedações:
a) exercício, ainda que em disponibilidade, de outro cargo ou função, salvo uma de magistério;
b) recebimento, a qualquer título ou pretexto, de custas ou participação em processo;
c) dedicação a atividade político-partidária;
d) recebimento, a qualquer título ou pretexto, de auxílios ou contribuições de pessoas físicas, entidades públicas ou privadas, ressalvadas as exceções previstas em lei;
e) exercício da advocacia no juízo ou tribunal do qual se afastou, antes de decorridos três anos do afastamento do cargo por aposentadoria ou exoneração.

9.2. MINISTÉRIO PÚBLICO

O substrato da função do Ministério Público no processo criminal está previsto no art. 257 do Código de Processo Penal, que lhe atribui as seguintes tarefas:
a) promover, privativamente, a ação penal pública (inc. I);
b) fiscalizar a execução da lei (inc. II).

Em razão do caráter acusatório do processo penal moderno (*ne procedat judex ex officio*), é necessária a existência de um órgão estatal incumbido de deduzir, perante o Estado-juiz, a pretensão punitiva, uma vez que, sendo a infração penal um ataque aos valores básicos da sociedade, não poderia sua repressão ficar subordinada à vontade do ofendido.

Não é por outro motivo que a Constituição Federal (art. 129, I) e o Código de Processo Penal (art. 257, I) preveem que ao Ministério Público – instituição permanente, essencial à função jurisdicional do Estado, incumbida da defesa da ordem jurídica, do regime democrático e dos interesses sociais e individuais indisponíveis (art. 127 da CF) – cabe exercer, com exclusividade, a ação penal pública, condicionada ou incondicionada, com a ressalva da possibilidade de propositura de ação penal privada subsidiária da pública pelo ofendido quando o Ministério Público não se manifestar no prazo (art. 5º, LIX, da CF).

O Ministério Público é, portanto, o titular da ação penal pública, órgão detentor de parcela da soberania estatal, consubstanciada no exercício do direito de punir.

Ordinariamente, atua o Ministério Público como parte; porém, ainda que não ocupe tal posição (ação penal de iniciativa privada), intervém no processo penal como fiscal da correta aplicação da lei.

A atuação do Ministério Público como parte, conquanto destinada a fazer valer o direito de punir do qual o Estado é titular, deve ser exercida com imparcialidade, pois "nenhum órgão estatal pode, em qualquer das múltiplas atividades da administração, assumir, por vontade da lei, atitudes vexatórias, e, consequentemente, não é tolerável que a pretensão punitiva do Estado possa ser entendida como um direito de perseguir o inocente" (José Frederico Marques, *Elementos de direito processual penal*, Campinas: Bookseller, 1997, v. 2, p. 52).

As funções do Ministério Público só podem ser exercidas por integrantes da carreira (é vedada, pois, a nomeação de promotor *ad hoc*), que deverão residir na comarca da respectiva lotação (art. 129, § 3º, da CF).

A chefia da instituição, que é composta, nos Estados e no Distrito Federal, por promotores de justiça, os quais atuam junto aos órgãos jurisdicionais de primeiro grau, e por Procuradores de Justiça, que oficiam perante os tribunais, é exercida pelo Procurador-Geral de Justiça. No âmbito do Ministério Público Federal, instituição chefiada pelo Procurador-Geral da

Processo Penal – Parte Geral

República, a designação que se dá aos integrantes da carreira que atuam em primeiro grau é de procurador da República. Os procuradores regionais da República atuam perante os tribunais (segundo grau de jurisdição), ao passo que os subprocuradores-gerais da República atuam junto aos tribunais superiores.

Nos termos do disposto no art. 258 do Código de Processo Penal, os órgãos do Ministério Público "não funcionarão nos processos em que o juiz ou qualquer das partes for seu cônjuge, ou parente, consanguíneo ou afim, em linha reta ou colateral, até o terceiro grau, inclusive, e a eles se estendem, no que lhes for aplicável, as prescrições relativas à suspeição e aos impedimentos dos juízes".

9.2.1. PRINCÍPIOS INSTITUCIONAIS

O art. 127, § 1º, da Constituição Federal prevê os seguintes princípios:

Princípio da unidade e indivisibilidade.

Diz-se que o Ministério Público é uno, pois quando seus membros atuam, fazem-no em nome da instituição, e não em nome próprio. Do princípio da indivisibilidade decorre a circunstância de que os membros do Ministério Público podem ser substituídos uns pelos outros, nas formas previstas em lei, sem qualquer prejuízo para o processo.

Princípio da independência funcional.

O membro do Ministério Público é funcionalmente independente, não se sujeitando a qualquer intromissão ou ordem, inclusive dos órgãos superiores da instituição. Seu representante não está, portanto, subordinado a qualquer dos Poderes do Estado ou vinculado a entendimento anterior de outro membro.

Administrativamente, no entanto, o membro do Ministério Público encontra-se em posição de subordinação hierárquica em relação aos órgãos superiores da instituição (concessão de férias, correições, eventuais punições etc.).

Observação: os membros do Ministério Público não podem ser responsabilizados civilmente pelos atos praticados no exercício da função, salvo se agirem com dolo ou má-fé (**princípio da irresponsabilidade**).

9.2.2. FUNÇÕES

O Ministério Público, como parte que é, **deve arcar com os ônus processuais decorrentes do exercício do direito de ação**. Para que se efetive o direito de punir, deve oferecer denúncia e acompanhar a tramitação do feito, exercendo atividade probatória, acompanhando a realização dos atos processuais e, se for o caso, apresentando recurso. Pode, ainda, impetrar mandado de segurança contra ato judicial, bem como ajuizar *habeas corpus* e recorrer em favor do réu.

As atribuições do Ministério Público compreendem, também, a prática de atos prévios ao ajuizamento da ação penal, como "requisitar diligências investigatórias e a instauração de inquérito policial, indicando os fundamentos jurídicos de suas manifestações processuais" (art. 129, VIII, da CF) e, ainda, "exercer o controle externo da atividade policial" (art. 129, VII, da CF).

De acordo com o entendimento firmado pelo Pleno do STF, ao apreciar o Tema 184 da sistemática de recursos com repercussão geral, o Ministério Público dispõe de competência para promover, **por autoridade própria**, e por prazo razoável, investigações de natureza penal, desde que respeitados os direitos e as garantias que assistem a qualquer indiciado ou a qualquer pessoa sob investigação do Estado, observadas, sempre, por seus agentes, as hipóteses de reserva constitucional de jurisdição (RE 593.727/MG).

9.2.3. PRERROGATIVAS

Ao Ministério Público, como um todo, é assegurada autonomia funcional e administrativa (art. 127, § 2º, da CF), daí a capacidade de autogoverno (distribuição de serviços, organização do concurso de ingresso etc.) e a capacidade de solucionar questões administrativas (férias, aposentadorias etc.). Além disso, há regramentos que limitam a liberdade de nomeação e destituição do Procurador-Geral pelo chefe do Executivo (art. 128, §§ 1º a 4º, da CF).

A Constituição Federal conferiu aos membros do Ministério Público as mesmas garantias dos magistrados, para que possam exercer com isenção suas funções. Tais prerrogativas são (art. 128, § 5º, I):

a) vitaliciedade, após dois anos de exercício, não podendo perder o cargo senão por sentença judicial transitada em julgado;
b) inamovibilidade, salvo por motivo de interesse público, mediante decisão do órgão colegiado competente do Ministério Público, por voto da maioria absoluta de seus membros, assegurada ampla defesa;
c) irredutibilidade de subsídios.

Observação: a Lei n. 8.625/93 (Lei Orgânica Nacional do Ministério Público) regula a estrutura do Ministério Público e prevê as demais prerrogativas e deveres de seus membros. No estado de São Paulo, a matéria é disciplinada pela Lei Complementar n. 734/93.

9.2.4. VEDAÇÕES

Aos membros do Ministério Público é vedado (art. 128, § 5º, II, da CF):

a) receber, a qualquer título ou pretexto, honorários, percentagens ou custas processuais;
b) exercer a advocacia;
c) exercer atividade político-partidária;
d) receber, a qualquer título ou pretexto, auxílios ou contribuições de pessoas físicas, entidades públicas ou privadas, ressalvadas as exceções previstas em lei;
e) exercer a advocacia no juízo ou tribunal do qual se afastou, antes de decorridos três anos do afastamento do cargo por aposentadoria ou exoneração.

9.3. DO ACUSADO

9.3.1. CONCEITO

É o sujeito passivo da relação jurídica processual. É a pessoa em face de quem se deduz a pretensão punitiva.

Somente aqueles que podem ser sujeitos de imputação criminal (detentores de capacidade penal) estão legitimados a figurar no polo passivo da ação penal. Assim, os entes inanimados, os animais e os mortos não têm legitimidade *ad processum*.

Os menores de 18 anos, porquanto considerados inimputáveis e sujeitos às normas da legislação especial (arts. 228 da CF e 27 do CP), não gozam de capacidade processual passiva.

Nos casos em que são previstas imunidades políticas ou diplomáticas, as pessoas que gozam de tais prerrogativas também não são partes legítimas para figurarem como réus em processo penal.

A pessoa jurídica, por outro giro, com a disciplina introduzida pela Lei n. 9.605/98, que, regulando o disposto no art. 225, § 3º, da Constituição, tipificou condutas e atividades lesivas

Processo Penal – Parte Geral

ao meio ambiente, passou a ter legitimação para figurar no polo passivo de ação penal (art. 3º da citada lei). Assim, a pessoa jurídica pode ser acusada penalmente por crime contra o meio ambiente.

No tocante aos portadores de doença mental ou desenvolvimento mental incompleto ou retardado (art. 26 do CP), não há ilegitimidade passiva, pois podem ser processados e, ao final, submetidos a medida de segurança.

9.3.2. IDENTIFICAÇÃO DO ACUSADO

A certeza física acerca de quem é o acusado é indispensável para a propositura da ação penal, pois a responsabilidade criminal, de caráter personalíssimo, não pode ser atribuída a outra pessoa que não o verdadeiro autor da infração.

Há dupla finalidade na correta identificação do acusado:

a) sujeitar somente o verdadeiro autor do delito ao processo e a eventual pena;

b) conhecer a vida pregressa do agente, pois há dados que influirão na dosimetria da pena, no regime de cumprimento da pena corporal etc.

Ao sabor do disposto no art. 41 do Código de Processo Penal, deve a denúncia conter "a qualificação do acusado ou esclarecimentos pelos quais se possa identificá-lo".

Tal dispositivo prevê a necessidade de especificarem-se quais os elementos que diferenciam o acusado das demais pessoas (prenome, patronímico, agnome, data de nascimento, filiação, profissão, estado civil, alcunha etc.). Não sendo possível identificar o acusado por tais elementos, deve o órgão acusador, nos termos do art. 259 do Código de Processo Penal, indicar as características pessoais que permitam conhecer sua identidade física (cor da pele, impressões papilares, cicatrizes, deficiência física, compleição física etc.).

A ausência de identificação nominal, portanto, não impedirá o exercício da ação penal, nem implicará seu retardamento, desde que certa a identidade física. Se durante o curso do processo de conhecimento ou da execução for descoberta a qualificação do agente, deve-se proceder à retificação, por termo, sem qualquer prejuízo dos atos precedentes (art. 259 do CPP). Igual procedimento deverá ser adotado caso se verifique que o autor do crime foi denunciado ou até condenado com nome errado ou de terceiro.

O art. 363 do Código de Processo Penal prevê a realização do ato citatório por via de edital, "quando incerta a pessoa que tiver de ser citada" (inc. II). Apesar de empregar o termo "pessoa incerta", o dispositivo refere-se ao acusado cujos elementos de qualificação completos são ignorados, porquanto a certeza física é imprescindível para o exercício da ação.

9.3.3. DIREITOS E GARANTIAS DO ACUSADO

A Constituição Federal prevê, em seu art. 5º, diversos direitos subjetivos do qual é titular o sujeito passivo da ação penal:

a) Direito ao devido processo legal.

Dispõe o inciso LIV do art. 5º da Constituição que "ninguém será privado da liberdade ou de seus bens sem o devido processo legal". Garante-se ao acusado a submissão a um processo justo, no qual serão observados os princípios do contraditório, da ampla defesa, do tratamento paritário dos sujeitos processuais, da publicidade dos atos processuais etc.

b) Direito ao contraditório e à ampla defesa.

A norma prevista no inciso LV do mencionado artigo ("aos litigantes, em processo judicial ou administrativo, e aos acusados em geral são assegurados o contraditório e ampla defesa, com os meios e recursos a ela inerentes") assegura a bilateralidade dos atos processuais e o livre exercício do direito de defesa.

O exercício do direito de defesa pressupõe a ciência por parte do acusado acerca da imputação que em face dele é dirigida. Daí se conclui que o réu tem direito à citação.

Uma vez chamado a participar do processo e cientificado da acusação, pode o acusado reagir à acusação, exercendo sua defesa, a qual engloba a **autodefesa** e a **defesa técnica**.

A **autodefesa**, cujo exercício é facultativo, subdivide-se em dois aspectos: direito de audiência (faculdade de interferir diretamente na convicção do julgador. Ex.: interrogatório e possibilidade de interposição de recurso pelo próprio acusado) e direito de presença (faculdade de presenciar todos os atos do processo).

Essa modalidade de defesa constitui direito do acusado, que poderá comparecer em juízo e exercer pessoalmente o contraditório. Seu comparecimento, contudo, não é obrigatório, exceto naqueles atos que não podem ser realizados sem sua presença, hipótese em que poderá ser determinada a condução coercitiva, salvo para fins de interrogatório, pois o Supremo Tribunal Federal reconheceu a incompatibilidade da medida com a Constituição Federal, declarando a não recepção da expressão "para o interrogatório" constante do art. 260, *caput*, do CPP.

Pode o réu, como forma de exercício da autodefesa, permanecer silente, circunstância que, entretanto, não poderá pesar em seu desfavor, nos termos do art. 5º, LXIII, da Constituição.

Caso se opere a citação pessoal e ocorra a **contumácia** (deixar o acusado de comparecer injustificadamente a qualquer ato do processo), será decretada a **revelia**, o que implicará a não cientificação do réu acerca dos atos processuais posteriores. Caso não ocorra a contumácia, o réu terá direito de ser notificado ou intimado a respeito de todos os atos processuais.

A **defesa técnica**, como será estudado a seguir, é indispensável e deve ser exercida por pessoa habilitada.

c) Direito de não ser preso senão em flagrante delito ou por ordem escrita e fundamentada da autoridade judiciária competente, salvo nos casos de transgressão militar ou de crime propriamente militar, definidos em lei (art. 5º, LXI, da CF).

d) Direito de ver inadmitida a prova obtida por meio ilícito (art. 5º, LVI, da CF).

e) Direito à presunção de inocência (art. 5º, LVII, da CF).

f) Direito de ter sua prisão comunicada imediatamente ao juiz competente, à sua família ou à pessoa por ele indicada (art. 5º, LXII, da CF).

g) Direito de, se preso, ser informado sobre seus direitos, ser assistido por familiares e advogado, bem como de conhecer a identidade dos responsáveis por sua prisão ou por seu interrogatório policial (art. 5º, LXIII e LXIV, da CF).

h) Direito ao imediato relaxamento da prisão ilegal e a não ser levado ou mantido na prisão quando a lei admitir a liberdade provisória, com ou sem fiança (art. 5º, LXV e LXVI, da CF).

i) Direito de entrevistar-se reservadamente com o defensor antes da realização do interrogatório (art. 185, § 5º, do CPP).

9.4. DEFENSOR

Em razão da indisponibilidade do direito de defesa e da necessidade de o acusado estar assistido por pessoa com capacitação técnica suficiente para tornar efetivo o exercício de tal direito, há obrigatoriedade, no processo penal, da intervenção do **defensor**.

O defensor, procurador ou representante da parte é a pessoa legalmente habilitada (advogado) a quem incumbe o exercício da defesa técnica.

Processo Penal – Parte Geral

Dispõe o art. 261 do Código de Processo Penal que "nenhum acusado, ainda que ausente ou foragido, será processado ou julgado sem defensor", evidenciando a imprescindibilidade de o réu fazer-se representar por pessoa com capacidade postulatória.

Somente será permitido ao acusado dispensar a atuação de um advogado se ele próprio tiver habilitação técnica (autodefesa técnica).

A Constituição Federal, por seu turno, estabelece que "o advogado é indispensável à administração da justiça" (art. 133), deixando clara a imposição do ordenamento quanto à realização da defesa por pessoa com habilitação.

É por entender indeclinável o exercício da defesa técnica que o Supremo Tribunal Federal proclamou: "No processo penal, a falta de defesa constitui nulidade absoluta, mas a sua deficiência só anulará se houver prova de prejuízo para o réu" (Súmula 523). É nulo, pois, o processo se o acusado, a quem é facultado o exercício da autodefesa (ou defesa genérica), não estiver assistido por profissional habilitado, porquanto se estaria frustrando seu direito à defesa técnica (ou defesa específica).

De acordo com o art. 265, *caput*, do Código de Processo Penal, "o defensor não poderá abandonar o processo senão por motivo imperioso, comunicado previamente o juiz, sob pena de multa de dez a cem salários mínimos, sem prejuízo das demais sanções cabíveis".

A ausência do defensor só será causa de adiamento da audiência se decorrer de justo motivo que vier a ser comprovado até o momento de abertura da audiência (art. 265, §§ 1º e 2º, 1ª parte, do CPP).

Nas demais hipóteses, desde que regularmente comunicado o defensor sobre a prática do ato, sua ausência não dará causa ao adiamento, devendo o juiz nomear ao acusado um substituto *ad hoc* (art. 265, § 2º, parte final, do CPP).

Para assegurar a efetividade do direito de defesa, a lei estabelece diversas prerrogativas em favor dos advogados, dentre as quais merecem destaque a faculdade de comunicar-se com seus clientes, pessoal e reservadamente, mesmo sem procuração, quando estes se acharem presos, detidos ou recolhidos em estabelecimentos civis ou militares, ainda que considerados incomunicáveis (art. 7º, III, do EOAB), e a de examinar autos de processos judiciais ou de procedimentos investigatórios findos ou em andamento, mesmo sem procuração, assegurada a obtenção de cópias e a tomada de apontamentos (art. 7º, XIII e XIV), ressalvada a possibilidade, durante a fase investigatória, de a autoridade competente interditar o acesso do advogado aos elementos de prova relacionados a diligências em andamento e ainda não documentados nos autos, quando houver risco de comprometimento da eficiência, da eficácia ou da finalidade das diligências (art. 7º, § 11).

9.4.1. DEFENSOR CONSTITUÍDO

O defensor constituído ou procurador é o advogado nomeado pelo acusado por via de procuração ou indicado por ele na ocasião do interrogatório (art. 266 do CPP). Só poderá o advogado atuar na condição de defensor constituído e, portanto, praticar atos processuais se houver procuração outorgada pelo réu ou se for declinado seu nome por oportunidade do interrogatório (constituição *apud acta*).

Garante-se ao réu, como consectário do princípio da ampla defesa, a possibilidade de escolher advogado de sua confiança para patrocinar a defesa, ainda que ausente (revel).

O acusado pode constituir o procurador a qualquer tempo, mesmo na fase do inquérito policial.

Exige-se procuração do réu outorgando poderes especiais ao seu defensor em algumas hipóteses do diploma processual penal:

a) para aceitar o perdão do ofendido, em nome do réu ou querelado (arts. 55 e 59);

b) para arguir a suspeição do juiz (art. 98);
c) para arguir a falsidade de documento (art. 146).

9.4.2. DEFENSOR DATIVO

O **defensor dativo** ou simplesmente **defensor** (em sentido estrito) é o advogado nomeado pelo juiz ao réu que se omitiu em constituir seu representante.

Em virtude de mostrar-se indeclinável o exercício do direito de defesa, a nomeação é obrigatória, ainda que contra a vontade do réu. Assim, sempre que o acusado não possuir procurador ou, sendo habilitado, não quiser defender-se pessoalmente, o juiz nomear-lhe-á um defensor dativo. É o que prevê o art. 263 do Código de Processo Penal ("se o acusado não o tiver, ser-lhe-á nomeado defensor pelo juiz, ressalvado o seu direito de, a todo tempo, nomear outro de sua confiança, ou a si mesmo defender-se, caso tenha habilitação").

A nomeação deve ocorrer logo depois de escoado o prazo para apresentação de resposta escrita (art. 396-A, § 2º, do CPP), sem a sua apresentação.

Uma vez nomeado pelo juiz, o advogado não pode recusar-se a exercer o *munus*, a não ser por motivo justo (estar impedido de exercer a advocacia; ser procurador constituído pela parte contrária ou ter com ela relações profissionais de interesse atual; ter necessidade de ausentar-se da sede do juízo para atender a outro mandato anteriormente outorgado ou para defender interesses próprios inadiáveis; já haver manifestado por escrito opinião contrária ao direito que o necessitado pretende pleitear; haver dado à parte contrária parecer escrito sobre a contenda – art. 15 da Lei n. 1.060/50).

Aceitando a função, cujo exercício é intransferível (vedado, pois, o substabelecimento), incumbirá ao advogado nomeado defender o réu, praticando todos os atos do processo.

O art. 261, parágrafo único, do Código de Processo Penal prevê que, quando realizada por defensor público ou dativo, a defesa técnica deverá ser exercida, necessariamente, por meio de manifestação fundamentada.

Ao defensor dativo é vedado, tão somente, aceitar o perdão do ofendido, uma vez que tal ato é de caráter personalíssimo. Pode, no entanto, arguir a suspeição do juiz e a falsidade de documento, uma vez que a exigência de poderes especiais para o defensor constituído tem como finalidade delimitar a responsabilidade por eventual abuso, a qual, no caso do defensor dativo, só a ele pode ser atribuída.

Se o acusado não for pobre, será obrigado a pagar os honorários do defensor dativo, arbitrados pelo juiz (art. 263, parágrafo único, do CPP). Aqueles que comprovarem a insuficiência de recursos poderão ser assistidos por defensor público.

Observações:
1) Pelo texto da lei, não é meramente terminológica a diferença entre **procurador** e **defensor**, pois, nos termos do art. 392 do Código de Processo Penal, a intimação pessoal do primeiro acerca do teor da sentença é válida, independentemente da intimação do réu, nas hipóteses elencadas nos incisos II e III (nos crimes em que o acusado livrar-se solto ou prestar fiança e, em qualquer crime, se expedido mandado de prisão, não for ele encontrado, assim certificando o oficial de justiça). A intimação do **defensor**, por outro giro, não afasta a necessidade da intimação do réu. Vem prevalecendo, entretanto, o entendimento segundo o qual tais dispositivos não foram recepcionados pela Constituição Federal, uma vez que o princípio da ampla defesa exige sempre a ciência do acusado acerca da sentença.

2) Denomina-se **virtual** a defesa técnica deficiente que, se vier a ocasionar prejuízo para o acusado, gera a nulidade do processo.

3) Havendo mais de um réu, o juiz deve tomar a cautela de nomear um defensor para cada qual, porquanto é possível que haja **colidência de defesas**, circunstância que, sendo os acusados

defendidos por um único advogado, acarretaria a nulidade do processo. Há quem entenda inexistir nulidade quando as defesas conflitantes são exercidas por um mesmo procurador (defensor constituído), visto que constitui desdobramento do princípio da ampla defesa a possibilidade de o acusado escolher defensor de sua confiança. Outros, no entanto, entendem que é causa de nulidade absoluta a conflitância de defesas quando exercidas pelo mesmo defensor constituído, pois haveria sacrifício irremediável para o direito de defesa.

9.5. CURADOR

A pessoa incumbida de suprir a falta de capacidade plena do réu submetido a incidente de insanidade (art. 149, § 2º, do CPP) ou reputado inimputável pelos peritos (art. 151 do CPP) é denominada curador.

Não é necessário que a pessoa nomeada para exercer o cargo de curador seja habilitada (advogado), bastando que mostre maturidade suficiente para zelar pelos interesses do acusado e, eventualmente, traduzir sua vontade. É possível, porém, ser nomeado como curador o defensor ou procurador do acusado, desde que gozem da confiança do juízo.

É muito importante salientar que os arts. 15, 262, 449, *caput*, e 564, III, *c*, todos do Código de Processo Penal, também exigem nomeação de curador ao réu menor. Como esses dispositivos não mencionam expressamente a idade do réu, entendeu-se que eles se referiam à menoridade civil, ou seja, 21 anos, uma vez que a legislação processual penal não se aplica a menores de 18 anos. Em razão disso, é fácil concluir que todos esses dispositivos acabaram perdendo a aplicabilidade em decorrência do art. 5º do Código Civil, que reduziu a maioridade, também nessa esfera, para 18 anos de idade. Com efeito, não faz sentido exigir que o réu menor de 21 anos seja assistido por curador durante a ação penal, quando a lei civil dá a ele ampla e total autonomia para a realização válida de atos de qualquer natureza, independentemente da assistência de seus representantes legais.

De ver-se, ainda, que a Lei n. 10.792/2003 revogou o art. 194 do Código de Processo Penal, acabando com a previsão legal de nomeação de curador ao réu menor quando seu interrogatório for levado a efeito pelo juízo monocrático.

Essa circunstância redobra a correção da conclusão de que a norma inserta no art. 15, que determina a nomeação de curador, na fase policial, ao interrogado menor, perdeu sua aplicabilidade.

9.6. ASSISTENTE DE ACUSAÇÃO

Além das partes essenciais para a validade da relação jurídica processual, há aquelas denominadas acessórias, secundárias contingentes ou eventuais, pois não são imprescindíveis para a existência do processo.

É possível, consoante o disposto no art. 268 do Código de Processo Penal, que o ofendido (titular do bem jurídico tutelado pela norma penal) ou seu representante, ou, na falta, seu cônjuge, ascendente, descendente ou irmão (art. 31 do CPP), intervenham na ação penal, como assistentes do Ministério Público.

9.6.1. HIPÓTESE DE INTERVENÇÃO

A assistência é possível somente na ação penal de iniciativa pública, condicionada ou incondicionada; em se tratando de ação penal de iniciativa privada (propriamente dita ou subsidiária da pública), o ofendido, seu representante ou sucessor atuam como parte principal.

9.6.2. FINALIDADE

Duas são as posições acerca da finalidade da assistência:

1) Parte da doutrina entende que o assistente intervém no processo com o escopo de auxiliar, ajudar o Ministério Público na busca da efetivação do *jus puniendi* e, só secundariamente, para preservar eventual direito ressarcitório. Argumenta-se que, caso não se encontrasse a assistência embasada na colaboração com a realização da Justiça, o ofendido não poderia intervir se, por exemplo, renunciasse à indenização.

2) Outra corrente reputa a assistência como atuação voltada exclusivamente para a satisfação do direito à reparação do dano advindo da infração. Para esses, o ofendido só poderá intervir se sofrer danos, e a ajuda que presta à acusação é mero reflexo de interesse particular. Aduzem os partidários de tal entendimento que o Código de Processo Penal autorizou a interposição de recurso pelo assistente somente em alguns casos (art. 271, *caput*), ou seja, justamente nas situações que guardam relação com a sorte do interesse civil do ofendido: **a)** decisão de impronúncia; **b)** decisão que decreta a prescrição ou julga, por outro modo, extinta a punibilidade; **c)** apelação supletiva.

9.6.3. OPORTUNIDADE DA ADMISSÃO

O assistente pode ser admitido em qualquer momento do processo, após o recebimento da denúncia, enquanto não passar em julgado a sentença condenatória. Receberá a causa, no entanto, no estado em que se achar (art. 269 do CPP).

Nos casos de competência do Tribunal do Júri, para que possa o assistente participar do julgamento, deve requerer a admissão cinco dias antes da data da sessão na qual pretenda atuar (art. 430 do CPP).

9.6.4. PROCESSAMENTO DO REQUERIMENTO DE HABILITAÇÃO

Ajuizado o pedido de admissão, o juiz ouvirá o Ministério Público (art. 272 do CPP). Eventual indeferimento do pedido deve fundar-se na falta dos requisitos legais (ex.: não haver prova de ser o requerente representante do ofendido ou prova do parentesco, nos casos do art. 31 do CPP), pois não é dado ao juiz (ou ao Ministério Público) avaliar a conveniência da admissão. Não é necessária a oitiva da defesa.

O despacho, admitindo ou não a assistência, é irrecorrível, devendo, entretanto, constar dos autos o pedido e a decisão (art. 273 do CPP). Pode o ofendido, na hipótese de ver indeferido o pedido, impetrar mandado de segurança.

Se admitida a intervenção, o assistente será intimado para participar de todos os atos ulteriores do processo, não se repetindo, porém, aqueles já realizados. O processo, todavia, prosseguirá independentemente de nova intimação do assistente, quando, intimado, deixar ele de comparecer a qualquer dos atos injustificadamente (art. 271, § 2º, do CPP).

9.6.5. PODERES DO ASSISTENTE

A atuação do assistente é restrita, podendo ele praticar somente os atos taxativamente previstos em lei:

a) Propor meios de prova (art. 271, *caput*, do CPP). O assistente pode sugerir a realização de diligências probatórias (perícias, buscas e apreensões, juntada de documentos etc.), cabendo ao juiz deferi-las ou não, após ouvido o Ministério Público (art. 271, § 1º, do CPP). Inegável que pode o assistente solicitar a oitiva de pessoas como testemunhas do juízo, nos termos do art. 209 do Código de Processo Penal. Discute-se, todavia, se o assistente pode arrolar testemunhas. Há entendimento no sentido de que é inviável a indicação de testemunhas, pois o assistente passa a intervir após o recebimento da denúncia, oportunidade em que já estaria precluso o ato (Vicente Greco Filho, Fernando da Costa Tourinho Filho e Fernando Capez). Outros (Julio Fabbrini Mirabete e Espínola Filho) afirmam ser possível admitir a assistência e, concomitantemente, deferir a oitiva de testemunhas por ela arroladas, desde que, se somadas àquelas arroladas na denúncia, não se exceda o número máximo previsto em lei.

b) Dirigir perguntas às testemunhas. A prerrogativa de o assistente dirigir perguntas às testemunhas decorre das normas do art. 271, *caput* (a expressão "requerer perguntas" deve ser interpretada à luz do novo sistema de inquirição, no qual as partes inquirem as testemunhas diretamente – art. 212, *caput*, com redação dada pela Lei n. 11.690/2008), e do art. 473, *caput* e § 1º, ambos do Código de Processo Penal. A inquirição pelo assistente, dirigida às testemunhas de acusação ou de defesa, sempre sucede aquela levada a efeito pelo Ministério Público.

c) Formular quesitos e indicar assistente técnico (art. 159, § 3º, do CPP). Nas hipóteses em que for necessária a produção de prova pericial, ao assistente é assegurado o direito de formular quesitos (indagações de natureza técnica) e de indicar assistente técnico.

d) Aditar os articulados (art. 271, *caput*, do CPP). Embora seja vedado ao assistente aditar a denúncia, é possível que proceda ao aditamento dos memoriais (arts. 403, § 3º, e 404, parágrafo único, do CPP), ou seja, é facultado ao assistente elaborar articulado em prazo de cinco dias sucessivo ao do Ministério Público, no qual exercerá atividade argumentativa destinada a influir no convencimento do juiz.

e) Participar dos debates orais. É facultado ao assistente participar das alegações orais no procedimento ordinário (art. 403, § 2º, do CPP), sumário (art. 534, § 2º, do CPP), assim também na fase do sumário da culpa nos processos de competência do Tribunal do Júri (art. 411, § 6º, do CPP), dispondo, em todos os casos, de dez minutos, depois de concluída a fala do Ministério Público, hipótese em que o tempo destinado à manifestação da defesa será acrescido de igual período. Tal prerrogativa também é assegurada ao assistente no julgamento em Plenário pelo Tribunal do Júri (art. 476, § 1º, do CPP) e nos processos de competência originária dos tribunais (art. 12, I, da Lei n. 8.038/90).

f) Requerer o desaforamento de julgamento a ser realizado pelo Tribunal do Júri (art. 427, *caput*, do CPP). Trata-se de alteração introduzida pela Lei n. 11.689/2008, que alargou as atribuições do assistente no tocante ao procedimento de apuração dos crimes dolosos contra a vida, permitindo que o assistente requeira o desaforamento em caso de interesse da ordem pública, dúvida sobre a imparcialidade do júri ou risco para a segurança do acusado.

g) Arrazoar os recursos interpostos pelo Ministério Público, ou por ele próprio, nos casos dos arts. 584, § 1º, e 598, ambos do Código de Processo Penal. O assistente pode oferecer razões em qualquer recurso interposto pelo Ministério Público. Pacífico o entendimento de que pode, também, contra-arrazoar os recursos interpostos pela defesa.

A lei prevê, também, a possibilidade de o ofendido, ainda que não habilitado como assistente, interpor (e arrazoar) os seguintes recursos (arts. 584, § 1º, e 598):

a) Apelação contra a decisão que impronuncia o réu.
b) Em sentido estrito, contra decisão que declara extinta a punibilidade do acusado.
c) Apelação contra sentença proferida nas causas de competência do juiz singular ou do Tribunal do Júri.

A legitimidade recursal do ofendido nessas hipóteses pressupõe a omissão do Ministério Público, isto é, a ausência de recurso deste dentro do prazo legal, hipótese em que o ofendido ou qualquer das pessoas apontadas no art. 31, ainda que não se tenha habilitado como assistente, poderá recorrer. Por essa razão, denominam-se recursos **supletivos**.

A apelação supletiva terá efeito **meramente devolutivo**.

Há entendimento segundo o qual a apelação supletiva só é possível no caso de **sentença absolutória**. Vejam-se, a respeito da viabilidade de interposição da apelação em caso de condenação, as palavras de Vicente Greco Filho: "Quem reduz o interesse do assistente à reparação civil exclui a possibilidade, porque a quantidade da pena não interfere na responsabilidade civil, uma vez que já houve condenação. Todavia, ainda que o assistente intervenha, também, com a finalidade de colaboração com a Justiça, a quantidade da pena não lhe concerne. Trata-se de aplicação puramente técnica e de interesse público, encontrando-se a atividade de colaboração com a Justiça esgotada com a condenação. Só o Ministério Público pode recorrer da quantidade da pena ou concessão de benefício penal" (*Manual de processo penal*, 2. ed., São Paulo: Saraiva, 1993, p. 226). Há posicionamento (Julio Fabbrini Mirabete), no entanto, que reputa cabível a interposição do apelo contra todas as decisões desfavoráveis à acusação, inclusive para postular aumento de pena. O Supremo Tribunal Federal e o Superior Tribunal de Justiça, é bom registrar, já proclamaram a possibilidade de o assistente recorrer para agravar a pena imposta ao réu.

O **prazo** para interposição da apelação supletiva ou do recurso em sentido estrito supletivo é de quinze dias, a contar do término do prazo do Ministério Público, para o ofendido ou sucessores que **não se tenham habilitado como assistentes** (art. 598, parágrafo único, do CPP). Para o que se habilitou como assistente no processo, o prazo é o mesmo previsto para as partes, ou seja, cinco dias (arts. 586 e 593 do CPP), tanto para o recurso em sentido estrito como para a apelação. Nesse caso, o termo inicial do prazo será:

a) o término do prazo para o Ministério Público, se o assistente for intimado antes deste órgão (art. 598 do CPP e Súmula 448 do STF);

b) a intimação do assistente, quando intimado após o Ministério Público.

Apesar de inexistir expressa previsão, pode o assistente interpor outros recursos tendentes a fazer valer os poderes que lhe são conferidos. Assim, poderá recorrer em sentido estrito se a apelação supletiva for denegada (art. 581, XV, do CPP), bem como interpor recurso extraordinário (Súmula 210 do STF), desde que tal recurso tenha por objeto uma daquelas hipóteses previstas nos arts. 584, § 1º, e 598, ambos do Código de Processo Penal.

Observações:

1) Nos processos de competência do Tribunal do Júri, o assistente deve ser intimado acerca do teor da decisão de pronúncia (art. 420, II, do CPP).

2) O assistente só poderá ser admitido para atuar em julgamento pelo Tribunal do Júri se requerer sua habilitação até cinco dias antes do início da respectiva sessão (art. 430 do CPP). De ver-se que a antecedência deve dar-se em relação ao início da sessão, e não apenas do julgamento do processo.

3) A ausência do assistente ao julgamento pelo Tribunal do Júri não acarreta o adiamento do ato (art. 457 do CPP), desde que regularmente intimado.

4) No julgamento em plenário, o assistente pode formular perguntas diretamente ao acusado, logo após o acusador principal (art. 474, § 1º, do CPP).

5) Em face da supressão do libelo, peça inicial do *judicium causae*, perdeu aplicação a regra que previa a faculdade de o assistente aditá-lo (art. 271, *caput*, do CPP).

9.7. AUXILIARES DA JUSTIÇA

Para que possa oferecer a tutela jurisdicional invocada pelas partes, o juiz necessita da colaboração de órgãos auxiliares, aos quais incumbe a realização de tarefas que não podem ser efetivadas pessoalmente pelo magistrado (documentação dos atos processuais, realização de diligências fora da sede do juízo, guarda de bens apreendidos etc.).

Esses órgãos auxiliares podem ser:

a) **permanentes** – são aqueles órgãos que atuam em todos os processos em trâmite pelo juízo (escrivão, oficial de justiça, distribuidor etc.);

b) **eventuais** – são aqueles que intervêm somente em alguns processos, nos quais realizarão tarefas especiais (intérpretes, peritos etc.).

Função essencial é a exercida pelo **escrivão**, auxiliar do juízo, encarregado de chefiar o cartório, documentar os atos processuais (inclusive participando de audiências ou designando escreventes para tal fim), redigir ofícios, mandados e cartas precatórias, guardar os autos etc. Sob a responsabilidade do escrivão oficiam **escreventes** e **auxiliares**.

Os atos externos (cuja execução deve dar-se fora da sede do juízo) são praticados pelo **oficial de justiça**. A ele incumbe cumprir as ordens do juiz, procedendo às intimações, citações, prisões, buscas e apreensões etc.

Tais auxiliares estão subordinados ao juiz, que deve corrigir eventuais erros e suprir omissões, bem como à Corregedoria-Geral da Justiça, que, juntamente com o magistrado, exerce sobre eles poder correcional.

Os atos praticados por esses auxiliares gozam de **fé pública**, isto é, presumem-se verdadeiros os escritos por eles firmados. Tal presunção, no entanto, cede passo perante prova em contrário (presunção relativa).

Nos termos do art. 274 do Código de Processo Penal, estendem-se aos serventuários e funcionários da Justiça as prescrições sobre suspeição dos juízes, no que lhes for aplicável.

Há casos em que a solução de determinada questão de fato depende de conhecimentos técnicos ou científicos especializados. Em tais hipóteses, o juiz será assistido por um **perito**, auxiliar eventual que, depois de nomeado pelo magistrado, fica obrigado a aceitar o encargo, salvo escusa atendível (art. 277 do CPP).

São deveres do perito: acudir à intimação ou chamado da autoridade; comparecer no dia e local designados para o exame; e apresentar o laudo ou concorrer para que a perícia seja realizada no prazo estabelecido (art. 277, parágrafo único, a, b e c, do CPP).

O perito que se recusar a aceitar o encargo sem justo motivo, ou deixar de obedecer aos deveres legais, incorrerá em multa e, no caso de não comparecimento injustificado, poderá ser conduzido coercitivamente (art. 278 do CPP).

Os peritos podem ser **oficiais** ou **não oficiais**. Os primeiros integram os quadros da Justiça ou da Polícia. Os segundos são pessoas idôneas e com formação superior, estranhas aos quadros de funcionários do Estado, escolhidos pelo juiz para prestar auxílio técnico. Em qualquer hipótese, estarão sujeitos à disciplina judiciária (art. 275 do CPP).

Aos peritos é extensivo o disposto sobre a suspeição dos juízes (art. 280 do CPP). Não poderá ser perito a pessoa que:

a) **estiver sujeita à interdição de direitos** – isto é, encontrar-se proibida de exercer a atividade ou ofício em virtude de pena restritiva de direitos (art. 47, I e II, do CP);

b) **tiver prestado depoimento no processo ou opinado anteriormente sobre o objeto da perícia;**

c) **for analfabeta ou menor de 21 anos.**

O Código de Processo Penal também tratou dos intérpretes, que são os auxiliares eventuais a quem se atribui a tarefa de verter à língua portuguesa as declarações das testemunhas que não conhecerem o idioma nacional ou dos surdos-mudos, que não puderem manifestar-se por escrito.

A parte final do dispositivo, que exige idade mínima de 21 anos para ser perito, não foi afetada pelo art. 5º do Código Civil, na medida em que o legislador pretendeu apenas fixar o critério da maturidade e experiência em relação às importantes funções exercidas pelo perito, não tendo qualquer relação com o critério da maioridade civil.

Os intérpretes são equiparados, para todos os efeitos, aos peritos (art. 281 do CPP).

Observação: o art. 60 da Lei n. 9.099/95 permite que, nos Juizados Especiais Criminais, exista a figura do conciliador, que, sob a orientação dos juízes, poderá atuar na audiência preliminar com o objetivo de obter uma composição entre as partes. A existência da figura do conciliador e a forma pela qual será recrutado dependem da lei de cada Estado, devendo, contudo, ser escolhido, preferencialmente, entre os bacharéis em Direito, estando excluídos os que já exerçam função na Administração da Justiça Criminal (art. 73, parágrafo único, da Lei n. 9.099/95). A toda evidência os conciliadores não podem colher prova, homologar acordos civis ou penais, tampouco sentenciar. São, portanto, auxiliares da justiça.

Quadro sinótico – Sujeitos processuais – Juiz

Requisitos para o exercício da atividade	a) capacidade funcional; b) capacidade processual; c) imparcialidade.
Interditam a atuação do juiz no processo	a) impedimento; b) suspeição; c) incompatibilidade.
Prerrogativas	a) vitaliciedade; b) inamovibilidade; c) irredutibilidade de rendimentos.
Vedações	a) exercício, ainda que em disponibilidade, de outro cargo ou função, salvo uma de magistério; b) recebimento, a qualquer título ou pretexto, de custas ou participação em processo; c) dedicação à atividade político-partidária; d) recebimento, a qualquer título ou pretexto, de auxílios ou contribuições de pessoas físicas, entidades públicas ou privadas, ressalvadas as exceções previstas em lei; e) exercício da advocacia no juízo ou tribunal do qual se afastou, antes de decorridos três anos do afastamento do cargo por aposentadoria ou exoneração.
Funções	a) jurisdicionais; b) administrativas; c) anômalas.

Ministério Público

Definição	Instituição permanente, essencial à função jurisdicional do Estado, incumbida da defesa da ordem jurídica, do regime democrático e dos interesses sociais e individuais indisponíveis.
Princípios institucionais	a) unidades; b) indivisibilidade; c) independência funcional.
Prerrogativas	a) vitaliciedade; b) inamovibilidade; c) irredutibilidade de rendimentos.

Processo Penal – Parte Geral

Vedações	a) recebimento, a qualquer título ou pretexto, de honorários, percentagens ou custas processuais; b) exercício da advocacia; c) exercício de atividade político-partidária; d) recebimento, a qualquer título ou pretexto, de auxílios ou contribuições de pessoas físicas, entidades públicas ou privadas, ressalvadas as exceções previstas em lei; e) exercício da advocacia no juízo ou tribunal do qual se afastou, antes de decorridos três anos do afastamento do cargo por aposentadoria ou exoneração.
Incompatibilidades	O membro do Ministério Público não funcionará nos processos em que o juiz ou qualquer das partes for seu cônjuge, ou parente, consanguíneo ou afim, em linha reta ou colateral, até o terceiro grau, inclusive.
Impedimentos e suspeição	Estendem-se aos membros do Ministério Público, no que lhes for aplicável, as prescrições relativas à suspeição e aos impedimentos dos juízes.
Funções	a) promover, privativamente, a ação penal pública; b) fiscalizar a execução da lei.

Acusado

Definição	É o sujeito passivo da relação jurídica processual, isto é, a pessoa em face de quem se deduz a pretensão punitiva.
Possuem capacidade processual passiva	a) as pessoas físicas maiores de 18 anos, ainda que portadoras de doença mental ou com desenvolvimento mental incompleto ou retardado; b) as pessoas jurídicas, em ações penais relativas a crimes contra o meio ambiente.
Direitos do acusado	a) ao devido processo legal; b) ao contraditório e à ampla defesa; c) de não ser preso senão em flagrante delito ou por ordem escrita e fundamentada da autoridade judiciária competente, salvo nos casos de transgressão militar ou de crime propriamente militar, definidos em lei; d) de não ser condenado com base em prova obtida por meio ilícito; e) presunção de inocência; f) de ter sua prisão comunicada imediatamente ao juiz competente, à sua família ou à pessoa por ele indicada; g) de ser informado sobre seus direitos, ser assistido por familiares e advogado, bem como de conhecer a identidade dos responsáveis por sua prisão ou por seu interrogatório policial; h) ao imediato relaxamento da prisão ilegal e a não ser levado ou mantido na prisão quando a lei admitir a liberdade provisória, com ou sem fiança; i) de entrevistar-se reservadamente com o defensor antes da realização do interrogatório.

Defensor

Definição	Profissional com capacitação técnica (advogado), incumbido de realizar a defesa do acusado e cuja intervenção é obrigatória no processo. Defensor constituído ou procurador é o advogado escolhido pelo acusado. Defensor dativo é o advogado nomeado pelo juiz para defender o acusado que se omitiu em constituir seu representante.
Colidência de defesas	Acusados com teses defensivas conflitantes não podem ser representados por um mesmo defensor, sob pena de nulidade do processo.

Curador

Definição	É a pessoa incumbida de suprir a falta de capacidade plena do réu submetido a exame de insanidade ou considerado inimputável pelo perito. Desnecessário que se trate de advogado, bastando que seja pessoa com discernimento para zelar pelos interesses do acusado e para expressar sua vontade. Atualmente não se exige curador para o réu menor de 21 anos.

Assistente de acusação

Quem pode ser assistente – finalidade e momento de admissão	O ofendido ou seu representante ou, na sua falta, seu cônjuge, ascendente, descendente ou irmão. A assistência só é cabível na ação pública, e a finalidade é a de preservar o direito à reparação civil e (para alguns) auxiliar o Ministério Público na satisfação da pretensão punitiva. O assistente pode ser admitido em qualquer momento do processo. Para que possa participar do julgamento pelo Tribunal do Júri, deve requerer a admissão pelo menos cinco dias antes da data da sessão na qual pretenda atuar.
Habilitação do assistente	a) ajuizado o pedido de admissão do assistente, o juiz ouvirá o Ministério Público e, em seguida, decidirá sobre o requerimento, sem que haja necessidade de oitiva da defesa; b) a decisão, admitindo ou não a assistência, é irrecorrível; c) em caso de admissão, o assistente receberá a causa no estado em que se achar.
Poderes	O assistente só pode praticar os seguintes atos que a lei especifica: a) propor meios de prova; b) dirigir perguntas às testemunhas; c) formular quesitos e indicar assistente técnico; d) aditar os articulados; e) participar dos debates orais; f) requerer o desaforamento de julgamento a ser realizado pelo Tribunal do Júri; g) arrazoar os recursos interpostos pelo Ministério Público, ou por ele próprio; h) apelar supletivamente contra a decisão que impronuncia o réu; i) interpor recurso em sentido estrito supletivo, contra decisão que declara extinta a punibilidade do acusado; j) manejar apelação supletiva quando o Ministério Público deixar de recorrer.

10 PRISÃO

De acordo com o art. 283 do Código de Processo Penal, ninguém poderá ser preso senão em flagrante delito ou por ordem escrita e fundamentada da autoridade judiciária competente, em decorrência de sentença condenatória transitada em julgado[5] ou, no curso da investigação ou do processo, em virtude de prisão temporária ou preventiva.

Em matéria penal, portanto, existem duas formas de prisão:
a) prisão **pena**: aquela que decorre de sentença condenatória transitada em julgado;
b) prisão **processual**: aquela decretada antes do trânsito em julgado de sentença condenatória, nas hipóteses permitidas pela lei. É também chamada de prisão provisória ou prisão cautelar.

As hipóteses de prisão processual são as seguintes:
1) prisão em flagrante;
2) prisão preventiva;
3) prisão temporária.

---

[5] Em fevereiro de 2016, o Plenário do Supremo Tribunal Federal passou a entender que a expedição de mandado de prisão após o julgamento da apelação não ofende o princípio da presunção de inocência: "CONSTITUCIONAL. HABEAS CORPUS. PRINCÍPIO CONSTITUCIONAL DA PRESUNÇÃO DE INOCÊNCIA (CF, ART. 5º, LVII). SENTENÇA PENAL CONDENATÓRIA CONFIRMADA POR TRIBUNAL DE SEGUNDO GRAU DE JURISDIÇÃO. EXECUÇÃO PROVISÓRIA. POSSIBILIDADE. 1. A execução provisória de acórdão penal condenatório proferido em grau de apelação, ainda que sujeito a recurso especial ou extraordinário, não compromete o princípio constitucional da presunção de inocência afirmado pelo artigo 5º, inciso LVII da Constituição Federal. 2. Habeas corpus denegado" (HC 126.292, Rel. Min. Teori Zavascki, Tribunal Pleno, j. 17-2-2016, DJe-100 16-5-2016, public. 17-5-2016). Tal matéria foi novamente apreciada pelo Pleno da Corte Suprema, desta vez sob a perspectiva da constitucionalidade do art. 283 do Código de Processo Penal (que menciona que a prisão só pode se efetivar após o trânsito em julgado da sentença condenatória), quando o Tribunal, por maioria, reafirmando o que decidira no HC 126.292, indeferiu liminares pleiteadas em Ações Declaratórias de Constitucionalidade (ADC 43 e ADC 44), em julgamento ocorrido em 5 de outubro de 2016. Por fim, em 10 de novembro de 2016, no julgamento do ARE 964.246, no qual foi reconhecida a repercussão geral (Tema 925), o Plenário do Supremo Tribunal Federal reafirmou que, após o julgamento do recurso pela segunda instância, deve ser imediatamente iniciada a execução provisória da pena com a expedição de mandado de prisão (em caso de condenação, a pena privativa de liberdade), ainda que haja interposição de recurso especial ou extraordinário. Dois foram os principais fundamentos para essa nova postura da Corte Maior: a) a impossibilidade da revisão de fatos e provas nos recursos dirigidos às Cortes Superiores; b) a possibilidade da tutela de eventuais constrangimentos ilegais decorrentes da prisão após a decisão de segunda instância por meio de habeas corpus. Ocorre que, em 7 de novembro de 2019, o Plenário da Corte Suprema, no julgamento das Ações Diretas de Constitucionalidade (ADCs) 43, 44 e 54, entendeu ser constitucional a regra do art. 283 do CPP, de modo que a execução provisória (expedição de mandado de prisão) não pode acontecer antes do trânsito em julgado da condenação. Assim, a interposição de recurso especial e extraordinário impede, em caso de decisão condenatória, que o acusado, que respondeu ao processo solto, seja preso como mera consequência da confirmação de sua condenação em segunda instância. O art. 283 do CPP diz que a prisão decorrente de sentença condenatória pressupõe o seu trânsito em julgado.

No mês de agosto de 2008, quando entraram em vigor as Leis n. 11.689/2008 e 11.719/2008, deixaram de existir a prisão por sentença condenatória recorrível e a prisão por pronúncia, que eram outras duas formas de prisão processual.

As pessoas presas provisoriamente devem ficar separadas das que já estiverem definitivamente condenadas (art. 300 do CPP).

10.1. PRISÃO EM FLAGRANTE

10.1.1. HIPÓTESES DE PRISÃO EM FLAGRANTE

O art. 302 do Código de Processo Penal enumera as hipóteses de prisão em flagrante:
a) Flagrante **próprio** (ou **real**). Abrange as situações descritas nos incisos I e II.

De acordo com o inciso I, considera-se em situação de flagrância aquele que está cometendo o crime. Assim, deve ser preso quem é visto durante a prática dos atos executórios da infração penal. Ex.: quem é visto efetuando disparos contra a vítima de homicídio, quem é preso ao estar apontando a arma para a vítima de um roubo etc.

Na hipótese do inciso II, o agente é flagrado quando acaba de cometer o crime, estando ainda no local. De acordo com esse dispositivo, encontra-se em flagrante quem já encerrou os atos de execução, mas é encontrado no local dos fatos em situação indicativa de que praticou a infração penal. Ex.: policiais ouvem disparos e, ao chegarem no local, encontram a vítima alvejada e o agente com a arma na mão.

b) Flagrante **impróprio** (ou **quase flagrante**). Considera-se em flagrante quem é perseguido, logo após, pela autoridade, pelo ofendido ou por qualquer pessoa, em situação que faça presumir ser o autor da infração (art. 302, III, do CPP).

Em tal dispositivo, o sujeito fugiu do local do delito, mas foi perseguido. A perseguição não precisa ter-se iniciado de imediato, uma vez que a expressão "logo após" abrange o tempo necessário para que a polícia seja chamada, compareça ao local, tome informações acerca das características físicas dos autores do crime e da direção por eles tomada, e saia ao encalço destes. Assim, sendo a perseguição iniciada logo após à prática do crime, não existe prazo para sua efetivação, desde que a perseguição seja ininterrupta. Ao contrário do que se possa imaginar, não existe prazo de 24 horas para a efetivação da prisão em flagrante. O que existe é um prazo de 24 horas para lavrar o auto de prisão após a captura do criminoso.

Deve ficar claro, portanto, que a palavra "perseguição" não supõe que os fugitivos estejam na esfera visual dos perseguidores, mas tão somente que os últimos estejam no encalço dos autores do crime.

c) Flagrante **presumido** (ou **ficto**). Considera-se em flagrante quem é encontrado, logo depois, com instrumentos, armas, objetos ou papéis que façam presumir ser ele autor da infração.

Nessa hipótese, o agente não é perseguido, mas localizado, ainda que casualmente, na posse de uma das coisas mencionadas na lei, de tal forma que a situação faça surgir séria desconfiança no sentido de ser ele o autor do delito. Ex.: um homem furta a bolsa de uma mulher e consegue se evadir sem ser perseguido. Uma hora depois, em outro local, policiais desconfiam do fato de o agente estar em uma praça revirando uma bolsa feminina e o abordam. Verificam os documentos existentes na bolsa e entram em contato com a vítima, descobrindo que o bem tinha sido furtado. Assim, dão voz de prisão em flagrante ao furtador, mesmo não tendo ele sido perseguido, mas meramente encontrado em poder do objeto furtado.

A expressão "logo depois" deve ser analisada no caso concreto, em geral de acordo com a gravidade do crime, para se dar maior ou menor elastério a ela.

10.1.2. SUJEITOS DO FLAGRANTE

O art. 301 do Código de Processo Penal trata do tema da seguinte forma:

a) **Sujeito ativo**. Refere-se ao autor da prisão:

– flagrante **obrigatório** (também chamado de compulsório ou necessário): significa que as autoridades policiais e seus agentes têm o dever de prender quem se encontra em situação de flagrância.

O descumprimento do dever, desde que por desleixo ou por interesse pessoal, pode caracterizar crime de prevaricação, sendo possível também a punição do policial na esfera administrativa da corporação.

– flagrante **facultativo**: significa que qualquer do povo pode prender quem se encontra em flagrante delito. Trata-se, pois, de mera faculdade, e não obrigação.

b) **Sujeito passivo**. Em regra, qualquer pessoa pode ser presa em flagrante. Há, entretanto, algumas exceções. Não podem ser presos em flagrante, **qualquer que seja o delito**: o Presidente da República (art. 86, § 3º, da CF); os menores de 18 anos; os diplomatas estrangeiros, desde que haja tratado assinado pelo Brasil nesse sentido. Os doentes mentais podem ser presos em flagrante. Não podem ser presos em flagrante, **por crimes afiançáveis**: a) os deputados e senadores; b) os juízes e promotores de justiça; c) os advogados, se o crime for cometido no desempenho de suas atividades profissionais.

10.1.3. CRIMES QUE ADMITEM A PRISÃO EM FLAGRANTE

A prisão em flagrante é possível em todas as infrações penais, até mesmo nas de ação penal privada. Nestas, entretanto, o respectivo auto somente poderá ser lavrado se houver autorização da vítima.

O art. 236 do Código Eleitoral (Lei n. 4.737/65) veda a prisão do eleitor nos cinco dias que antecedem as eleições, até 48 horas após o encerramento da votação. Essa norma, entretanto, não se aplica à prisão em flagrante, por expressa disposição da lei.

Já o art. 301 do Código de Trânsito Brasileiro (Lei n. 9.503/97) proíbe a prisão em flagrante do motorista que socorre a vítima de acidente de trânsito por ele provocado.

A Lei n. 9.099/95, que trata das infrações de menor potencial ofensivo, não veda a prisão em flagrante, mas esclarece que não será lavrado o respectivo auto de prisão (mas mero termo circunstanciado) quando o autor da infração for encaminhado de imediato para o Juizado ou assumir o compromisso de fazê-lo logo que possível, não ficando, portanto, encarcerado.

O que é flagrante provocado ou preparado?

É aquele em que alguém é **induzido, convencido** por outro a cometer uma infração penal, e este, concomitantemente, toma providências para que o suposto culpado seja preso, de forma que se perceba que tais providências tornaram **absolutamente impossível a consumação** do delito. A Súmula 145 do Supremo Tribunal Federal diz que não há crime quando a preparação do flagrante pela polícia torna impossível a sua consumação. Ora, se não há crime na hipótese, torna-se claro que o flagrante provocado é nulo. Ex.: um policial, querendo prender em flagrante um ladrão que ele conhece, se disfarça, fazendo-se passar por criminoso, e entra em contato com o ladrão, dizendo que tem conhecimento de que, em certa data, grande carregamento de dinheiro será transportado em um carro-forte. No dia dos fatos, o policial disfarçado e o ladrão abordam o carro-forte; porém, em seu interior, só existem policiais que, em grande número, prendem o ladrão por tentativa de roubo. Esse flagrante é nulo.

O que é flagrante esperado?

É aquele em que a polícia, na maioria das vezes por meio de informação anônima, toma conhecimento de que um ilícito será praticado em determinado local e fica à espreita aguardando o momento da execução para efetivar a prisão em flagrante. Essa prisão é válida, diferenciando-se da situação anterior, por não existir obra de agente provocador a instigar o sujeito.

O que é flagrante forjado?

O flagrante forjado ocorre quando se criam provas de um crime inexistente para prender alguém em flagrante. Evidentemente é um flagrante nulo, e o autor da farsa deve responder por crime de denunciação caluniosa. Ex.: policiais, em operação de rotina, abordam o motorista de um carro e nada encontram no veículo. Os policiais, então, colocam vários papelotes de cocaína dentro do carro e prendem o motorista por crime de tráfico.

Em que consiste e quando é possível o flagrante retardado?

O flagrante retardado, que ocorre em decorrência de ação controlada prevista nos arts. 8º e 9º da Lei n. 12.850/2013, permite à polícia retardar a prisão em flagrante de crimes praticados por organizações criminosas, desde que a atividade dos agentes seja mantida sob observação e acompanhamento, para que a prisão se concretize no momento mais eficaz do ponto de vista da formação de prova e fornecimento de informações. Em suma, a lei permite que o policial atrase o momento da prisão para que consiga melhores provas contra os autores do delito.

Em que hipóteses é possível a prisão em flagrante nos crimes permanentes?

De acordo com o art. 303 do Código de Processo Penal, entende-se o agente em flagrante delito enquanto não cessada a permanência. Assim, caso se trate de crime de extorsão mediante sequestro, a prisão em flagrante poderá ocorrer durante todo o tempo em que a vítima permanecer privada de sua liberdade em poder dos sequestradores.

10.1.4. AUTO DE PRISÃO EM FLAGRANTE

Trata-se de documento elaborado sob a presidência da autoridade policial no qual ficam constando as circunstâncias do delito e da prisão. O auto deve ser lavrado no prazo de 24 horas a contar da prisão, pois o art. 306, § 1º, do Código de Processo Penal exige que a autoridade envie ao juiz competente cópia desse auto dentro do mencionado prazo.

O auto de prisão em flagrante deve ser elaborado no município em que se deu a prisão, ainda que outro tenha sido o local da infração (art. 290 do CPP). Se no município em que se deu a prisão não existir autoridade apta a presidir a lavratura do auto, deverá o preso ser conduzido até o município mais próximo (art. 308 do CPP). O desrespeito a essas regras, entretanto, não gera a nulidade do documento, uma vez que se trata de regras de cunho administrativo, não se podendo cogitar de incompetência territorial da autoridade policial, já que estas não têm jurisdição.

10.1.5. FASES DO AUTO DE PRISÃO

A fim de reduzir o período de permanência do condutor (em regra policial, civil ou militar) e de testemunhas nas dependências da delegacia em que se lavrará o auto, o legislador alterou, por meio da Lei n. 11.113/2005, a forma de elaboração do auto de prisão em flagrante.

Em razão das modificações introduzidas, o auto de prisão não mais conterá, em um só corpo, as declarações do condutor e das testemunhas, assim como o teor do interrogatório do preso, já que, a partir da nova lei, tais atos serão retratados em termos autônomos:

a) Inicialmente, deve a autoridade ouvir o condutor e, desde logo, colher sua assinatura no termo de declarações. A autoridade policial, então, entregará ao condutor cópia do termo de declarações e recibo de entrega do preso, de modo a tornar dispensável sua permanência no recinto até a finalização do auto de prisão.

Processo Penal – Parte Geral

Condutor é a designação que se dá à pessoa que leva o preso do local do crime até a delegacia e o apresenta à autoridade policial, independentemente de ter presenciado o crime e, ainda, de ter sido o autor da prisão.

b) Oitiva das testemunhas. Como a lei utiliza-se da palavra no plural, devem ser ouvidas pelo menos duas testemunhas. Caso o condutor tenha presenciado o ilícito penal, poderá também ser ouvido como testemunha. Veja-se, ainda, que, se não houver esse número mínimo de testemunhas, a autoridade poderá lavrar o auto, mas terá de providenciar para que duas testemunhas de apresentação o assinem. Testemunhas de apresentação são aquelas que presenciaram o momento em que o condutor apresentou o preso à autoridade.

Apesar do silêncio da lei, sempre que possível, a autoridade deverá ouvir a vítima.

As testemunhas e, eventualmente, o ofendido serão dispensados logo após a colheita de suas declarações e assinatura do respectivo termo.

c) A autoridade deverá interrogar o indiciado, nos moldes preconizados pelos arts. 185 a 196 do Código de Processo Penal. Lembre-se, entretanto, de que o preso tem o direito constitucional de permanecer calado (art. 5º, LXIII, da CF).

Ainda que o preso não possa ser interrogado, a autoridade poderá lavrar o auto de prisão. Nesse caso, o interrogatório será feito posteriormente. Ex.: preso ferido.

Se o indiciado fosse menor de 21 anos, a autoridade deveria nomear um curador para acompanhar a lavratura do auto, sendo certo que a não nomeação retiraria o valor probatório de eventual confissão. A figura do curador, contudo, não é mais necessária em razão do art. 5º do Código Civil (*vide* item 9.5). Além disso, a Lei n. 10.792/2003 revogou o art. 194 do Código de Processo Penal, tornando desnecessária, na fase judicial, a nomeação de curador ao interrogado menor de 21 anos. Assim, se para a efetivação do interrogatório judicial, ato de maior relevância para o deslinde da causa, não se mostra necessária a intervenção de curador, possível a conclusão de que tal medida é dispensável também quando de sua realização por ocasião da lavratura do flagrante.

d) Por fim, deverá a autoridade policial lavrar e assinar o auto de prisão, que também conterá a assinatura do indiciado. Após as alterações efetivadas no art. 304 do Código de Processo Penal pela Lei n. 11.113/2005, o documento que retrata a prisão em flagrante, conforme já mencionado, deixou de ser elaborado em corpo único, que, como um todo, sempre foi chamado de "auto de prisão em flagrante". Atualmente, a autoridade colhe vários depoimentos, transcrevendo cada qual em folha separada, e, ao final, elabora um termo, declarando resumidamente a razão da prisão, as circunstâncias da apresentação do preso e as providências tomadas no distrito policial, anexando-o aos depoimentos prestados. Como existe o costume de chamar o procedimento completo de "auto de prisão", o correto teria sido chamar este último documento elaborado pelo delegado de ata da prisão em flagrante. A lei, entretanto, o chama também de auto, o que pode gerar certa confusão entre o procedimento como um todo e o termo final elaborado pelo delegado.

Se, porventura, o indiciado não puder, não quiser ou não souber assinar, a autoridade fará com que o auto seja assinado por duas pessoas que tenham presenciado a leitura do auto ao preso (testemunhas de leitura).

O art. 5º, LXII, da Constituição estabelece que a prisão de qualquer pessoa e o local onde se encontre serão comunicados imediatamente ao juiz competente e à família do preso ou à pessoa por ele indicada. A não comunicação imediata ao juiz constitui modalidade específica do crime de **abuso de autoridade**, descrito no art. 12 da Lei n. 13.869/2019, e a não comunicação imediata à família do preso ou a pessoa por ele indicada encontra enquadramento no tipo penal do art. 12, II, da mesma lei. A Lei n. 12.403/2011, ao dar nova redação ao art. 306, *caput*, do Código de Processo Penal, passou a exigir que também o Ministério Público seja comunicado imediatamente da prisão e do local onde o preso se encontra. Por sua vez, o art. 306, § 1º, do Código de Processo Penal dispõe que o delegado, dentro do prazo de vinte e quatro horas a contar da prisão, encaminhará ao juiz cópia do auto de prisão em flagrante.

Em virtude das alterações introduzidas pela Lei n. 11.449/2007, se o autuado não informar à autoridade o nome de seu advogado, a autoridade policial deverá encaminhar cópia do auto e dos termos de oitivas à Defensoria Pública (art. 306, § 1º, do CPP) para que os analise e pleiteie o que entender pertinente em prol do preso (relaxamento da prisão, liberdade provisória etc.).

O § 4º do art. 304, acrescentado pela Lei n. 13.257/2016, estabelece que da lavratura do auto de prisão em flagrante deverá constar a informação sobre a existência de filhos, respectivas idades e se possuem alguma deficiência, além do nome e contato de eventual responsável pelos cuidados dos filhos, indicado pela pessoa presa.

Observação: se o crime tiver sido praticado na presença da autoridade, ou contra esta no desempenho das funções, não existirá, evidentemente, a figura do condutor, de modo que o art. 307 do Código de Processo Penal estabelece que, em tal caso, o auto de prisão conterá a narração do fato criminoso, a voz de prisão, as declarações do preso e os depoimentos das testemunhas, devendo ser, ao final, assinado por todos. Em seguida, o auto de prisão será remetido ao juiz competente.

Caso a pessoa presa em flagrante seja militar, será recolhida, após a lavratura do auto, a quartel da instituição a que pertencer, ficando à disposição das autoridades competentes (art. 300, parágrafo único).

10.1.6. NOTA DE CULPA

É um documento por meio do qual a autoridade dá ciência ao preso dos motivos de sua prisão, do nome do condutor e das testemunhas. A nota deve ser assinada pela autoridade e entregue ao preso, mediante recibo, no prazo de 24 horas a contar da efetivação da prisão (art. 306, § 2º). Se não for entregue nota de culpa, o flagrante deve ser relaxado por falta de formalidade essencial.

Constitui crime de abuso de autoridade descrito no art. 12, III, da Lei n. 13.869/2019 "deixar de entregar ao preso, no prazo de 24 (vinte e quatro) horas, a nota de culpa, assinada pela autoridade, com o motivo da prisão e os nomes do condutor e das testemunhas". A pena é de detenção, de 6 meses a 2 anos, e multa.

10.1.7. PROVIDÊNCIAS QUE DEVEM SER ADOTADAS PELO JUIZ AO RECEBER A CÓPIA DO AUTO DE PRISÃO

Conforme mencionado há pouco, o delegado deve encaminhar ao juiz competente cópia do auto de prisão em flagrante no prazo de 24 horas a contar da prisão (art. 306, § 1º). O juiz, ao receber referida cópia, deve, no prazo máximo de 24 horas após a realização da prisão[6], realizar **audiência de custódia** com a presença do acusado, seu advogado constituído ou membro da Defensoria Pública e o membro do Ministério Público, e, nessa audiência, adotar, mediante decisão fundamentada, uma das seguintes soluções previstas no art. 310 do Código de Processo Penal, com a redação que lhe foi dada pela Lei n. 13.964/2019:

---

[6] Tendo em vista que o art. 306, § 1º, do CPP, permite que a autoridade policial encaminhe o auto de prisão ao juiz competente no prazo de 24 horas a contar da prisão, é inviável que o magistrado realize a audiência de custódia nessas mesmas 24 horas, que é o que dá a entender o art. 310, *caput*, do CPP em sua nova redação. Deve-se interpretar que a audiência deve ser realizada no prazo de 24 horas a contar do recebimento do auto de prisão pelo juiz competente.

Processo Penal – Parte Geral

I – relaxar a prisão. Nos termos do art. 5º, LXV, da Constituição, a prisão ilegal será imediatamente relaxada pela autoridade judiciária. As hipóteses de ilegalidade da prisão que levam ao relaxamento são as seguintes:

a) Quando faltar formalidade essencial na lavratura do auto. Ex.: ausência de oitiva do condutor, falta de entrega de nota de culpa etc.

b) Quando não for hipótese de prisão em flagrante, ou seja, quando não estiver presente qualquer das hipóteses de flagrante descritas no art. 302 do Código de Processo Penal.

c) Quando o fato for atípico.

d) Quando houver desrespeito aos prazos previstos na lei, ou seja, quando houver excesso de prazo da prisão. Esta hipótese de relaxamento pode ser decretada nesta fase por ter o delegado, por alguma razão, demorado a enviar a cópia do auto de prisão. Antes da Lei n. 12.403/2011 havia muitos casos em que o relaxamento por excesso de prazo se dava em razão da demora na coleta das provas em juízo (necessidade de redesignações de audiência por falta de apresentação do réu preso ou ausência de testemunhas, por exemplo). Atualmente, contudo, o juiz converte a prisão em flagrante em preventiva e, com isso, não há mais que se falar em **relaxamento de prisão em flagrante** por atraso na instrução em juízo, e sim em revogação da prisão preventiva em razão do **excesso de prazo**.

O § 3º do art. 310 dispõe que a autoridade que der causa, sem motivação idônea, à não realização da audiência de custódia no prazo estabelecido no *caput* deste artigo responderá administrativa, civil e penalmente pela omissão.

De acordo com o art. 310, § 4º, do CPP, "transcorridas vinte e quatro horas após o decurso do prazo estabelecido no *caput* deste artigo, a não realização de audiência de custódia sem motivação idônea ensejará também a ilegalidade da prisão, a ser relaxada pela autoridade competente, sem prejuízo da possibilidade de imediata decretação de prisão preventiva".

Salienta-se, contudo, que o Supremo Tribunal Federal, ao decidir sobre a constitucionalidade dessa disposição legal, atribui interpretação conforme, para assentar que a autoridade judiciária deverá avaliar se estão presentes os requisitos para a prorrogação excepcional do prazo ou para sua realização por videoconferência, sem prejuízo da possibilidade de imediata decretação de prisão preventiva (ADIs 6.298, 6.299, 6.300 e 6.305).

Contra a decisão que relaxa a prisão em flagrante cabe recurso em sentido estrito (art. 581, V, do CPP).

II – converter a prisão em flagrante em preventiva, quando presentes os requisitos constantes do art. 312 do Código de Processo Penal, e se revelarem inadequadas ou insuficientes as medidas cautelares diversas da prisão. Após o advento da Lei n. 12.403/2011, se o juiz verificar que estão presentes os requisitos do art. 312 do Código de Processo Penal, deve converter a prisão em flagrante em preventiva. Em tal caso deverá ser expedido mandado de prisão preventiva a ser cumprido no local onde se encontra recolhido o autor do crime. No regime anterior à referida Lei, se o juiz não concedesse liberdade provisória ao receber a cópia do flagrante, o indiciado automaticamente permanecia preso. No regime atual, entretanto, a permanência no cárcere depende de decisão fundamentada do juiz convertendo a prisão em flagrante em preventiva.

Para que seja cabível a conversão em prisão preventiva, é necessário que estejam presentes os requisitos dos arts. 312 e 313 do Código de Processo Penal – embora o art. 310 só tenha feito menção ao art. 312. Tais requisitos serão estudados logo adiante. Deve-se lembrar, ainda, que a preventiva só será cabível se não se mostrar suficiente qualquer das outras medidas cautelares criadas pela Lei n. 12.403/2011 (que também serão analisadas adiante).

O art. 311 do CPP, com a redação dada pela Lei n. 13.964/2019, deixa claro que o juiz não pode decretar prisão preventiva de ofício. Este dispositivo, em tese, seria aplicável somente à hipótese em que o indiciado está solto, já que a redação do art. 310 não deixa dúvida de que o juiz pode converter a prisão em flagrante em preventiva, ainda que não haja pedido expresso do Ministério Público, do querelante ou da autoridade policial nesse sentido. A 2ª Turma do Supremo Tribunal Federal, todavia, adotou o entendimento, desde o julgamento do HC 188.888/MG, de que a proibição de decretação de prisão preventiva de ofício estende-se à hipótese em que o indiciado já está preso, de modo que a conversão da prisão em flagrante em preventiva também depende de representação da autoridade policial ou de requerimento do Ministério Público, querelante ou assistente (Rel. Min. Celso de Mello, j. 6-10-2020, *DJe*-292 public. 15-12-2020).

No âmbito do Superior Tribunal de Justiça, a matéria foi pacificada pela 3ª Seção, que, ao apreciar o RHC 131.263/GO, proclamou a ilegalidade de o magistrado decretar, de ofício, prisão preventiva, abrangida a hipótese de conversão do flagrante em preventiva (Rel. Min. Sebastião Reis Júnior, j. 24-2-2021, *DJe* 15-4-2021).

III – conceder liberdade provisória com ou sem fiança. O raciocínio do juiz nesta fase é muito simples. Ele recebe uma comunicação de que determinada pessoa foi presa em flagrante e que assim permanece porque o delegado não arbitrou fiança. Deve, então, verificar se estão presentes os requisitos da prisão preventiva. Se positiva a resposta, deve decretá-la. Se ausentes os requisitos, deve conceder a liberdade provisória, com ou sem fiança, dependendo do caso, podendo cumular a liberdade provisória com qualquer das medidas cautelares criadas pela Lei n. 12.403/2011 (comparecimento periódico em juízo, proibição de frequentar determinados lugares, recolhimento domiciliar no período noturno etc.).

Contra decisão que concede a liberdade provisória cabe recurso em sentido estrito (art. 581, V, do CPP).

O art. 310, § 2º, do CPP, introduzido pela Lei n. 13.964/2019, dispõe que, "se o juiz verificar que o agente é reincidente ou que integra organização criminosa armada ou milícia, ou que porta arma de fogo de uso restrito, deverá denegar a liberdade provisória, com ou sem medidas cautelares". A redação desse dispositivo é péssima. Ao que parece, pretendeu o legislador determinar que, nas hipóteses ali enumeradas, não poderá ser concedida liberdade provisória nem mesmo com a aplicação concomitante de medida cautelar diversa da prisão. Em suma, o legislador estaria aqui novamente criando hipóteses de vedação de liberdade provisória com decretação compulsória de prisão preventiva – em casos de réu reincidente, ou que integre organização criminosa armada ou milícia, ou que porte arma de fogo de uso restrito. Tal espécie de providência já foi considerada inconstitucional pela Corte Suprema até mesmo em relação a crimes hediondos. Com efeito, a redação originária do art. 2º, *caput*, II, da Lei n. 8.072/90 proibia a concessão de fiança e liberdade provisória para autores de crimes hediondos ou equiparados, mas, como o Supremo Tribunal Federal considerava cabível a liberdade provisória em tais delitos, o dispositivo foi modificado, excluindo-se a vedação da liberdade provisória. Com muito mais razão não se pode admitir como constitucional a determinação compulsória de prisão preventiva nas hipóteses desse § 2º, mesmo porque os crimes ali elencados sequer têm natureza hedionda ou equiparada.

10.1.8. AUDIÊNCIA DE CUSTÓDIA

Antes mesmo de a lei processual prever a necessidade de apresentação do preso à autoridade judiciária, implantaram-se, em diversas unidades da federação, por meio de atos emanados do Poder Judiciário local, normas que estabeleciam a obrigatoriedade de a pessoa presa ser apresentada ao magistrado, no mesmo prazo de 24 horas, para que, após manifestação do Ministério Público e do defensor, houvesse deliberação sobre a necessidade de manutenção da prisão.

Trata-se das denominadas audiências de custódia ou audiências de apresentação, cuja realização decorria, até a edição da Lei n. 13.964/2019, de aplicação da Convenção Americana sobre Direitos Humanos (Pacto de São José da Costa Rica), que, em seu art. 7º, item 5, 1ª parte, prevê que "toda pessoa presa, detida ou retida deve ser conduzida, sem demora, à presença de um juiz ou outra autoridade autorizada por lei a exercer funções judiciais e tem o direito de ser julgada em prazo razoável ou de ser posta em liberdade, sem prejuízo de que prossiga o processo".

Tal ato internacional, promulgado por meio do Decreto Presidencial n. 678/92, integra, inequivocamente, o arcabouço normativo brasileiro, o que autorizava a adoção do entendimento de que era, de fato, necessária a apresentação da pessoa presa em flagrante, sem demora, ao juiz competente.

Diversos Tribunais Estaduais e Federais editaram atos normativos por meio dos quais determinavam que os juízes a eles vinculados cumprissem o disposto no art. 7º, item 5, da Convenção Americana de Direitos Humanos, realizando a audiência de custódia na qual deveriam ouvir a pessoa detida em flagrante delito.

O Supremo Tribunal Federal, pelo órgão pleno, julgou, em 20 de agosto de 2015, **ação direta de inconstitucionalidade (ADI 5.240)**, proposta pela Associação dos Delegados de Polícia do Brasil, na qual se pleiteava fosse reconhecida a inconstitucionalidade do Provimento editado pelo Tribunal de Justiça de São Paulo, ocasião em que a Corte Suprema decidiu que a edição do ato impugnado não feriu qualquer disposição constitucional. Em 9 de setembro de 2015, o **Pleno do Supremo Tribunal Federal** novamente enfrentou o tema ao apreciar pedido de medida liminar formulado em **arguição de descumprimento de preceito fundamental (ADPF 347)**, oportunidade em que determinou, em caráter cautelar, aos juízes e tribunais de todo o país que, observados os arts. 9.3 do Pacto dos Direitos Civis e Políticos e 7.5 da Convenção Interamericana de Direitos Humanos, realizassem, em até 90 dias, audiências de custódia, viabilizando o comparecimento do preso perante a autoridade judiciária no prazo máximo de 24 horas, contados do momento da prisão. Em 15 de dezembro de 2015, o Conselho Nacional de Justiça aprovou a Resolução n. 213/2015, regulamentando em todo o território nacional o procedimento nas audiências de custódia.

De acordo com a resolução, todo preso em flagrante deverá ser apresentado pela autoridade policial, em **até 24 horas** após a prisão, ao juízo, para participação de audiência de custódia. Estando a pessoa presa acometida de grave enfermidade, ou havendo circunstância comprovadamente excepcional que a impossibilite de ser apresentada ao juiz no prazo mencionado, deverá ser assegurada a realização da audiência no local em que ela se encontre e, nos casos em que o deslocamento se mostre inviável, deverá ser providenciada a condução para a audiência de custódia imediatamente depois de restabelecida sua condição de saúde ou de apresentação.

Com a edição da Lei n. 13.964/2019, o Código passou a prever, expressamente, em seu art. 310, *caput*, a obrigação de o juiz realizar, no prazo máximo de até 24 horas após a realização da prisão, audiência de custódia, que será realizada na presença do Ministério Público e da Defensoria Pública, caso a pessoa detida não possua defensor constituído no momento da lavratura do flagrante. É vedada a presença dos agentes policiais responsáveis pela prisão ou pela investigação durante a audiência de custódia.

De acordo com a decisão proferida pelo STF no julgamento das ADIs 6.298, 6.299, 6.300 e 6.305, poderá o juiz, em caso de urgência e se o meio se revelar idôneo, realizar a audiência de custódia por **videoconferência**. Antes da apresentação da pessoa presa ao juiz, será assegurado seu atendimento prévio e reservado por advogado por ela constituído ou defensor público, sem a presença de agentes policiais, sendo esclarecidos por funcionário credenciado os motivos, fundamentos e ritos que versam audiência de custódia.

Na audiência, o juiz, depois de informar o preso sobre o direito ao silêncio, questionará se lhe foi dada ciência e efetiva oportunidade de exercício dos direitos constitucionais inerentes à sua condição, particularmente o direito de consultar-se com advogado ou defensor público, o de ser atendido por médico e o de comunicar-se com seus familiares; indagará sobre as circunstâncias de sua prisão ou apreensão; perguntará sobre o tratamento recebido em todos os locais por onde passou antes da apresentação à audiência, questionando sobre a ocorrência de tortura e maus-tratos e adotando as providências cabíveis; verificará se houve a realização de exame de corpo de delito, determinando sua realização nos casos em que não tenha sido realizado, os registros se mostrarem insuficientes ou a alegação de tortura e maus-tratos referir-se a momento posterior ao exame realizado.

O juiz deve se abster de formular perguntas com finalidade de produzir prova para a investigação ou ação penal relativas aos fatos objeto do auto de prisão em flagrante. Após a oitiva da pessoa presa em flagrante delito, o juiz deferirá ao Ministério Público e à defesa técnica, nesta ordem, reperguntas compatíveis com a natureza do ato, devendo indeferir as perguntas relativas ao mérito dos fatos que possam constituir eventual imputação, permitindo-lhes, em seguida, requerer o relaxamento da prisão em flagrante, a concessão da liberdade provisória sem ou com aplicação de medida cautelar diversa da prisão e a decretação de prisão preventiva ou a adoção de outras medidas necessárias à preservação de direitos da pessoa presa. Em seguida, o juiz decidirá, no próprio ato e de maneira fundamentada.

O termo da audiência de custódia será apensado ao inquérito ou à ação penal.

Observe-se, por fim, que a apresentação à autoridade judicial no prazo de 24 horas também será assegurada às pessoas presas em decorrência de cumprimento de mandados de prisão cautelar ou definitiva, aplicando-se, no que couber, os procedimentos previstos na Resolução n. 213/2015 do CNJ.

10.2. PRISÃO PREVENTIVA

A prisão preventiva, decretada pelo juiz competente quando presentes os requisitos legais, pode ser levada a efeito em qualquer fase da investigação policial ou do processo penal, desde que haja requerimento do Ministério Público, do querelante ou assistente ou, ainda, representação da autoridade policial (art. 311 do CPP). A partir da vigência da Lei n. 13.964/2019, a decretação da prisão preventiva de ofício pelo juiz, isto é, sem provocação do titular da ação ou da autoridade policial, passou a ser ilegal, seja na fase da investigação ou no curso da ação penal. Havendo requerimento do Ministério Público, do querelante ou assistente ou, ainda, representação da autoridade policial para aplicação de cautelar pessoal diversa da prisão (art. 319 do CPP), todavia, poderá o juiz, validamente, optar pela decretação da prisão preventiva.

A decretação da prisão preventiva pode se verificar em duas situações:
a) quando o autor da infração tiver sido preso em flagrante e o juiz, ao receber a cópia do auto no prazo de 24 horas da prisão, convertê-la em preventiva;
b) quando o autor da infração não tiver sido preso em flagrante, mas as circunstâncias do caso concreto demonstrarem sua necessidade. A prisão preventiva é cumprida por meio de mandado de prisão. Aliás, todas as formas de prisão processual são cumpridas por mandado, exceto a prisão em flagrante.

10.2.1. REQUISITOS

Inicialmente, o art. 312 do Código de Processo Penal prevê que a preventiva só é cabível quando há indícios de autoria (*fumus boni juris*) e prova da materialidade do crime. Estes são os chamados pressupostos da prisão preventiva. O fato de o texto legal mencionar a palavra "crime" impede a decretação da preventiva para as contravenções penais.

Processo Penal – Parte Geral

O mesmo art. 312 acrescenta que também deve estar presente ao menos um dos chamados **fundamentos** da preventiva:

a) **garantia da ordem pública** – que a prisão seja necessária para afastar o autor do delito do convívio social em razão de sua periculosidade por ter praticado, por exemplo, crime de extrema gravidade **concreta** ou por ser pessoa voltada a prática reiterada de infrações penais;

b) **conveniência da instrução criminal** – quando o réu está forjando ou eliminando provas, ameaçando testemunhas ou a vítima para não o reconhecer em juízo etc.;

c) **para garantia da futura aplicação da lei penal** – a preventiva é decretada com base nesse fundamento quando o réu está foragido ou prestes a fugir, de forma que, em caso de eventual condenação, possa ficar frustrado o cumprimento da pena;

d) **para garantia da ordem econômica** – trata-se de prisão decretada para coibir graves crimes contra a ordem tributária, o sistema financeiro, a ordem econômica etc.;

e) **descumprimento de qualquer das medidas cautelares impostas anteriormente** – de acordo com o art. 282, § 6º, do Código de Processo Penal, a prisão preventiva só pode ser decretada quando não for possível a adoção de qualquer outra medida cautelar prevista no art. 319. Em grande número de casos, a gravidade da situação justifica que o juiz decrete imediatamente a prisão preventiva, contudo, em algumas hipóteses, de menor gravidade, o juiz pode decretar uma das cautelares pessoais referidas no art. 319 do Código de Processo Penal. Em tais casos, se o juiz verificar posteriormente que o acusado não a está cumprindo, poderá convertê-la em prisão preventiva. Se o juiz, por exemplo, determina o monitoramento eletrônico de um réu (art. 319, IX, do CPP) e ele danifica o aparelho responsável pelo controle, pode a prisão ser determinada se o juiz assim entender necessário. Em razão das peculiaridades dessa figura, alguns autores a classificam, apenas para fins didáticos, como modalidade de prisão preventiva distinta das demais.

Presente um desses fundamentos, não obstará a decretação da prisão o fato de o acusado ter residência fixa e emprego.

Inovação da Lei n. 13.964/2019 foi inserir na parte final do art. 312, *caput*, a exigência, para a decretação da prisão preventiva, de situação de perigo gerado pelo estado de liberdade do imputado. Regra similar consta do § 2º do mesmo art. 312, que prevê que a decisão que decretar a prisão preventiva deve ser motivada e fundamentada em receio de perigo. O texto legal não esclarece a que tipo de perigo estaria se referindo: perigo à coletividade? Risco ao regular andamento das investigações ou da ação penal? Perigo de não se concretizar a punição em caso de futura condenação? Interpretar a expressão "perigo gerado pelo estado de liberdade do imputado" exclusivamente como risco à coletividade decorrente da periculosidade demonstrada no cometimento de crimes graves ou reiteração de condutas ilícitas seria o mesmo que tornar sem efeito prático os demais fundamentos da prisão preventiva (conveniência da instrução criminal, garantia da futura aplicação da lei penal etc.). Por isso, entendemos que o dispositivo é redundante, pois se refere ao perigo decorrente de qualquer dos outros fundamentos. Tratar-se-ia, em verdade, de mero reforço legislativo, no sentido de que o juiz deve apontar qual o perigo concreto. No caso de risco de fuga que impediria o cumprimento da futura pena, por exemplo, deve haver forte indício nesse sentido, não bastando a mera alegação de que o réu é rico e pode facilmente fugir do país.

O art. 313, I, do Código de Processo Penal, com redação dada pela Lei n. 12.403/2011, por sua vez, só permite a decretação da prisão preventiva nos crimes dolosos punidos com pena privativa de liberdade máxima superior a quatro anos.

Ocorre que os demais incisos do art. 313 admitem também a decretação da prisão preventiva em outros crimes dolosos, desde que:

a) **o réu ostente condenação anterior definitiva por outro crime doloso no prazo de 5 anos da reincidência** (art. 313, II). Assim, ainda que se trate de crime com pena máxima não superior a 4 anos, poderá ser decretada a prisão preventiva se o réu for reincidente em crime doloso e isso levar o magistrado a entender que, por tal razão, ele coloca em risco a ordem pública pela considerável possibilidade de tornar a delinquir.

Nota-se, portanto, que, se uma pessoa **primária** está sendo processada por crime cuja pena máxima não excede 4 anos, descabe prisão preventiva, ainda que existam provas de que ela, por exemplo, está ameaçando testemunhas. A solução, neste caso, é a decretação de uma das medidas cautelares previstas no art. 319 do Código de Processo Penal, como a proibição de manter contato com a testemunha (art. 319, III). Somente se o acusado, descumprindo a medida cautelar, voltar a ameaçar a testemunha é que será possível a decretação da prisão preventiva. É o que diz o art. 282, § 4º, do Código de Processo Penal, que, por estar previsto no capítulo das "Disposições Gerais" do título que trata da prisão preventiva e das outras medidas cautelares, não se restringe a crimes que tenham pena máxima superior a 4 anos (como exige o art. 313).

b) **o crime envolva violência doméstica ou familiar contra a mulher, criança, adolescente, idoso, enfermo ou pessoa deficiente, quando houver necessidade de garantir a execução de medidas protetivas de urgência** (art. 313, III). Essas medidas protetivas estão previstas no art. 76, parágrafo único, da Lei n. 9.099/95 e no art. 22 da Lei n. 11.340/2006 (Lei Maria da Penha).

O art. 313, parágrafo único, do Código de Processo Penal possibilita, ainda, a prisão preventiva, **quando houver dúvida sobre a identidade civil da pessoa ou quando esta não fornecer elementos suficientes para esclarecê-la** (art. 313, parágrafo único), devendo o preso ser imediatamente solto tão logo seja obtida a identificação. Note-se que este dispositivo, ao contrário dos demais, não se refere exclusivamente a crimes dolosos. As alterações trazidas pela Lei n. 12.403/2011 excluíram as expressas vedações, antes existentes, de se decretar a prisão preventiva em crimes culposos. Atualmente tal possibilidade existe, porém somente nestas hipóteses em que o acusado se recusa a fornecer sua identificação, e, ainda assim, conforme prevê o texto legal, a libertação deverá ocorrer imediatamente após a identificação ser obtida.

A prisão preventiva, entretanto, não pode, em nenhuma situação, ser decretada se à infração cometida não for cominada pena privativa de liberdade isolada, cumulativa ou alternativamente.

O art. 313 traça as chamadas **condições de admissibilidade** da prisão preventiva.

Quadro sinótico – Prisão Preventiva

Pressupostos	Fundamentos	Condições de admissibilidade
1) Indícios de autoria 2) Prova da materialidade	1) Garantia da ordem pública 2) Conveniência da instrução criminal 3) Garantia da aplicação da lei penal 4) Garantia da ordem econômica 5) Descumprimento de medida cautelar antes imposta	1) Que o crime seja doloso com pena máxima superior a 4 anos 2) Que o réu seja reincidente em crime doloso 3) Para garantia das medidas protetivas de urgência, se o crime for contra mulher, idoso, enfermo, menor ou deficiente 4) Se houver dúvida quanto à identificação civil do acusado, e este se recusar a esclarecê-la

Processo Penal – Parte Geral

No quadro, verifica-se que, para a decretação da preventiva, é necessária a presença em ambos os pressupostos, bem como de um dos fundamentos e de uma das denominadas condições de admissibilidade.

Observações:

1) Durante as investigações, o juiz pode decretar a prisão preventiva em razão de requerimento do Ministério Público, do querelante, ou de representação da autoridade policial. Durante o transcorrer da ação, o juiz pode também decretá-la de ofício ou, evidentemente, em razão de requerimento do Ministério Público, do querelante ou do assistente de acusação. Essas regras estão contidas no art. 311 do Código de Processo Penal.

A vedação de decretação de prisão preventiva de ofício pelo juiz durante as investigações não se aplica à hipótese de conversão da prisão em flagrante em preventiva por ocasião do recebimento da cópia do flagrante, pois essa possibilidade se extrai do próprio art. 310, II, do Código de Processo Penal, que diz que o juiz **deverá** efetuar a conversão caso presentes os requisitos do art. 312.

2) Nos termos do art. 316, *caput*, do Código de Processo Penal, o juiz poderá, de **ofício** ou a pedido das **partes**, revogar a prisão preventiva se, no correr da investigação ou do processo, verificar a falta de motivo para que ela subsista, bem como novamente decretá-la, se sobrevierem razões que a justifiquem. Todas essas decisões deverão ser devidamente fundamentadas. Pela conjugação dos arts. 311 e 316 – com novas redações dadas pela Lei n. 13.964/2019 – é possível concluir que o juiz não pode decretar de ofício a prisão preventiva, pois tal possibilidade foi excluída do mencionado art. 311, contudo, poderá, a pedido das partes ou **de ofício**, revogar ou decretar novamente a medida, nos termos expressos do art. 316, *caput*.

Note-se que, atualmente, o juiz pode revogar a prisão preventiva de ofício, mas não pode decretá-la inicialmente sem requerimento das partes ou representação da autoridade policial. Caso, porém, tenha revogado uma prisão preventiva, poderá decretá-la novamente de ofício, se sobrevierem razões que a justifiquem.

O parágrafo único do art. 316 do Código de Processo contém importante inovação trazida pela Lei n. 13.964/2019. De acordo com tal dispositivo, uma vez decretada a prisão preventiva, deverá o órgão emissor da decisão revisar a necessidade de sua manutenção a cada 90 dias, mediante decisão fundamentada, de ofício, sob pena de tornar a prisão ilegal.

Uma vez decretada a prisão preventiva, as partes podem, a qualquer momento, requerer sua revogação, hipótese em que o juízo estará obrigado a apreciar o pedido, mantendo ou revogando a prisão. Igualmente poderá ser impetrado *habeas corpus* contra a decisão que decretou ou não revogou a prisão preventiva. A novidade do dispositivo é determinar que, a cada 90 dias, o juiz deve, de ofício (independentemente de requerimento das partes), analisar se persiste necessária a prisão preventiva. A prisão tornar-se-á ilegal se referida providência não for tomada, bem como se a decisão não for fundamentada como exige o texto legal.

Não é necessário que o juiz invoque **novos** fundamentos para a manutenção da preventiva, bastando que os motivos invocados para a decretação subsistam. É necessário, porém, que o magistrado expressamente mencione tais fundamentos na nova decisão e a razão pela qual subsistem.

O dispositivo prevê que a revisão deve ser feita pelo próprio órgão emissor da decisão. Por isso, se a preventiva tiver sido decretada pelo juízo de primeira instância, a revisão deve ser feita pelo mesmo juízo, contudo, se a prisão tiver sido determinada pelo Tribunal em razão de recurso do Ministério Público, caberá à Corte a revisão.

Se a preventiva tiver sido decretada pelo juiz de garantias e o feito já estiver no juízo de instrução, a revisão caberá ao último, por falecer competência ao juiz das garantias após o desencadeamento da ação penal.

3) O despacho que decreta, substitui ou que denega o pedido de prisão preventiva deve ser sempre fundamentado (art. 315 do CPP). A insuficiência da fundamentação dará causa à revogação da prisão por meio de *habeas corpus* interposto em prol do acusado. O art. 93, IX, da Constituição Federal diz que todos os julgamentos dos órgãos do Poder Judiciário serão públicos, e fundamentadas todas as decisões, sob pena de nulidade. O art. 315, § 2º, com a redação dada pela Lei n. 13.964/2019, especifica que a decisão será considerada como não fundamentada, dentre outras razões, quando: I – limitar-se à indicação, à reprodução ou à paráfrase de ato normativo, sem explicar sua relação com a causa ou a questão decidida; II – empregar conceitos jurídicos indeterminados, sem explicar o motivo concreto de sua incidência no caso; III – invocar motivos que se prestariam a justificar qualquer outra decisão; IV – não enfrentar todos os argumentos deduzidos no processo capazes de, em tese, infirmar a conclusão adotada pelo julgador; V – limitar-se a invocar precedente ou enunciado de súmula, sem identificar seus fundamentos determinantes nem demonstrar que o caso sob julgamento se ajusta àqueles fundamentos; VI – deixar de seguir enunciado de súmula, jurisprudência ou precedente invocado pela parte, sem demonstrar a existência de distinção no caso em julgamento ou a superação do entendimento".

4) Contra a decisão que denega pedido de prisão preventiva e a que a revoga cabe recurso em sentido estrito (art. 581, V, do CPP). Admite-se, também, a impetração de mandado de segurança para a obtenção de efeito suspensivo ao recurso para que, em liminar, o tribunal mantenha o réu preso até a decisão de mérito.

5) Da decisão que decreta a prisão preventiva e da que indefere requerimento de sua revogação cabe *habeas corpus*.

6) É vedada a decretação de preventiva se o juiz verificar, pelas provas constantes dos autos, que o agente praticou o ato sob o manto de uma das excludentes de ilicitude (legítima defesa, estado de necessidade, exercício regular de direito ou estrito cumprimento do dever legal). Tal regra encontra-se no art. 314 do Código de Processo Penal.

7) A apresentação espontânea do acusado à autoridade não impede a decretação da prisão preventiva se presentes os requisitos legais.

8) De acordo com o art. 289-A, § 4º, do Código de Processo Penal, no momento do cumprimento do mandado, o preso deve ser informado de seus direitos, inclusive o de permanecer calado. Após o cumprimento, caso o réu não informe o nome de seu advogado (a maioria dos presos sequer possui), a prisão será comunicada à Defensoria Pública para que pleiteie o que entenda conveniente.

10.2.2. A PRISÃO PREVENTIVA E AS SENTENÇAS CONDENATÓRIA E DE PRONÚNCIA

Antes do advento das Leis n. 11.689/2008 e 11.719/2008, o juiz que proferisse sentença condenatória aplicando ao acusado pena privativa de liberdade ou que o pronunciasse por crime doloso contra a vida deveria determinar sua prisão, exceto se ele fosse primário e de bons antecedentes. Uma vez decretada a prisão, se o crime se enquadrasse no conceito de infração inafiançável, o réu deveria permanecer preso, e se o delito fosse afiançável, poderia obter a liberdade mediante a prestação de fiança até o julgamento do recurso. É o que determinavam os arts. 594 e 408, §§ 1º e 2º, do Código de Processo Penal.

As leis acima mencionadas, todavia, revogaram esses dispositivos e trouxeram novas regras em torno do assunto, estabelecendo que, por ocasião da sentença condenatória ou da pronúncia, o juiz, obrigatoriamente e de forma expressa, deverá analisar se estão presentes os requisitos da prisão preventiva – que são os mesmos da prisão preventiva decretada em qualquer fase processual anterior. Em outras palavras, se o réu que estiver sendo condenado ou pronunciado estiver solto, o juiz deverá analisar se, em razão da sentença, mostra-se necessária a decretação de sua preventiva. Se estiver preso, deverá apreciar se continua necessária sua prisão e, caso a conclusão seja em sentido contrário, deverá revogar a prisão preventiva anteriormente decretada.

Nota-se, portanto, que atualmente não mais existem formas específicas de prisão processual denominadas "prisão por sentença condenatória" e "prisão por pronúncia" com regras próprias. O que existe é a prisão preventiva decretada por ocasião da sentença condenatória ou da pronúncia.

De qualquer modo, ainda que decretada a prisão preventiva em tais oportunidades, o fato de o condenado ou pronunciado não se recolher à prisão não impede que o Tribunal analise e julgue o recurso de apelação ou em sentido estrito por ele interposto contra a sentença.

10.2.3. DURAÇÃO DA PRISÃO EM FLAGRANTE E PREVENTIVA

Após a decretação da prisão preventiva, o réu não pode ficar preso por tempo indeterminado. Devem, assim, ser observados os prazos estabelecidos na lei para o cumprimento dos diversos atos processuais: conclusão do inquérito, oferecimento de denúncia, resposta escrita do réu, audiência para oitiva de testemunhas, debates e sentença. A jurisprudência, por sua vez, firmou entendimento de que, uma vez iniciada a ação penal, os prazos não devem ser contados isoladamente em relação a cada um dos atos processuais. Ao contrário, o prazo deve ser considerado englobadamente, ou seja, só se escoará quando ultrapassado o tempo de todos os prazos somados, a contar da data da prisão. Findo tal prazo, poderá ser alegado constrangimento ilegal por excesso de prazo e, como consequência, ser revogada a preventiva. Esse prazo, entretanto, não é fatal, sendo certo que a jurisprudência tem entendido que uma série de fatores podem ser levados em conta para permitir que o réu fique preso além desse tempo (excesso de testemunhas, demora na elaboração de provas periciais de alto grau de dificuldade, necessidade de adiamento de audiência pela não condução do réu ao fórum, excesso de processos em pauta etc.). Assim, o juiz, decidindo fundamentadamente, pode deixar de soltar o réu (hipótese em que o acusado poderá impetrar *habeas corpus* no tribunal competente para tentar sua liberdade, refutando os argumentos do juiz que o mantiveram no cárcere).

O excesso de prazo para o término da instrução não justifica a libertação do réu quando a responsabilidade pelo atraso é da defesa. Nesse sentido a Súmula 64 do Superior Tribunal de Justiça. Por isso, diz-se que o prazo é contado da data da prisão até o término da instrução acusatória. Terminada a instrução, fica superada a alegação de constrangimento por excesso de prazo (Súmula 52 do STJ). É comum, por exemplo, que a defesa demore a cumprir a fase da resposta escrita, que é premissa para o juiz determinar o prosseguimento do feito e designar a data da audiência de instrução e julgamento. Em tal caso, portanto, não pode ser reconhecido excesso de prazo já que a responsabilidade pela demora é exclusivamente da defesa.

O rito do Júri é escalonado, ou seja, possui duas fases: a primeira encerra-se com a pronúncia (que remete o réu a Júri), enquanto a segunda, com o julgamento em Plenário. É evidente, portanto, que se trata de procedimento mais demorado. Em razão disso, o prazo para a coleta de provas em juízo somente precisa ser observado na primeira fase. Nesse sentido, a Súmula 21 do Superior Tribunal de Justiça: "Pronunciado o réu, fica superada a alegação de constrangimento ilegal da prisão por excesso de prazo na instrução". A Lei n. 11.689/2008 expressamente previu em relação ao rito do júri que o procedimento judicial deverá ser concluído em noventa dias até a pronúncia, de modo que esse prazo, somado ao do inquérito (dez dias) e àquele conferido ao Ministério Público para oferecimento de denúncia (cinco dias), caso ultrapassado, dará margem à alegação de excesso de prazo. Por sua vez, o art. 428 do Código de Processo Penal prevê que o julgamento em Plenário deve se dar no prazo de seis meses a contar do trânsito em julgado da pronúncia, sob pena de desaforamento. Se nenhuma dessas providências for adotada e o réu estiver preso, poderá alegar excesso de prazo.

10.2.4. PRISÃO PREVENTIVA DOMICILIAR

Referida modalidade de prisão preventiva é inovação trazida pela Lei n. 12.403/2011. Estabelece, assim, a nova redação dos arts. 317 e 318 do Código de Processo Penal que a prisão domiciliar consiste no recolhimento do indiciado ou réu em sua residência nas seguintes hipóteses:

a) se for maior de 80 anos;
b) se estiver extremamente debilitado por motivo de doença grave;
c) se se tratar de pessoa imprescindível aos cuidados especiais de pessoa menor de 6 anos de idade ou com deficiência;
d) se for gestante;
e) se for mulher com filho de até 12 anos de idade incompletos;
f) se for homem, caso seja o único responsável pelos cuidados do filho de até 12 anos de idade incompletos.

A Lei n. 13.769/2018, por sua vez, ao incluir os arts. 318-A e 318-B no Código de Processo Penal, assegurou às gestantes, mães ou mulheres responsáveis por crianças ou pessoas com deficiência a substituição da prisão preventiva por prisão domiciliar, exceto em casos de crimes cometidos com violência contra pessoa ou grave ameaça ou contra seus filhos ou dependentes.

Constata-se, assim, que a lei estabeleceu hipóteses em que há dever de o juiz aplicar a prisão preventiva domiciliar, ao lado de outras em que tal medida afigura-se como mera faculdade do magistrado:

1) Em se tratando de mulher gestante ou que for mãe ou responsável por crianças ou pessoas com deficiência, a lei estabelece um poder-dever para o juiz substituir a prisão preventiva por domiciliar, sempre que apresentada prova idônea dos requisitos estabelecidos na norma (art. 318, parágrafo único) e desde que não tenha ela cometido crime com violência ou grave ameaça a pessoa e que não tenha cometido o crime contra seu próprio filho ou dependente.

O Superior Tribunal de Justiça tem proclamado que a comercialização ou guarda de drogas na própria residência da acusada, também habitada pelo filho, caracteriza infração praticada contra os interesses do menor, de modo a caracterizar a exceção que justifica a denegação da aplicação da modalidade domiciliar de prisão[7].

2) Haverá mera faculdade de aplicar a modalidade domiciliar de prisão preventiva quando se cuidar de pessoa maior de 80 anos, de pessoa extremamente debilitada em razão de doença grave, de homens responsáveis pelos cuidados de crianças ou de pessoas com deficiência, ou, ainda, de mulheres gestantes ou que forem mães ou responsáveis por crianças ou pessoas com deficiência que tenham praticado crime mediante violência ou grave ameaça ou contra seu filho ou dependente.

Conquanto se categorize como dever do juiz, em caso de decretação da prisão de gestantes, mães ou mulheres responsáveis por crianças ou pessoas com deficiência, fixar a modalidade domiciliar, admite-se, em casos excepcionalíssimos, o encarceramento da investigada ou acusada, desde que a decisão apresente motivos idôneos para evidenciar a insuficiência do recolhimento em residência (ainda que não se trate de crime com violência ou grave ameaça a pessoa ou cometido contra filho ou dependente). Não seria razoável concluir que a lei criou imunidade absoluta de tais pessoas à atuação estatal, de modo a retirar a possibilidade de o juiz

---

[7] AgRg no HC 507.330/SP, 6ª Turma, Rel. Min. Rogerio Schietti Cruz, j. 30-5-2019, DJe 6-6-2019.

determinar o recolhimento a estabelecimento prisional mesmo quando descumpridas as condições da prisão domiciliar ou quando continuassem a praticar crimes ou, ainda, quando evidenciada a necessidade de resguardar a ordem pública, a ordem econômica, a conveniência da instrução criminal ou a aplicação da lei penal.

STF – "A nova alteração na legislação processual penal, com a inclusão, pela Lei n. 13.769, de 19-12-2018, dos arts. 318-A e 318-B, não implica reconhecer que a prisão domiciliar terá incidência irrestrita ou automática para toda gestante, mãe ou responsável por criança ou pessoa com deficiência. Deve o julgador, como em todo ato restritivo de liberdade, proceder ao exame da conveniência da medida à luz das particularidades do caso concreto" (HC 158.123/SP – 1ª Turma – Rel. Min. Marco Aurélio – Rel. p/ Acórdão Min. Alexandre de Moraes – j. 11-6-2019 – DJe-167, 1º-8-2019).

Nas hipóteses em que há faculdade de aplicação da prisão domiciliar, deve o juiz atentar-se para a necessidade de defesa da coletividade em detrimento de pretensões particulares, de modo a evitar que indiciado ou réu de considerável periculosidade possa usufruir do benefício em questão, durante o tramitar das investigações ou da ação. É claro, portanto, que os juízes devem interpretar tal dispositivo com cautela, recordando-se sempre de que é dever do Estado proteger a sociedade, uma vez que o constituinte consagrou no art. 5º, *caput*, da Carta Magna o direito à vida, à segurança, à liberdade etc.

A decretação da prisão domiciliar impõe à pessoa em desfavor da qual decretada a medida a obrigação de permanecer nas dependências da residência, só podendo dela se afastar com prévia autorização judicial ou nas datas em que haja ato do processo (audiência, por exemplo). Poderá o juiz interditar ou restringir, como condição da permanência em regime de prisão cautelar domiciliar, o recebimento de visitas, o uso de telefone, o uso de *internet* etc.

Como o texto legal se refere à prisão do agente em sua própria residência, aqueles que não a possuírem não poderão auferir dessa modalidade de prisão (os moradores de rua, por exemplo).

Deve-se lembrar que, em se tratando de modalidade de prisão, embora domiciliar, o réu terá direito à detração, ou seja, poderá descontar na pena a ser futuramente cumprida, em caso de eventual condenação, o tempo de prisão domiciliar. Suponha-se um traficante que, caso condenado a 5 anos de reclusão (pena mínima do tráfico), tenha de cumpri-la em regime inicial fechado. Se da data da decretação da prisão domiciliar até o trânsito em julgado do último recurso passarem-se 3 anos, o traficante terá de cumprir apenas os 2 anos restantes. Ao que parece, é mais benéfico a este réu ficar em regime de prisão preventiva domiciliar durante o processo (pois isso trará benesses no futuro cumprimento da pena) do que ficar em liberdade. Este, portanto, é outro fator que os juízes devem levar em conta antes de decretar a prisão preventiva domiciliar, ou seja, se não é recomendável conceder a liberdade plena ou com imposição de cautelares diversas da prisão, durante o transcorrer da ação, em vez de decretar uma medida de difícil controle e que pode, eventualmente, favorecer o réu em caso de condenação.

De qualquer modo, recomenda-se que os juízes que decretem a prisão domiciliar imponham, concomitantemente, conforme permite o art. 282, § 1º, do Código de Processo Penal, a medida cautelar de monitoração eletrônica para inibir que o acusado deixe as dependências de sua residência. Embora essa providência não seja capaz de evitar eventuais fugas, poderá inibi-las, pois o acusado saberá que as autoridades terão ciência imediata de seu comportamento e revogarão a prisão domiciliar.

É de se ressaltar que é ônus do acusado fazer prova de que se encontra em uma das situações para as quais se mostra cabível a prisão domiciliar (art. 313, parágrafo único, do CPP).

10.3. DAS MEDIDAS CAUTELARES PESSOAIS

10.3.1. INTRODUÇÃO

A entrega da prestação jurisdicional sempre ocorre depois do transcurso de um período, mais ou menos longo, a contar do momento em que o ilícito penal foi praticado, circunstância que pode ensejar a necessidade de o juiz, no curso da investigação ou da ação, adotar medidas que garantam a utilidade do processo ou a efetividade da decisão definitiva que será proferida.

Essas medidas, denominadas cautelares, não constituem, obviamente, antecipação da pena, pois ninguém pode ser considerado culpado até o trânsito em julgado da sentença condenatória (art. 5º, LVII, da CF), daí por que sua adoção pressupõe a constatação de que há risco de dano na demora da entrega da prestação jurisdicional (*periculum in mora*) e de que há razoável probabilidade de ser acolhida a pretensão do autor (*fumus boni iuris*). De acordo com o art. 315, § 1º, com a redação dada pela Lei n. 13.964/2019, "na motivação da decretação da prisão preventiva ou de qualquer outra cautelar, o juiz deverá indicar concretamente a existência de fatos novos ou contemporâneos que justifiquem a aplicação da medida adotada".

É sabido que, até o advento da Lei n. 12.403/2011, o Código de Processo Penal previa apenas uma modalidade de medida cautelar, passível de recair sobre a pessoa do indiciado ou acusado: a prisão.

Com as alterações introduzidas, descortinou-se a possibilidade de o juiz aplicar medidas de natureza diversa da prisão que, embora recaiam sobre a pessoa a quem se atribui a prática da infração, não importam em sua manutenção no cárcere.

Além das medidas cautelares pessoais, reguladas no Título IX, há também as medidas cautelares reais (ou medidas assecuratórias), que recaem sobre o patrimônio do investigado ou acusado (arts. 125 a 144).

10.3.2. REQUISITOS PARA APLICAÇÃO

O art. 282 do Código de Processo Penal estabelece os critérios que devem nortear a decisão acerca do cabimento das medidas cautelares em geral. São eles:

a) Necessidade para aplicação da lei penal, para a investigação ou para a instrução criminal e, nos casos expressamente previstos, para evitar a prática de infrações penais (inciso I).

Para que a medida cautelar seja decretada, não basta a mera conveniência de sua adoção, exigindo-se que haja fundamento para concluir que se mostra imprescindível para a tutela dos meios e dos fins do processo.

Três são os gêneros de circunstâncias que possibilitam a adoção de medida cautelar:

1) risco para aplicação da lei penal: ocorre quando se verifica a probabilidade de que o investigado ou acusado tentará subtrair-se ao cumprimento da pena caso venha a ser condenado;

2) risco para a investigação ou instrução criminal: tem lugar quando o investigado ou acusado cria sérios embaraços para a regular obtenção de provas, tal como na hipótese de ameaçar ou corromper testemunhas;

3) nos casos expressamente previstos, risco de o investigado ou acusado voltar a praticar infração penal: hipótese em que a personalidade ou os antecedentes do investigado ou réu ou, ainda, as circunstâncias da conduta autorizam a conclusão de que o agente apresenta considerável potencial de reincidência.

b) Adequação da medida à gravidade do crime, circunstâncias do fato e condições pessoais do indiciado ou acusado (inciso II).

Deverá haver sempre proporcionalidade na atuação do juiz no que diz respeito à garantia da utilidade e da eficácia do processo. Equivale a dizer que o juiz deverá estar atento à gravidade abstrata e concreta da infração e às condições pessoais do indiciado ou réu para decidir não apenas se há necessidade de adoção de providência cautelar, mas, também, para escolher, quando presentes seus requisitos, quais medidas aplicará.

Observação: as medidas cautelares não podem ser aplicadas às infrações penais para as quais não haja previsão de pena privativa de liberdade em abstrato, de forma isolada, cumulativa ou alternativa com outra espécie de pena. Significa, na prática, que não são cabíveis a algumas contravenções penais para as quais a lei prevê única e exclusivamente pena de multa. Ex.: contravenção de importunação ofensiva ao pudor (art. 61 da LCP). Tampouco é cabível no crime de porte de droga para uso próprio, para o qual também não há previsão de pena privativa de liberdade (art. 28 da Lei n. 11.343/2006).

10.3.3. CUMULAÇÃO, SUBSTITUIÇÃO E REVOGAÇÃO

De acordo com as peculiaridades do caso concreto, o juiz poderá aplicar a medida cautelar pessoal de forma isolada ou cumulativa (art. 282, § 1º), não havendo limite em relação à quantidade de obrigações que podem ser impostas simultaneamente, desde que haja compatibilidade lógica entre elas.

A decisão que aplica medida cautelar não está sujeita à preclusão, sendo-lhe ínsita a cláusula *rebus sic stantibus*, de modo que o juiz, de ofício ou a requerimento das partes, poderá substituí-la, revogá-la, aplicar outra em cumulação e, ainda, voltar a decretá-la. Poderá, ainda, em caso de descumprimento de qualquer outra medida ou de superveniência dos fundamentos que a justificam, decretar a prisão preventiva.

10.3.4. MOMENTO E INICIATIVA

Somente o juiz, por meio de decisão fundamentada, pode aplicar medida cautelar, seja no curso da ação penal ou antes de seu exercício, mediante representação da autoridade policial ou a requerimento das partes. A nova redação dada ao art. 282, *caput*, do Código de Processo Penal, pela Lei n. 13.964/2019, veda a decretação de medida cautelar de ofício, durante as investigações ou no tramitar da ação penal.

Observação: comete crime de abuso de autoridade, descrito no art. 9º, parágrafo único, II, da Lei n. 13.869/2019, a autoridade judiciária que, dentro de prazo razoável, deixa de substituir a prisão preventiva por medida cautelar diversa ou de conceder liberdade provisória, quando manifestamente cabível. A pena é de detenção, de 1 a 4 anos, e multa.

10.3.5. PROCESSAMENTO

De acordo com o art. 282, § 3º, do Código de Processo Penal, quando não houver urgência nem perigo de ineficácia da medida, o juiz ouvirá a parte contrária antes de decidir sobre o pedido. Para tanto, determinará sua intimação, bem como o fornecimento de cópia do requerimento e de peças relevantes, já que os autos deverão permanecer em cartório.

Registre-se, todavia, que, para a colheita da manifestação do indiciado ou acusado, é necessário que não haja urgência e que o juiz possa concluir, com segurança, que não há risco para a eficácia da medida, já que a finalidade das cautelares é evitar que o investigado ou acusado adote determinados comportamentos, expectativa que, em regra, seria frustrada com o conhecimento, por parte dele, de que a providência cautelar está prestes a ter lugar, sobretudo porque poderia antecipar-se à decisão judicial e fazer aquilo que se pretende evitar.

10.3.6. RECURSO

A decisão que indefere pedido de aplicação de qualquer medida cautelar ou que decreta cautelar diversa daquela pleiteada pela parte expõe-se a recurso em sentido estrito, pois, muito embora o inciso V do art. 581 do Código de Processo Penal trate apenas da hipótese em que a prisão preventiva é indeferida, é possível concluir que houve omissão involuntária do legislador, o que autoriza o emprego da analogia. Também a decisão que revoga a medida cautelar é desafiada por recurso em sentido estrito.

Não há recurso para impugnar a decisão que decreta a medida, mas é possível a impetração de *habeas corpus*, uma vez que o descumprimento das obrigações impostas poderá ensejar a decretação da custódia preventiva do indiciado ou réu (art. 312, parágrafo único).

10.3.7. DAS MEDIDAS CAUTELARES DIVERSAS DA PRISÃO

São dez as modalidades de medidas cautelares diversas da prisão previstas, em rol taxativo, pelos arts. 319 e 320 do Código de Processo Penal:

1) Comparecimento periódico em juízo, no prazo e nas condições fixadas pelo juiz, para informar e justificar atividades (art. 319, I).

Consiste na determinação de que o indiciado ou réu compareça à presença do magistrado em periodicidade que vier a ser definida (diariamente, semanalmente, mensalmente etc.), para demonstrar, por meio de prova idônea, as atividades que realiza, o que permitirá ao juízo exercer alguma fiscalização sobre ele.

É importante que, sempre que aplicar essa medida, o juiz empenhe-se em entrevistar diretamente o destinatário, com intervalos não muito longos entre os comparecimentos, para que a providência não passe a constituir mera formalidade, tal como ocorreria se a tarefa de indagar e ouvir o indiciado ou réu fosse entregue a serventuário ou se tivesse lugar de forma demasiado espaçada.

2) Proibição de acesso ou frequência a determinados lugares quando, por circunstâncias relacionadas ao fato, deva o indiciado ou acusado permanecer distante desses locais para evitar o risco de novas infrações (art. 319, II).

É possível que a frequência do indiciado ou réu a determinados lugares ou a estabelecimentos de certa natureza favoreça o cometimento de novas infrações de sua parte, daí por que o juiz, diante de tal constatação, poderá interditar-lhe a estada em um ou vários lugares. É recomendável que essa medida seja aplicada cumulativamente com a monitoração eletrônica, para que se possa fiscalizar se o destinatário está respeitando as restrições estabelecidas.

3) Proibição de manter contato com pessoa determinada quando, por circunstâncias relacionadas ao fato, deva o indiciado ou acusado dela permanecer distante (art. 319, III).

Se as circunstâncias do fato indicarem a necessidade, o juiz poderá proibir que o indiciado ou acusado mantenha contato com certas pessoas, como a vítima, testemunha, coautor etc.

4) Proibição de ausentar-se da comarca quando a permanência seja conveniente ou necessária para a investigação ou instrução (art. 319, IV).

Se a permanência do acusado na comarca pela qual tramita o processo for conveniente para a investigação ou instrução, o juiz poderá decretar a medida, como quando, por exemplo, houver necessidade de proceder ao reconhecimento do indiciado ou acusado. Na medida em que a lei não faz qualquer distinção, é irrelevante se o destinatário da medida reside ou não na comarca em cujos limites territoriais terá de permanecer.

A proibição em questão pode ser absoluta, quando o juiz entender que se justifica a imposição de restrição total à possibilidade de saída do território da comarca. Pode, também, ser

Processo Penal – Parte Geral

relativa, caso se entenda que sua finalidade será alcançada ainda que o indiciado ou réu seja autorizado, por exemplo, a sair da comarca para trabalhar.

5) **Recolhimento domiciliar no período noturno e nos dias de folga quando o investigado ou acusado tenha residência e trabalho fixos** (art. 319, V).

A aplicação dessa medida pressupõe a existência de prova inequívoca de que o indiciado ou réu tem residência e trabalho fixos. A pessoa sujeita ao recolhimento domiciliar deverá permanecer nas dependências de sua residência todas as noites e nos dias em que não tiver de dedicar-se ao trabalho ou estudo em estabelecimento oficial de ensino.

Para que a medida em estudo possa ter eficácia, deverá o juiz aplicá-la, em regra, cumulativamente com a medida de monitoração eletrônica, pois a mera obrigação de recolher-se, sem a correspondente fiscalização, desnatura a medida. É possível que a fiscalização seja cometida à Polícia Judiciária, hipótese em que o juiz deverá exigir relatório circunstanciado das diligências periodicamente realizadas.

6) **Suspensão do exercício de função pública ou de atividade de natureza econômica ou financeira quando houver justo receio de sua utilização para a prática de infrações penais** (art. 319, VI).

Havendo fundamento para concluir que o exercício de função pública ou de atividade econômica ou financeira favoreça a prática de nova infração penal, o juiz poderá interditar temporariamente seu exercício, comunicando, conforme o caso, ao respectivo órgão público ou entidade de classe.

7) **Internação provisória do acusado nas hipóteses de crimes praticados com violência ou grave ameaça, quando os peritos concluírem ser inimputável ou semi-imputável e houver risco de reiteração** (art. 319, VII).

Cuida-se de medida aplicável somente em relação a infrações praticadas com violência ou grave ameaça e que pressupõem, além da constatação, em decorrência da instauração de incidente de insanidade, de que o indiciado ou réu é inimputável ou semi-imputável, a demonstração de que apresenta considerável potencial de reincidência. A internação deve ocorrer em Hospital de Custódia e Tratamento Psiquiátrico ou, à falta, em outro estabelecimento adequado.

8) **Fiança, nas infrações que a admitem, para assegurar o comparecimento a atos do processo, evitar a obstrução do seu andamento ou em caso de resistência injustificada à ordem judicial** (art. 319, VIII).

Trata-se, em verdade, de medida de contracautela, que tem lugar para evitar que o indiciado ou acusado permaneça preso provisoriamente (ou seja, sujeito a prisão cautelar) na eventualidade de poder oferecer garantia ao juízo, de modo a reduzir a probabilidade de lançar-se a terras distantes. O instituto da fiança, em razão de sua importância, será analisado detalhadamente em seguida.

9) **Monitoração eletrônica** (art. 319, IX).

Consiste na sujeição do destinatário a fiscalização por meio de sistemas eletrônicos, de modo a permitir sua imediata localização. Para execução dessa medida, o indiciado ou réu deverá utilizar, junto ao corpo, dispositivo tecnológico próprio, vedada a utilização de equipamentos que exponham a risco sua saúde.

A medida em questão, assim como as demais medidas cautelares, tem caráter coercitivo, daí por que é desnecessária a anuência do indiciado ou acusado para sua decretação. É bem verdade que não se pode constranger o destinatário da medida, física ou moralmente, a utilizar o equipamento eletrônico, mas sua recusa, que importa em descumprimento da obrigação imposta, é motivo para decretação da prisão preventiva (art. 312, parágrafo único).

Haverá descumprimento da medida, ainda, se o indiciado ou acusado danificar o aparelho ou tentar ludibriar, por qualquer meio, o sistema de vigilância, assim também quando se recusar a atender ao chamado do juiz ou do órgão ou instituição responsável pelo monitoramento.

10) Proibição de ausentar-se do país (art. 320).

Pode o juiz proibir que o indiciado ou acusado deixe o país ou condicionar sua saída à prévia autorização judicial.

As autoridades responsáveis pelos órgãos de controle marítimo, aeroportuário e de fronteiras serão comunicadas sobre a proibição, ao passo que o réu terá de depositar o passaporte em juízo em 24 horas. A recusa em entregar o documento no prazo ensejará a decretação da prisão preventiva.

10.3.8. FISCALIZAÇÃO

O juiz deve estabelecer, ao aplicar a medida, a forma de fiscalização de seu cumprimento, sem prejuízo da possibilidade de o Ministério Público supervisionar a execução da cautelar, diretamente ou com o concurso de órgãos ou instituições públicas.

10.3.9. DURAÇÃO

Não há previsão de prazo máximo de duração das medidas cautelares, o que autoriza a conclusão de que os efeitos da decisão que as decreta devem perdurar enquanto subsistir a necessidade. Deve o juiz, entretanto, notadamente no que se refere à prisão, pautar-se nos princípios da razoabilidade e da proporcionalidade para estabelecer os casos em que a duração da medida se mostra excessiva.

10.3.10. DETRAÇÃO

Na medida em que, segundo a redação do art. 42 do Código Penal, apenas o tempo de **prisão provisória**, no Brasil ou no estrangeiro, e de **internação provisória** (art. 319, VII, do CPP) é passível de detração, não há espaço para cômputo na pena ou medida de segurança do período de cumprimento das demais medidas cautelares. O próprio *caput* do art. 319 as denomina "medidas cautelares diversas da prisão".

Não é outra a orientação do Superior Tribunal de Justiça: "Não é possível a detração, na pena privativa de liberdade, do tempo em que o Réu foi submetido a medida cautelar diversa da prisão, em razão da ausência de previsão legal. Precedentes" (STJ, AgRg no AREsp 1.406.675/GO, Rel. Min. Laurita Vaz, Sexta Turma, j. 28-5-2019, *DJe* 5-6-2019).

Há, todavia, que se fazer uma ressalva no tocante à medida cautelar consistente no recolhimento noturno e nos finais de semana (art. 319, V, do CPP), hipótese em que, consoante entendimento pacificado no Superior Tribunal de Justiça, o tempo de cumprimento deve ser abatido de eventual pena privativa de liberdade, pois a medida em questão ocasiona evidente restrição ao *status libertatis* do acusado.

Em novembro de 2022, o STJ, no julgamento do Tema 1.155, em sede de recursos repetitivos, aprovou as seguintes teses:

1) O período de recolhimento obrigatório noturno e nos dias de folga, por comprometer o *status libertatis* do acusado, deve ser reconhecido como período a ser detraído da pena privativa de liberdade e da medida de segurança, em homenagem aos princípios da proporcionalidade e do *non bis in idem*.

2) O monitoramento eletrônico associado, atribuição do Estado, não é condição indeclinável para a detração dos períodos de submissão a essas medidas cautelares, não se justificando

Processo Penal – Parte Geral

distinção de tratamento ao investigado ao qual não é determinado e disponibilizado o aparelhamento.

3) As horas de recolhimento domiciliar noturno e nos dias de folga devem ser convertidas em dias para contagem da detração da pena. Se no cômputo total remanescer período menor que vinte e quatro horas, essa fração de dia deverá ser desprezada.

10.4. PRISÃO TEMPORÁRIA

10.4.1. CONCEITO

É uma medida restritiva da liberdade de locomoção, decretada por tempo determinado, destinada a possibilitar as investigações de crimes considerados graves, durante o inquérito policial. A prisão temporária está prevista na Lei n. 7.960/89.

10.4.2. HIPÓTESES DE CABIMENTO (ART. 1º)

Caberá prisão temporária:

I – Quando for imprescindível para as investigações durante o inquérito policial, ou seja, quando houver indícios de que, sem a prisão, as diligências serão malsucedidas.

II – Quando o indiciado não tiver residência fixa ou não fornecer elementos necessários ao esclarecimento de sua identidade. Veja-se, porém, que a nova redação do art. 313, parágrafo único, do Código de Processo Penal, prevê prisão preventiva em caso de recusa na identificação, com imediata soltura após a obtenção da qualificação.

III – Quando houver indícios de autoria ou de participação de um dos seguintes crimes: homicídio doloso, sequestro ou cárcere privado, roubo, extorsão ou extorsão mediante sequestro, estupro, epidemia ou envenenamento de água ou alimento, quadrilha, genocídio, tráfico de entorpecentes, crime contra o sistema financeiro ou crimes previstos na Lei de Terrorismo. A Lei n. 8.072/90 estendeu a possibilidade desse tipo de prisão para todos os crimes hediondos, o terrorismo e a tortura. A Lei n. 12.850/2013 modificou a denominação do crime de quadrilha para associação criminosa e passou a exigir o envolvimento de apenas três pessoas para sua configuração (antes eram necessárias quatro pessoas). Assim, é possível a prisão temporária no crime de associação criminosa, pois a conduta que antes constituía quadrilha continua sendo punível (e com a mesma pena).

O crime de rapto violento consta desse dispositivo, porém tal delito foi revogado como infração penal autônoma e, nos termos da Lei n. 11.106/2005, passou a ser considerado figura qualificada do crime de sequestro (art. 148, § 1º, V, do CPP). Assim, como a conduta – privação da liberdade de alguém para fim libidinoso – continua sendo ilícita, tendo havido apenas alteração na capitulação jurídica, cabível a prisão temporária para quem a realizar. O crime de atentado violento ao pudor também consta do dispositivo, porém tal delito foi revogado pela Lei n. 12.015/2009, tendo sido unificado com o crime de estupro.

No julgamento da **ADI 3.360** e da **ADI 4.109**, realizado em 14-2-2022, o **Pleno** do Supremo Tribunal Federal estabeleceu os requisitos que devem estar **cumulativamente** presentes para decretação de prisão temporária: 1) ser a prisão imprescindível para as investigações do inquérito policial (art. 1º, I, Lei n. 7.960/89) (*periculum libertatis*), o que deve ser constatado a partir de elementos concretos, e não meras conjecturas, vedada a sua utilização como prisão para averiguações, em violação ao direito à não autoincriminação, ou quando fundada no mero fato de o representado não possuir residência fixa (inc. II); 2) haver fundadas razões de autoria ou participação do indiciado nos crimes previstos no art. 1º, III, Lei n. 7.960/89 (*fumus comissi delicti*), vedada a analogia ou a interpretação extensiva do rol previsto no dispositivo; 3) ser justificada em fatos novos ou contemporâneos que fundamentem a medida (art. 312, § 2º, CPP); 4) a medida ser adequada à gravidade concreta do crime, às circunstâncias do fato e às condições pessoais do indiciado (art. 282, II, CPP); 5) não ser suficiente a imposição de medidas cautelares diversas, previstas nos arts. 319 e 320 do CPP (art. 282, § 6º, CPP) (ADI 4.109, Rel. Min. Cármen Lúcia, Rel. p/ Acórdão Min. Edson Fachin, Tribunal Pleno, j. 14-2-2022, DJe-075 22-4-2022).

No referido julgamento, concluiu-se que o inciso II do art. 1º da Lei n. 7.960/89 mostra-se, quando interpretado isoladamente, **inconstitucional**, pois não se pode decretar a prisão temporária pelo simples fato de o representado não possuir endereço fixo, de modo que a circunstância de o indiciado não possuir residência fixa deve evidenciar de modo concreto que a prisão temporária é imprescindível para a investigação criminal (inc. I do art. 1º da citada lei). Além disso, como se vê, fixou-se o entendimento de que são aplicáveis também à prisão temporária as normas legais relativas à prisão preventiva no que diz respeito: (i) à necessidade de adequação da medida à gravidade do crime, circunstâncias do fato e condições pessoais do indiciado ou acusado; (ii) à insuficiência de outra medida cautelar pessoal.

10.4.3. CARACTERÍSTICAS

1) A prisão temporária somente pode ser decretada pelo juiz. Este, entretanto, não pode decretá-la de ofício, dependendo, portanto, de requerimento do Ministério Público ou de representação da autoridade policial. Na última hipótese, antes de decidir, o juiz deve ouvir o Ministério Público.

O juiz tem prazo de vinte e quatro horas para decidir.

2) O prazo de duração da prisão temporária é de cinco dias, prorrogável por mais cinco, em caso de extrema e comprovada necessidade (art. 2º). A prorrogação deve ser decretada pelo juiz. Saliente-se, entretanto, que o art. 2º, § 4º, da Lei n. 8.072/90 permite que tal prisão seja decretada por prazo de trinta dias, prorrogável por igual período, nos crimes hediondos, no tráfico de entorpecentes, bem como nos crimes de terrorismo e tortura.

De acordo com o § 8º do art. 2º da Lei n. 7.960/89 (com a redação dada pela Lei n. 13.869/2019), computa-se no prazo da prisão temporária o dia da prisão.

3) Terminado o prazo, o preso deve ser imediatamente solto, salvo se tiver sido decretada a prisão preventiva ou prorrogada a prisão temporária. A não libertação do preso constitui crime de abuso de autoridade (art. 12, IV, da Lei n. 13.869/2019).

4) A pessoa sujeita à prisão temporária deve obrigatoriamente permanecer separada dos demais detentos (provisórios ou condenados).

10.5. DO ATO DA PRISÃO

Há dois tipos de prisão:
a) prisão em flagrante;
b) prisão por mandado.

A prisão pode ser efetuada em qualquer dia e a qualquer hora, respeitada a inviolabilidade de domicílio (cujas regras serão estudadas adiante). É proibida, entretanto, a prisão do eleitor nos cinco dias que antecedem as eleições e nas quarenta e oito horas subsequentes ao encerramento da votação, salvo no caso de flagrante delito e em razão de sentença condenatória por crime inafiançável (art. 236 do Código Eleitoral – Lei n. 4.737/65).

10.5.1. PRISÃO EM DOMICÍLIO

O art. 5º, XI, da Constituição diz que a casa é asilo inviolável do indivíduo, ninguém nela podendo penetrar sem o consentimento do morador, salvo em caso de flagrante delito ou, durante o dia, por ordem judicial.

Assim, podem ser tiradas as seguintes conclusões:

1) Prisão em **flagrante**. Mesmo contra a vontade do morador, pode-se invadir a residência, a qualquer hora, do dia ou da noite, para prender o autor do delito.

2) Prisão por **mandado**:

a) com o consentimento do morador, é possível que se ingresse na casa para cumprir a ordem de prisão a qualquer hora, do dia ou da noite;

b) sem o consentimento do morador (pouco importando se o mandado de prisão é contra ele ou contra terceiro que se encontra em sua casa). Nessa hipótese, se o cumprimento deve dar-se durante o dia, o executor, após receber a negativa do morador, convocará duas testemunhas e entrará à força, ainda que tenha de arrombar as portas. Por outro lado, se o fato ocorrer durante a noite, o mandado não poderá ser cumprido sem a autorização do morador. Nesse caso, o art. 293 do Código de Processo Penal diz que o executor fará guardar todas as saídas, tornando a casa incomunicável, e, logo que amanhecer, arrombará as portas, na presença das duas testemunhas, efetuando a prisão.

O terceiro que não permite a entrada para o cumprimento do mandado para beneficiar o réu comete algum crime?

Se a recusa ocorre durante a noite, o morador está no exercício regular de direito e, portanto, não comete crime. Se ocorre durante o dia, entretanto, caracteriza crime de favorecimento pessoal (art. 348 do CP), salvo se o beneficiário for ascendente, descendente, cônjuge ou irmão do morador.

10.6. PRISÃO ESPECIAL

O legislador, atento à necessidade de evitar que certas pessoas, em razão das funções que exercem ou de peculiar situação cultural, permaneçam em contato com indivíduos que não ostentem essas mesmas condições, previu a possibilidade de recolhimento em **prisão especial** (art. 295 do CPP), **que, entretanto, consiste exclusivamente no recolhimento em local distinto da prisão comum** (art. 295, § 1º, do CPP). Em consequência desse dispositivo, resta claro que não se deve admitir a concessão de qualquer outro privilégio ou regalia ao beneficiário, já que a única nota distintiva permitida é o encarceramento do preso especial em local diverso do reservado a outros presos. Em relação aos demais direitos e deveres, não há diferença de tratamento entre o preso especial e o comum (art. 295, § 5º, do CPP).

A lei prevê, ainda, que, se não houver estabelecimento específico para o preso especial, será ele recolhido em cela distinta no estabelecimento destinado aos demais presos (art. 295, § 2º).

Ao preso especial é garantido também o direito de não ser transportado juntamente com o preso comum (art. 295, § 4º, do CPP).

O art. 295, *caput*, do Código de Processo Penal estabelece que a prisão especial só é cabível até o trânsito em julgado da sentença penal condenatória, e seus beneficiários são:

I – os ministros de Estado;

II – os governadores ou interventores de Estados ou Territórios, o prefeito do Distrito Federal, seus respectivos secretários, os prefeitos municipais, os vereadores e os chefes de polícia;

III – os membros do Parlamento Nacional, do Conselho de Economia Nacional e das Assembleias Legislativas dos Estados;

IV – os cidadãos inscritos no "Livro do Mérito";
V – os oficiais das Forças Armadas e os militares dos Estados, do Distrito Federal e dos Territórios (que ficarão recolhidos em quartéis);
VI – os magistrados;
VII – os diplomados por qualquer das faculdades superiores da República;
VIII – os ministros de confissão religiosa;
IX – os ministros do Tribunal de Contas;
X – os cidadãos que já tiverem exercido efetivamente a função de jurado, salvo quando excluídos da lista por motivo de incapacidade para o exercício daquela função. O art. 439 do Código de Processo Penal possuía regra idêntica prevendo prisão especial a quem tivesse exercido a função de jurado. Tal direito foi excluído do referido art. 439 pela Lei n. 12.403/2011, que, todavia, omitiu-se em retirar do texto do Código de Processo Penal regra idêntica existente no art. 295, X. Por isso, os jurados continuam tendo direito a prisão especial em razão deste último dispositivo;
XI – os delegados de polícia e os guardas-civis dos Estados e Territórios, ativos e inativos.

Além dessas hipóteses de prisão especial previstas no Código, há outras previstas em leis especiais concedendo o benefício aos membros do Ministério Público, aos oficiais da Marinha Mercante, aos dirigentes e administradores sindicais, aos servidores públicos, aos pilotos de aeronaves mercantes nacionais, aos advogados, aos funcionários da Polícia Civil, aos professores de 1º e 2º grau e aos juízes de paz.

No julgamento da ADPF 344, porém, o STF decidiu que não há amparo constitucional para a segregação de presos provisórios com apoio no grau de instrução acadêmica, de modo a revelar que a previsão de prisão especial, em relação aos portadores de diploma de nível superior, é inconciliável com o preceito fundamental da isonomia, previsto nos arts. 3º, IV, e 5º, *caput*, da CF (Rel. Min. Alexandre de Moraes, Tribunal Pleno, j. 3-4-2023, public. 26-5-2023).

A não inclusão do Presidente da República no rol de beneficiários da prisão especial é justificada pela existência de vedação constitucional à decretação de sua prisão processual por prática de infração comum (art. 86, § 3º, da CF).

Veja-se, por sua vez, que a Súmula 717 do Supremo Tribunal Federal estabeleceu que "não impede a progressão de regime de execução da pena, fixada em sentença transitada em julgado, o fato de o réu encontrar-se em prisão especial".

10.7. USO DE ALGEMAS

O Código de Processo Penal trata das algemas apenas ao regular a instrução e os debates em plenário do júri, prevendo que seu uso será permitido somente em caso de absoluta necessidade à ordem dos trabalhos, à segurança das testemunhas ou à garantia da integridade física dos presentes (art. 474, § 3º), bem assim que, na hipótese de utilização das algemas, as partes não poderão, durante os debates, fazer referência a tal circunstância como argumento de autoridade que beneficie ou prejudique o acusado (art. 478, I).

Em 13 de agosto de 2008, no entanto, o Supremo Tribunal Federal editou a Súmula Vinculante 11, que assim se enuncia: "Só é lícito o uso de algemas em caso de resistência e de fundado receio de fuga ou de perigo à integridade física própria ou alheia, por parte do preso ou de terceiros, justificada a excepcionalidade por escrito, sob pena de responsabilidade disciplinar civil e penal do agente ou da autoridade e de nulidade da prisão ou do ato processual a que se refere, sem prejuízo da responsabilidade civil do Estado".

Esse entendimento garante a toda pessoa em desfavor de quem for executada a prisão a prerrogativa de não ser algemada, salvo em havendo documento escrito que justifique a existência de uma das situações excepcionais que autorizam o emprego do objeto.

Quadro sinótico – Prisão processual

Formas de prisão processual (anteriores à condenação definitiva)	a) prisão em flagrante; b) prisão preventiva; c) prisão temporária.

Prisão em flagrante – Classificações

Flagrante próprio (ou real)	Dá-se na hipótese em que o agente é preso quando está cometendo o crime ou quando acaba de cometê-lo.
Flagrante impróprio (ou quase flagrante)	Verifica-se quando o agente é perseguido, logo após a prática do crime, e é preso em situação que faça presumir ser ele o autor da infração, ou seja, quando ele consegue fugir do local do delito, mas é perseguido e preso.
Flagrante presumido (ou ficto)	Ocorre quando o autor do crime é encontrado, logo depois do delito, com instrumentos, armas, objetos ou papéis que façam presumir ser ele o autor da infração. Nesse caso, o agente não é perseguido, mas localizado em local diverso, ainda que casualmente, na posse de uma das coisas mencionadas na lei, de tal forma que a situação faça surgir séria desconfiança no sentido de ser ele o autor do crime.

Outras denominações

Flagrante provocado ou preparado	É aquele em que alguém é induzido a cometer uma infração penal, mas ao mesmo tempo são tomadas providências para que o suposto culpado seja preso, de modo que se verifique que a consumação do delito era absolutamente impossível. A Súmula 145 do Supremo Tribunal Federal diz que não há crime quando a preparação do flagrante pela polícia torna impossível a sua consumação. Trata-se de flagrante nulo.
Flagrante esperado	Ocorre quando policiais tomam conhecimento de que um ilícito será praticado em determinado local e ficam à espreita, aguardando o momento da execução para efetivar a prisão em flagrante. A situação é diferente da anterior por não existir obra de agente provocador a instigar o sujeito. Trata-se de flagrante válido.
Flagrante forjado	Ocorre quando se criam provas de um crime inexistente para prender alguém em flagrante. Evidentemente, é um flagrante nulo.

Sujeitos do flagrante

Em relação ao sujeito ativo	1) Flagrante obrigatório ou necessário é aquele feito pelas autoridades policiais e seus agentes, que têm o dever de prender quem se encontre em situação de flagrância. 2) Flagrante facultativo é aquele feito por qualquer do povo, já que a lei permite que qualquer pessoa prenda quem esteja praticando uma infração penal.

Em relação ao sujeito passivo	A regra é que todos podem ser presos em flagrante. Há, entretanto, algumas exceções. Não podem ser presos, **qualquer que seja o delito**: o Presidente da República; os menores de 18 anos; e os diplomatas estrangeiros, desde que haja tratado assinado pelo Brasil nesse sentido. Além disso, não podem ser presos em flagrante, **por crimes afiançáveis**, os deputados e senadores; os juízes e promotores de justiça; e os advogados, se o crime for cometido no desempenho de suas atividades profissionais.

Do auto de prisão

Fases do auto de prisão	1) Oitiva do condutor – pessoa que levou o preso até a delegacia e o apresentou. 2) Oitiva das testemunhas. Devem ser ouvidas, no mínimo, duas, porque a lei usa a palavra no plural. 3) Interrogatório do preso. 4) Lavratura e assinatura do auto de prisão, que também conterá a assinatura do indiciado. Se, porventura, o indiciado não puder, não quiser ou não souber assinar, a autoridade fará com que o auto seja assinado por duas pessoas que tenham presenciado a leitura do auto ao preso. Estas são chamadas de testemunhas de leitura. 5) Comunicação da prisão e do local onde se encontra o preso ao juiz competente, ao Ministério Público e à família do preso ou à pessoa por ele indicada. Se o autuado não informar à autoridade o nome de seu advogado, deverá ela encaminhar cópia do auto à Defensoria Pública. 6) Entrega da nota de culpa, documento por meio do qual a autoridade dá ciência ao preso dos motivos de sua prisão, do nome do condutor e das testemunhas. A nota deve ser assinada pela autoridade e entregue ao preso, mediante recibo, no prazo de vinte e quatro horas a contar da efetivação da prisão.

Relaxamento da prisão em flagrante

Hipóteses de relaxamento	1) Se faltar formalidade essencial na lavratura do auto. 2) Quando não tiver o preso sido encontrado em situação de flagrância prevista na lei. 3) Se o fato pelo qual tiver recebido voz de prisão for atípico. 4) Quando houver excesso de prazo da prisão. Observação: contra a decisão que relaxa a prisão em flagrante cabe recurso em sentido estrito (art. 581, V, do CPP).

Prisão preventiva

Noções	A prisão preventiva só pode ser decretada pelo juiz competente e pode ser levada a efeito em qualquer fase do inquérito ou do processo. É cumprida por meio de mandado de prisão. Pressupõe requerimento do Ministério Público, do assistente de acusação ou do querelante, ou de representação da autoridade policial. O magistrado pode, ainda, a todo tempo revogar a prisão caso desapareçam os motivos que a ensejaram, como também pode decretá-la novamente.

Processo Penal – Parte Geral

Noções	A prisão preventiva pode se verificar em duas hipóteses: a) quando o autor do delito está solto, e o juiz entende presentes os requisitos ensejadores da prisão; b) quando o indiciado foi preso em flagrante e o juiz, ao receber cópia do auto de prisão, a converte em preventiva. Contra a decisão que denega pedido de prisão preventiva e a que a revoga cabe recurso em sentido estrito. É vedada a decretação de preventiva se o juiz verificar, pelas provas constantes dos autos, que o agente praticou o ato sob o manto de uma das excludentes de ilicitude (legítima defesa, por exemplo).

Requisitos

Pressupostos	Existência de indícios de autoria e prova da materialidade, bem como perigo gerado pelo estado de liberdade do acusado.
Fundamentos da prisão preventiva	1) Necessidade de **garantir a ordem pública**, que se verifica, por exemplo, quando o réu comete crime grave ou se trata de criminoso contumaz. 2) **Conveniência da instrução criminal**, que se dá, por exemplo, quando o acusado está ameaçando testemunhas para não deporem contra ele. 3) **Necessidade de garantir a futura aplicação da lei penal**, hipótese em que a preventiva visa evitar a fuga do réu quando ele está foragido ou há indícios de que irá desaparecer para não cumprir a futura pena. 4) **Garantia da ordem econômica**. Trata-se de prisão decretada para coibir graves crimes contra a ordem tributária, o sistema financeiro, a ordem econômica etc. 5) **Descumprimento injustificado de medida cautelar anteriormente imposta**. A decretação de prisão preventiva deve ser sempre fundamentada.
Condições de admissibilidade	1) Que se trate de crime doloso com pena máxima superior a 4 anos. 2) Que o réu seja reincidente em crime doloso. 3) Que o crime envolva violência doméstica ou familiar contra a mulher, criança, adolescente, idoso, enfermo ou pessoa deficiente, quando houver necessidade de garantir a execução de medidas protetivas de urgência. 4) Quando houver dúvida sobre a identidade civil da pessoa ou quando esta não fornecer elementos suficientes para esclarecê-la.

Medidas cautelares diversas da prisão

Modalidades	1) Comparecimento periódico em juízo, no prazo e nas condições fixados pelo juiz, para informar e justificar atividades. 2) Proibição de acesso ou frequência a determinados lugares quando, por circunstâncias relacionadas ao fato, deva o indiciado ou acusado permanecer distante desses locais para evitar o risco de novas infrações. 3) Proibição de manter contato com pessoa determinada quando, por circunstâncias relacionadas ao fato, deva o indiciado ou acusado dela permanecer distante. 4) Proibição de ausentar-se da Comarca quando a permanência seja conveniente ou necessária para a investigação ou instrução. 5) Recolhimento domiciliar no período noturno e nos dias de folga quando o investigado ou acusado tenha residência e trabalho fixos. 6) Suspensão do exercício de função pública ou de atividade de natureza econômica ou financeira quando houver justo receio de sua utilização para a prática de infrações penais.

Modalidades	7) Internação provisória do acusado nas hipóteses de crimes praticados com violência ou grave ameaça, quando os peritos concluírem ser inimputável ou semi-imputável e houver risco de reiteração. 8) Fiança, nas infrações que a admitem, para assegurar o comparecimento a atos do processo, evitar a obstrução do seu andamento ou em caso de resistência injustificada à ordem judicial. 9) Monitoração eletrônica. 10) Proibição de ausentar-se do país. Observação: de acordo com as peculiaridades do caso concreto, o juiz poderá aplicar a medida cautelar pessoal de forma isolada ou cumulativamente (art. 282, § 1º), bem como substituí-la ou revogá-la, convertendo em prisão preventiva.
Critérios para decretação	1) Necessidade para a aplicação da lei penal, para a investigação ou a instrução criminal e, nos casos expressamente previstos, para evitar a prática de novas infrações penais. 2) Adequação da medida à gravidade do crime, circunstâncias do fato e condições pessoais do agente.
Processamento	De acordo com o art. 282, § 3º, do Código de Processo Penal, sempre que não houver urgência nem perigo de ineficácia da medida, o juiz ouvirá a parte contrária antes de decidir sobre o pedido. Para tanto, determinará sua intimação, bem como o fornecimento de cópia do requerimento e de peças relevantes, já que os autos deverão permanecer em cartório.
Duração	Não há previsão de prazo máximo de duração das medidas cautelares, o que autoriza a conclusão de que os efeitos da decisão que as decreta devem perdurar enquanto subsistir a necessidade.
Recurso	Da decisão que indefere, revoga ou aplica medida cautelar diversa da pleiteada, cabe recurso em sentido estrito por analogia ao art. 581, V, do Código de Processo Penal. Contra a decisão que decreta a medida cabe *habeas corpus*.

Prisão temporária

Conceito	É uma medida privativa da liberdade, decretada por tempo determinado, destinada a possibilitar as investigações de crimes considerados graves, durante o inquérito policial. A prisão temporária está prevista na Lei n. 7.960/89 e é cumprida por meio de mandado judicial.
Cabimento	A prisão temporária apenas é cabível quando houver indícios de autoria ou de participação em um dos seguintes crimes: homicídio doloso, sequestro ou cárcere privado, roubo, extorsão ou extorsão mediante sequestro, estupro, epidemia ou envenenamento de água ou alimento, quadrilha (modificada para associação criminosa pela Lei n. 12.850/2013), genocídio, tráfico de entorpecentes, crime contra o sistema financeiro, terrorismo, tortura ou qualquer crime hediondo. Para que seja decretada, é necessário ainda que tal prisão seja imprescindível para as investigações durante o inquérito policial, ou que o indiciado não tenha residência fixa.
Duração	O prazo de duração da prisão temporária é de cinco dias, prorrogável por mais cinco, em caso de extrema e comprovada necessidade. A prorrogação também deve ser decretada pelo juiz. Tratando-se, todavia, de crime hediondo, tráfico de entorpecentes, terrorismo ou tortura, tal prisão pode ser decretada pelo prazo de trinta dias, prorrogável por igual período. Terminado o prazo, o preso deve ser imediatamente solto, salvo se tiver sido decretada a sua prisão preventiva. A não libertação do preso constitui crime de abuso de autoridade.

Prisão em domicílio

Prisão em flagrante	Mesmo contra a vontade do morador, pode-se invadir a residência, a qualquer hora, do dia ou da noite, para prender o autor do delito.
Prisão por mandado	a) se houver consentimento do morador, é possível que se ingresse na casa para cumprir a ordem de prisão a qualquer hora, do dia ou da noite; b) sem o consentimento do morador, o mandado só pode ser cumprido durante o dia. Em tal caso, o executor, após receber a negativa do morador, convocará duas testemunhas e entrará à força, ainda que tenha de arrombar as portas. Se o executor tiver notícia de que a pessoa a ser presa está em determinada residência e, caso não possa cumprir o mandado por ser noite e existir discordância do morador, fará guardar todas as saídas, tornando a casa incomunicável; logo que amanhecer, arrombará as portas, na presença das duas testemunhas, e efetuará a prisão.

11 LIBERDADE PROVISÓRIA

Nos termos do art. 5º, LXVI, da Constituição, ninguém será levado à prisão ou nela mantido quando a lei admitir a liberdade provisória, com ou sem fiança.

Após o advento da Lei n. 12.403/2011, que deu novos contornos ao instituto da liberdade provisória, alterando inúmeros artigos do Código de Processo Penal, é necessário, para fins didáticos, distinguir três categorias de delitos: infrações de menor potencial ofensivo; crimes definidos em lei como inafiançáveis; e crimes considerados afiançáveis.

11.1. INFRAÇÕES DE MENOR POTENCIAL OFENSIVO

Nos termos do art. 61 da Lei n. 9.099/95, são todos os crimes com pena máxima não superior a 2 anos e todas as contravenções penais. Nesta modalidade de infração penal, o ato da prisão em flagrante é possível, porém, de acordo com o art. 69, parágrafo único, da Lei n. 9.099/95, quando o preso for apresentado à autoridade policial, esta não lavrará o auto de prisão nem exigirá fiança se o autor do fato for imediatamente encaminhado ao Juizado Especial Criminal ou assumir o compromisso de lá comparecer quando intimado para tanto (na última hipótese deverá assinar termo de compromisso). Nestes casos, a autoridade policial se limita a lavrar termo circunstanciado do qual deve constar um resumo das circunstâncias do fato criminoso e, em seguida, deve libertar o autor da infração – sem lhe exigir fiança. Ex.: pessoa é presa em flagrante por crime de desacato porque ofendeu um policial no exercício da função. É levada à delegacia e lá assume compromisso de comparecer ao Juizado. O delegado lavra o termo circunstanciado e imediatamente a libera.

Apenas se o agente se recusar a assumir o compromisso de comparecer ao Juizado – o que é raríssimo – é que a autoridade deverá lavrar o auto de prisão e, em seguida, conceder a fiança.

11.2. CRIMES INAFIANÇÁVEIS

A Constituição Federal, o Código de Processo Penal e algumas leis especiais vedam expressamente a possibilidade de concessão de fiança aos indiciados ou acusados a quem se atribui a prática de determinados crimes:

1) racismo (art. 5º, XLII, da CF; e art. 323, I, do CPP);

2) **crimes hediondos, tráfico de entorpecentes, terrorismo e tortura** (art. 5º, XLIII, da CF; art. 2º, II, da Lei n. 8.072/90; e art. 323, II, do CPP);

3) **delitos ligados à ação de grupos armados, civis ou militares, contra a ordem constitucional e o Estado Democrático** (art. 5º, XLIV, da CF; e art. 323, III, do CPP).

Além disso, também é vedada a concessão de fiança em leis especiais: **a)** **crimes contra o sistema financeiro, punidos com reclusão** (art. 31 da Lei n. 7.492/86); **b)** **crimes de "lavagem de dinheiro"** (art. 3º da Lei n. 9.613/98).

De acordo com o sistema criado pelo legislador após a reforma introduzida pela Lei n. 12.403/2011, nos crimes inafiançáveis em que o autor da infração tenha sido preso em flagrante, o juiz, em regra, decretará a prisão preventiva, em razão da gravidade dos delitos considerados hediondos ou equiparados. Não se criou, entretanto, hipótese de prisão preventiva compulsória, obrigatória, pois, excepcionalmente, o juiz poderá conceder a liberdade provisória se existirem circunstâncias no caso concreto a indicar que o fato não se reveste de gravidade diferenciada. A maioria dos crimes de racismo, por exemplo, tem pena máxima de três anos, não sendo cabível a prisão preventiva. O juiz também poderá conceder a liberdade provisória se existiram circunstâncias no caso concreto a indicar que a manutenção no cárcere se mostra desaconselhável. O juiz pode, por exemplo, verificar pelo auto de prisão que os depoimentos dos policiais colhidos por ocasião do auto de prisão em flagrante em um crime de tráfico são contraditórios e, assim, entender que a denúncia deva ser recebida para que tais policiais prestem depoimento em sua presença em juízo, de modo a se verificar se efetivamente ocorreu o crime de tráfico. Devido àquelas contradições existentes no auto de prisão, poderá conceder a liberdade provisória por entender que é temerária a manutenção do indiciado ou réu no cárcere durante toda a instrução. Esse mesmo raciocínio pode ser empregado, por exemplo, na hipótese de homicídio qualificado, quando o juiz entenda que há certas peculiaridades no caso concreto que indicam a possibilidade de ter o réu agido em legítima defesa.

Observação: o Estatuto do Desarmamento (Lei n. 10.826/2003), em seus arts. 14, parágrafo único, e 15, parágrafo único, dispõe que são inafiançáveis os crimes de porte ilegal de arma de fogo de uso permitido quando a arma não for registrada em nome do agente e de disparo de arma de fogo em via pública. O Supremo Tribunal Federal, todavia, declarou a inconstitucionalidade desses dois dispositivos ao julgar a ADIn 3.112, em 2 de maio de 2007, com o argumento de que tais crimes não possuem gravidade suficiente a justificar a vedação.

11.3. CRIMES AFIANÇÁVEIS

Após a reforma introduzida pela Lei n. 12.403/2011, todos os crimes que não forem expressamente declarados inafiançáveis pela legislação serão considerados afiançáveis, independentemente da quantidade de pena cominada. É o caso, por exemplo, dos crimes de roubo e homicídio simples, cujas penas mínimas são, respectivamente, de quatro e seis anos de reclusão. Ambos, portanto, passaram a ser considerados afiançáveis. Tal circunstância, entretanto, não garante, necessariamente, a libertação de pessoas presas em flagrante por esses tipos de crime, pois o art. 324 do Código de Processo Penal veda a concessão da fiança e, portanto, da liberdade provisória, em algumas hipóteses. São as causas impeditivas da fiança (nos delitos afiançáveis):

I – se o réu, no mesmo processo, tiver quebrado a fiança anteriormente concedida ou infringido, sem justo motivo, as obrigações dos arts. 327 e 328 do Código (deixar de comparecer a ato do processo a que tenha sido intimado ou mudar-se da comarca sem autorização judicial ou dela se ausentar por mais de 8 dias sem comunicar o local onde poderá ser encontrado);

II – quando se tratar de prisão civil ou militar;

III – quando presentes os requisitos que autorizam a prisão preventiva.

Este último inciso, sem sombra de dúvidas, é o mais importante. No exemplo mencionado do crime de roubo, o juiz pode entender que, em razão da gravidade do delito do caso concreto (emprego de arma de fogo, p. ex.), não deve ser concedida fiança por estarem presentes os requisitos da prisão preventiva (garantia da ordem pública), hipótese em que esta deverá ser decretada. Suponha-se, por sua vez, pessoa primária, presa em flagrante por estelionato (crime afiançável). Não estão presentes requisitos que autorizem a prisão preventiva. Em tal hipótese deve ser arbitrada a fiança, que, uma vez prestada, implicará imediata libertação do acusado.

Se o estelionatário fosse reincidente, todavia, o juiz poderia negar a fiança e decretar a prisão preventiva, por estarem presentes os requisitos autorizadores desta (arts. 312 e 313, II, do CPP). De acordo com o art. 322 do Código de Processo Penal, a própria autoridade policial pode conceder fiança nas infrações que tenham pena privativa de liberdade máxima não superior a quatro anos. Assim, imagine-se um furto simples, que tem pena máxima de quatro anos. O delegado de polícia pode, após lavrar o auto de prisão, conceder a fiança, o que importará em liberação do indiciado assim que a prestar. É claro, todavia, que o delegado pode deixar de arbitrar a fiança caso verifique que há elementos para a conversão da prisão em flagrante em preventiva por parte do juiz. Ex.: que o autor do furto é reincidente.

Caso o grau máximo cominado à pena privativa de liberdade seja superior a quatro anos, apenas o juiz de direito pode conceder a fiança. O juiz também pode concedê-la nos demais delitos cuja pena não exceda quatro anos se discordar dos argumentos da autoridade policial para recusar o benefício ao preso.

A fiança poderá ser cumulada com outras medidas cautelares nos termos do art. 319, § 4º, do Código de Processo Penal. O descumprimento da cautelar imposta cumulativamente possibilitará ao juiz julgar quebrada a fiança e decretar a prisão preventiva, nos termos do art. 341, III, do Código de Processo Penal.

Em suma, vejam-se os seguintes exemplos:

a) Prisão em flagrante por crime de receptação simples, cuja pena é de reclusão, de um a quatro anos, e multa. Não entra na competência dos Juizados Especiais por não ser infração de menor potencial ofensivo. É crime afiançável. O próprio delegado, após a lavratura do auto de prisão, poderá fixar fiança e, se não o fizer, o juiz poderá conceder a liberdade provisória, com fiança, salvo se presente alguma causa impeditiva do art. 324 do Código de Processo Penal, como, por exemplo, a presença de requisito que autorize a prisão preventiva (a reincidência, p. ex.).

b) Crime de constrangimento ilegal, cuja pena é de detenção de três meses a um ano ou multa. É crime afiançável, mas entra na competência do Juizado Especial Criminal por ser infração de menor potencial ofensivo (pena máxima não superior a dois anos). Por isso, o delegado deixará de lavrar o auto de prisão, desde que o autor da infração seja imediatamente encaminhado para o Juizado ou assuma o compromisso de fazê-lo. O delegado lavrará um termo circunstanciado e o soltará de imediato, sem exigir fiança. Se, entretanto, não ocorrer uma das duas hipóteses acima, o delegado aplicará as regras do Código de Processo Penal, ou seja, terá de lavrar o auto de prisão e verificar a possibilidade de conceder fiança.

c) Delito de latrocínio, que é apenado com reclusão de 20 a 30 anos, e multa. Cuida-se de crime hediondo e inafiançável. O delegado lavra o auto de prisão em flagrante e o juiz deve convertê-la em preventiva, em face da extrema gravidade do delito, salvo se houver alguma circunstância excepcional a impedir a custódia cautelar.

Observações:

1) A lei prevê algumas hipóteses em que, mesmo em crimes afiançáveis, o juiz pode conceder a liberdade provisória sem fiança:

a) Se o juiz verificar pelo auto de prisão em flagrante que o agente praticou o crime nas condições do art. 23 do Código Penal (legítima defesa, estado de necessidade, estrito cumprimento do dever legal ou exercício regular de direito). Em tais casos, o juiz concede a liberdade provisória sem fiança (art. 310, parágrafo único, do CPP), mediante compromisso por parte do réu de comparecer a todos os atos do processo para os quais venha a ser intimado, sob pena de revogação. Muitas vezes, a prova da excludente de ilicitude é cabal, e o inquérito é de plano arquivado. Em outras, entretanto, a denúncia é oferecida para que a prova seja colhida, e o caso mais bem avaliado em juízo, e, nessas hipóteses, o réu deve comparecer a todos os atos do processo, pois, caso contrário, a lei possibilita a revogação da liberdade provisória.

b) Se o juiz verificar que o acusado não tem condições financeiras de arcar com o pagamento da fiança, pode libertá-lo, dispensando-o de prestá-la (art. 350 do CPP).

2) Contra decisão que concede a liberdade provisória cabe recurso em sentido estrito (art. 581, V, do CPP), mas a decisão que indefere pedido de tal benefício deve ser desafiada mediante *habeas corpus*.

3) Existem alguns crimes em que a legislação veda, expressamente, a concessão da liberdade provisória, como o tráfico de drogas (art. 44 da Lei n. 11.343/2006). Após a Lei n. 12.403/2011, todavia, o que voltou a importar é o fato de o delito ser ou não afiançável e, principalmente, a gravidade concreta do delito cometido.

4) A Lei n. 13.461/2018 tipificou como crime a conduta de descumprir decisão judicial que defere medidas protetivas de urgência previstas na Lei Maria da Penha. Referido delito é punido com pena de detenção, de três meses a dois anos (art. 24-A da Lei n. 11.340/2006). Na hipótese de haver prisão em flagrante relativa a tal crime, apenas a autoridade judicial poderá conceder fiança – embora a pena máxima seja de dois anos (art. 24-A, § 1º).

12 FIANÇA

O instituto da fiança, que havia perdido grande parte de sua importância após a reforma feita pela Lei n. 6.416/77, voltou a ter relevância após as reformas da Lei n. 12.403/2011, conforme verificado no item anterior quando se analisou o tema liberdade provisória. O Código de Processo Penal possui ainda inúmeros dispositivos que regulamentam detalhadamente o instituto da fiança e que serão a seguir estudados.

12.1. CONCEITO

Fiança é um direito do réu que lhe permite, mediante caução e cumprimento de certas obrigações, ficar em liberdade durante o processo, desde que preenchidos determinados requisitos.

Quem pode conceder a fiança?

A autoridade policial, nos crimes em que a pena máxima não exceda quatro anos, e o juiz, em qualquer espécie de crime afiançável.

12.2. VALOR DA FIANÇA

É fixado pela autoridade que a concede e depende basicamente da gravidade da infração penal e da situação econômica do réu (art. 326 do CPP).

O art. 325 fixa patamares mínimo e máximo de acordo com a gravidade da infração:

I – de 1 a 100 salários-mínimos, quando se tratar de infração cuja pena, no grau máximo em abstrato, não seja superior a quatro anos;

II – de 10 a 200 salários-mínimos, quando o máximo da pena prevista para o crime afiançável for superior a quatro anos.

O art. 325, § 1º, do Código de Processo Penal, todavia, ressalva que, se assim recomendar a situação econômica do preso, o juiz poderá:

I – reduzir em 2/3 o valor da fiança;

II – aumentá-la em até 1000 (mil) vezes.

O dinheiro ou objetos dados como fiança servirão ao pagamento das custas, da indenização do dano, da prestação pecuniária e da multa, se o réu for condenado (art. 336). Tal regra aplica-se ainda que haja prescrição da pretensão executória, ou seja, se, depois do trânsito em julgado da sentença condenatória, ocorrer a prescrição. Se houver sobra, será devolvida ao condenado, exceto se houver decretação de perda da fiança por não ter ele se apresentado à prisão para cumprir a pena após o trânsito em julgado da sentença (art. 344).

Se o réu for extremamente pobre e não puder arcar com o pagamento da fiança, o juiz poderá conceder a liberdade provisória eximindo-o de prestá-la (art. 350 do CPP). O réu, todavia, ficará sujeito às mesmas condições dos arts. 327 e 328 – obrigação de comparecer a todos os atos do processo para os quais for intimado e proibição de mudar de residência sem autorização judicial ou de se ausentar de comarca por mais de oito dias sem comunicar o local

Processo Penal – Parte Geral

em que poderá ser encontrado. Poderá o juiz, ainda, aplicar qualquer das medidas cautelares previstas no art. 319 do Código de Processo Penal, caso entenda necessário. O descumprimento de qualquer dessas obrigações fará com que o juiz determine a substituição da medida imposta, que imponha outra em cumulação ou que decrete a prisão preventiva (art. 350, parágrafo único, c.c. art. 282, § 4º, do CPP).

Quem pode prestá-la?

Nos termos do art. 329, a fiança pode ser prestada pelo próprio preso ou por terceiro em seu favor.

12.3. REFORÇO DA FIANÇA

Nos termos do art. 340 do Código de Processo Penal, poderá ser exigido reforço no valor da fiança quando:

I – por engano, a autoridade fixar valor aquém dos patamares legais;

II – houver depreciação material ou perecimento dos objetos entregues em fiança;

III – houver alteração na classificação jurídica para crime mais grave, no qual o patamar da fiança seja outro.

Se não for feito o reforço, a fiança será cassada, sendo o valor inicialmente prestado devolvido, e o réu recolhido à prisão.

12.4. OBJETO DA FIANÇA

A fiança consistirá no depósito de dinheiro, pedras, objetos ou metais preciosos, títulos da dívida pública ou hipoteca de imóvel.

12.5. OBRIGAÇÕES DO AFIANÇADO

Os arts. 327 e 328 do diploma processual penal traçam as obrigações a que deve sujeitar-se o réu afiançado:

a) comparecer a todos os atos do inquérito ou do processo para o qual seja intimado;
b) não mudar de residência sem autorização do juiz e dela não se ausentar por mais de oito dias sem comunicar ao juízo o local em que poderá ser encontrado.

A consequência para o descumprimento dessas obrigações é a decretação da quebra da fiança. Conforme se verá a seguir, todavia, a Lei n. 12.403/2011 ampliou as hipóteses de decretação da quebra.

12.6. QUEBRA DA FIANÇA

Nos termos do art. 341 do Código de Processo Penal, com a redação dada pela Lei n. 12.403/2011, a perda da fiança implica perda de metade de seu valor, devendo o juiz decretar a prisão preventiva ou aplicar qualquer das outras medidas cautelares do art. 319.

A quebra da fiança se dá quando o acusado:

I – regularmente intimado para ato do processo, deixar de comparecer sem motivo justo;

II – deliberadamente praticar ato de obstrução ao andamento do processo;

III – descumprir medida cautelar imposta cumulativamente com a fiança;

IV – resistir injustificadamente a ordem judicial;

V – praticar nova infração penal dolosa. Esta última regra, evidentemente, só se aplica quando o primeiro crime, pelo qual o réu obteve a fiança, também era doloso.

O art. 328 do Código de Processo Penal acrescenta que também será decretada a quebra da fiança se o réu mudar de residência sem prévia autorização do juiz do processo, ou ausentar-se por mais de oito dias de sua residência, sem comunicar ao juízo onde poderá ser encontrado.

Se vier a ser reformada a decisão que decretou a quebra da fiança, ela subsistirá em todos os seus efeitos iniciais, devendo o réu ser liberado caso tenha sido decretada sua prisão (art. 342).

Se mantida a decisão que decretou a quebra, ao término da ação penal, os valores das custas do processo e demais encargos a que o réu esteja obrigado serão deduzidos do valor da fiança. Do saldo restante, metade será recolhida ao fundo penitenciário, e o valor remanescente, se existir, será devolvido ao réu ou a quem tenha prestado a fiança em seu favor.

12.7. CASSAÇÃO DA FIANÇA

As hipóteses são as seguintes:
a) quando se verificar que a fiança não era cabível na espécie (art. 338 do CPP);
b) quando houver inovação na classificação do delito, reconhecendo-se a existência de crime inafiançável (art. 339 do CPP);
c) quando for exigido reforço na fiança e o acusado não a prestar (art. 340, parágrafo único, do CPP).

Nos casos de cassação da fiança, o seu valor será integralmente restituído ao acusado, que será recolhido à prisão.

12.8. RESTITUIÇÃO DA FIANÇA

A fiança será também devolvida em sua integralidade se o réu for absolvido em definitivo ou se for declarada extinta a ação penal, isto é, a punibilidade do réu (art. 337). Tais valores devem ainda ser corrigidos monetariamente.

12.9. PERDA DA FIANÇA

Nos termos do art. 344 do Código de Processo Penal, haverá perda do valor da fiança se o réu for condenado irrecorrivelmente e não se apresentar à prisão. Nesse caso, após serem descontadas as custas e demais encargos, o valor remanescente será recolhido ao fundo penitenciário. Se o réu for condenado em definitivo e não houver decretação de perda da fiança, os valores remanescentes após os descontos das custas e dos encargos serão restituídos ao condenado.

12.10. RECURSO

Da decisão que concede, nega, arbitra, cassa, julga inidônea, quebrada ou perdida a fiança cabe recurso em sentido estrito (art. 581, V e VII).

Quadro sinótico – Liberdade provisória

Infrações de menor potencial	Não se lavra auto de prisão em flagrante (mas mero termo circunstanciado) nem se exige fiança, sempre que o autor da infração for encaminhado de imediato ao Juizado Criminal ou quando assumir o compromisso de fazê-lo.

Processo Penal – Parte Geral

Crimes afiançáveis (em que a pena mínima não supera 4 anos de reclusão)	São afiançáveis todos os delitos que a lei não declara expressamente como inafiançáveis. Nos delitos afiançáveis em que a pena máxima não supera 4 anos, a própria autoridade policial, após a lavratura do auto de prisão, pode arbitrá-la e, uma vez prestada a fiança, o preso deve ser colocado em liberdade. Caso se trate de delito afiançável com pena máxima superior a 4 anos, só o juiz de direito, ao receber a cópia do auto de prisão, poderá concedê-la. Ao conceder a fiança, o juiz poderá cumulá-la com outras medidas cautelares, hipótese em que o eventual descumprimento destas implicará quebra da fiança e consequente decretação da prisão preventiva ou outras medidas cautelares. Mesmo nos crimes afiançáveis, a liberdade provisória pode ser denegada se: a) o réu já tiver quebrado a fiança anteriormente concedida; b) a prisão for civil ou militar; c) estiverem presentes os requisitos que autorizam a prisão preventiva. De outro lado, poderá ser concedida a liberdade sem a exigência da fiança, se houver indícios de que o réu agiu acobertado por alguma excludente de ilicitude (legítima defesa, estado de necessidade etc.).
Crimes inafiançáveis	São crimes declarados inafiançáveis em nossa legislação: o racismo; os crimes hediondos, o tráfico de entorpecentes, o terrorismo e a tortura; os delitos ligados à ação de grupos armados, civis ou militares, contra a ordem constitucional e o Estado Democrático; os crimes contra o sistema financeiro, punidos com reclusão; os crimes de "lavagem de dinheiro". Nestes delitos o juiz deve, ao receber a cópia do auto de prisão em flagrante, decretar a prisão preventiva em razão da gravidade da infração penal, salvo se, muito excepcionalmente, houver circunstância que justifique a libertação.

Quadro sinótico – Fiança

Conceito	A fiança é um direito do réu que lhe permite, mediante caução e cumprimento de certas obrigações, ficar em liberdade durante o processo, desde que preenchidos os requisitos legais. A fiança pode ser concedida pela autoridade policial nos crimes com pena máxima não superior a 4 anos e pelo juiz em qualquer infração penal afiançável. A fiança pode ser prestada pelo próprio preso ou por terceiro em seu favor. Poderá consistir no depósito do valor em dinheiro, ou seu equivalente em pedras, objetos ou metais preciosos, títulos da dívida pública ou hipoteca de imóvel.
Valor da fiança	É fixado pela autoridade que a concede e depende basicamente da gravidade da infração penal e da situação econômica do réu. O art. 325 do Código de Processo Penal fixa valores de acordo com a gravidade da infração, mas prevê que o juiz poderá reduzi-lo ou aumentá-lo em razão da condição econômica do acusado. Além disso, se o réu for extremamente pobre e não puder arcar com o pagamento da fiança, o juiz poderá conceder a liberdade provisória, eximindo-o de seu pagamento. O réu, todavia, ficará sujeito às mesmas condições de qualquer afiançado.
Reforço da fiança	Pode ser exigido quando: I – por engano, a autoridade fixar valor aquém dos patamares legais; II – houver depreciação material ou perecimento dos objetos entregues em fiança; III – houver alteração na classificação jurídica para crime mais grave, no qual o patamar da fiança seja outro. Se não for feito o reforço, a fiança será cassada, sendo o valor inicialmente prestado devolvido, e o réu recolhido à prisão.

Obrigações do afiançado	Uma vez concedida a fiança, o réu é colocado em liberdade e sujeita-se às seguintes condições: a) comparecer a todos os atos do inquérito ou do processo para o qual seja intimado; b) não mudar de residência sem autorização do juiz e dela não se ausentar por mais de oito dias sem comunicar ao juízo o local em que poderá ser encontrado.
Quebra da fiança	Ocorre quando há descumprimento injustificado das obrigações por parte do afiançado ou no caso de prática de nova infração dolosa. Também se considera quebrada a fiança se o réu praticar ato de obstrução ao andamento do processo, se descumprir medida cautelar imposta cumulativamente com a fiança ou se resistir injustificadamente a alguma ordem judicial. Nessas hipóteses, a consequência é a perda de metade do valor prestado e o recolhimento do réu à prisão ou a decretação de outras medidas cautelares.
Cassação da fiança	1) Quando se verifica que a fiança não era cabível na espécie (art. 338 do CPP). 2) Quando há inovação na classificação do delito, reconhecendo-se a existência de crime inafiançável (art. 339 do CPP). 3) Quando é exigido reforço na fiança, e o acusado não a presta (art. 340, parágrafo único, do CPP). Nos casos de cassação da fiança, o seu valor será integralmente restituído ao acusado, que será recolhido à prisão.
Perda da fiança	Se o réu for condenado irrecorrivelmente e não se apresentar à prisão. Nesse caso, após serem descontadas as custas e demais encargos, o valor será recolhido ao fundo penitenciário.